**权威·前沿·原创**

皮书系列为
"十二五""十三五"国家重点图书出版规划项目

创意城市蓝皮书

**BLUE BOOK** OF
CREATIVE CITIES

# 成都市文化创意产业发展报告
# （2018）

ANNUAL REPORT ON THE DEVELOPMENT OF CULTURAL
AND CREATIVE INDUSTRY IN CHENGDU (2018)

成都市文化体制改革和文化产业发展领导小组办公室 ／编　著
成都市社会科学院

社会科学文献出版社
SOCIAL SCIENCES ACADEMIC PRESS（CHINA）

**图书在版编目（CIP）数据**

成都市文化创意产业发展报告. 2018 / 成都市文化
体制改革和文化产业发展领导小组办公室，成都市社会科
学院编著. -- 北京：社会科学文献出版社，2019.1
（创意城市蓝皮书）
ISBN 978 - 7 - 5201 - 3812 - 3

Ⅰ. ①成… Ⅱ. ①成… ②成… Ⅲ. ①文化产业 - 产
业发展 - 研究报告 - 成都 - 2018 Ⅳ. ①G127. 711

中国版本图书馆 CIP 数据核字（2018）第 257261 号

创意城市蓝皮书
**成都市文化创意产业发展报告（2018）**

编　　著／成都市文化体制改革和文化产业发展领导小组办公室
　　　　　成都市社会科学院

出 版 人／谢寿光
项目统筹／邓泳红　吴　敏
责任编辑／吴　敏　吴云苓

出　　版／社会科学文献出版社·皮书出版分社（010）59367127
　　　　　地址：北京市北三环中路甲 29 号院华龙大厦　邮编：100029
　　　　　网址：www. ssap. com. cn
发　　行／市场营销中心（010）59367081　59367083
印　　装／三河市龙林印务有限公司

规　　格／开 本：787mm×1092mm　1/16
　　　　　印 张：22.25　字 数：336 千字
版　　次／2019 年 1 月第 1 版　2019 年 1 月第 1 次印刷
书　　号／ISBN 978 - 7 - 5201 - 3812 - 3
定　　价／98.00 元

皮书序列号／PSN B - 2019 - 806 - 8/8

本书如有印装质量问题，请与读者服务中心（010 - 59367028）联系

# 编　委　会

# 主编简介

**母　涛**　中共成都市委宣传部副部长，成都理工大学、成都大学、成都职业技术学院客座教授，四川师范大学兼职教授；1991 年吉林大学考古专业研究生毕业，获历史学硕士学位；2006 年获得四川大学经济学博士学位；主要的研究方向为区域经济发展、产业经济。在《红旗文稿》《经济学家》《中国党政干部论坛》《企业管理》《经济管理》《社会科学研究》《经济日报》《四川日报》《中国旅游报》等核心期刊发表关于党建理论、国企改革、农民增收、旅游经济、文创产业等方面论文数十篇；出版专著《旅游资源开发与四川经济发展》；组织撰写专著《会展经济论》；2005 年在《求是内参》第 45 期发表的《西部地区粗放式旅游资源开发方式亟待转变》获得第八届成都市哲学社会科学优秀成果二等奖，《旅游资源开发与四川经济发展》《会展经济论》分别获得第十二届、第十七届四川省哲学社会科学优秀成果三等奖。

**阎　星**　成都市社科联党组成员、副主席，成都市社会科学院副院长；1991 年毕业于西南师范大学（现西南大学）区域地理学专业，获理学硕士学位；2008 年获得西南财经大学经济学博士学位；主要的研究方向为地区经济发展、区域城市可持续发展。近年发表《成都市现代化进程及现状评估》《论中国城市政府间的制度竞争》《成都城市可持续发展回顾与启示》等学术论文 20 余篇，出版《成都市产业可持续发展研究》《统筹城乡促进经济发展方式转变研究》《成都区（市）县经济可持续发展研究》《成都统筹城乡综合配套改革重大理论和支撑体系研究》《改革开放 40 年成都经济发展之路》《成都国家中心城市之路》《成都治理之路》等专著 10 余部。主持国家、省、市各类规划课题 50 余项，先后获得国家发改委、省、市科技进步奖和哲学社科优秀成果奖 10 余项。

# 摘　要

2016 年，国家发布《成渝城市群发展规划》将成都确定为国家中心城市。2017 年，成都在我国香港、波兰发布了《建设西部文创中心行动计划纲要（2017~2022 年）》，提出文化创意产业进入全国第一方阵的发展目标。2018 年，成都着力打造"三城三都"，设立了百亿规模的文创产业发展投资基金，进一步增强全国重要文创中心功能，加快建设世界文化名城。本书分析了成都文化创意产业的主要特征和发展形势，认为成都建设全面体现新发展理念的城市，满足新时代人民群众美好生活的新期待，文化创意产业被寄予厚望，既迎来新的战略机遇，又面临"量"与"质"双重提升的挑战。实现文化创意产业高质量发展，成都要推动天府文化创造性转化、创新性发展，厚植地域文化根基、打造产业生态圈、增强产业链整合能力、扩大优质产品供给、提升文化消费水平，不断开辟新思路、探寻新路径、激发新动力、拓展新空间。

本书共分为五个部分，每个部分主要内容如下。第一部分为总报告，全面分析 2016~2017 年成都文化创意产业的基本情况和主要特征，研判文创产业的发展形势和面临的挑战，探讨成都建设全国重要的文创中心的路径选择。第二部分为专题研究篇，集中反映文化创意产业理论前沿与国际经验，以及成都地域文化特质、特色文创产业和城市文化消费的相关研究成果。第三部分为产业发展篇，围绕音乐产业、文化旅游产业、广告产业、非物质文化遗产生产性保护、网络文学原创与产业化等重点领域，反映成都文化创意产业发展行业动态。第四部分为区域动态篇，选择中心城区和近远郊代表性区（市）县，反映成都全域文化创意产业发展态势。第五部分为典型案例篇，分析成都遗址保护利用、文

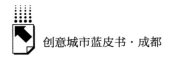

创园区转型升级、文博创意产品开发等典型案例，反映成都文创产业发展的鲜活实践。

**关键词：** 成都市　文化创意产业　文创中心

# 目 录

## Ⅰ 总报告

## Ⅱ 专题研究篇

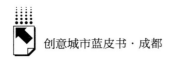

# Ⅵ　附录

皮书数据库阅读**使用指南**

# 总 报 告

## General Report

# B.1

## 发展文化创意产业，
## 建设全国重要的文创中心

阎星　尹宏　余梦秋*

**摘　要：** 2016年，《成渝城市群发展规划》明确了成都作为西部文创中心的功能定位，对成都文化创意产业发展提出更高要求。本报告重点分析2016～2017年成都文化创意产业发展现状，从发展规模、市场主体、集聚水平、发展方式、消费市场等方面探讨成都文化创意产业的主要特征和发展态势，针对产业规模、市场竞争力、产业链整合、人才结构等方面的短板和问题，从传承发展天府文化、创新产业发展模式、构建现代文创产业体系、繁荣现代文化市场、

---

\* 阎星，成都市社科联党组成员、副主席，成都市社会科学院副院长、研究员；尹宏，成都市社会科学院历史与文化研究所所长、研究员；余梦秋，成都市社会科学院经济与社会治理研究中心副主任、经济研究所副研究员。

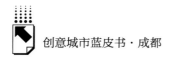

培育壮大文创企业、扩大对外文化贸易、优化文创人才结构等方面，提出成都高质量发展文化创意产业的对策建议。

**关键词：** 文化创意产业　文创中心功能　路径选择

2016 年，国家批准发布的《成渝城市群发展规划》将成都确定为西部地区文创中心，开启了文化创意产业发展"元年"。2017 年，成都相继在我国香港、波兰发布了《建设西部文创中心行动计划（2017～2022年)》，提出"全面增强全国重要的文创中心功能，提升世界文化名城影响力"的发展目标。成都希望通过 5 年努力，成为全国文创产业发展标杆城市、具有强劲竞争力的国际创意城市。满足新时代人民群众美好生活的新期待，建设全面体现新发展理念的城市，文化创意产业被寄予厚望，既面临新的战略机遇，又面临"量"与"质"双重提升的挑战。加快天府文化传承创新，推动文化创意产业高质量发展，需要开辟新思路、探寻新路径、激发新动力、拓展新空间，为全国重要的文创中心和世界文化名城建设提供有力支撑。

## 一　基本情况和主要特征

2016 年，成都正式建立文化创意产业统计制度，按年度开展统计调查，全面反映产业规模、产业结构以及对全市经济贡献的动态情况。2016～2017 年，文化创意产业发展成效显著，支柱产业地位初步确立，行业结构日益优化，市场主体活力增强，文化消费市场繁荣，产业政策日趋完善，为建设文创中心奠定了坚实基础。其主要特征体现在以下几方面。

## （一）产业规模快速扩大，行业结构不断优化

据统计，2016～2017年，成都市文化创意产业增加值从633.6亿元增长到793亿元，同比增长25.2%，高于地区生产总值增速16.4个百分点，占地区生产总值的比重从5.2%上升到5.71%。2016年，从事文创产业活动的法人单位超过15000个，从业人员达46.4万人，实现营业收入2600多亿元。数据表明，全市文化创意产业保持较快发展势头，整体实力快速提升，对城市经济和就业增长的拉动作用显著。

1. 各行业市场规模梯次分布

从产业大类来看，按照规模（限额）以上企业营业收入，全市文化创意产业的市场规模形成梯次分布：①超过500亿元的产业1类，即文化创意设计服务业，其市场规模为651.23亿元；②100亿～500亿元的产业5类，依次是文化创意相关产业342.5亿元、文化创意用品和艺术品280.97亿元、文化创意辅助活动267.3亿元、休闲娱乐与健康业240.12亿元、信息传输服务158.97亿元；③10亿～100亿元的产业5类，新闻出版发行服务95.43亿元，茶叶、香料香精31.28亿元，广播影视服务25.76亿元，广告会展服务19.66亿元，文化创意咨询服务10.27亿元；④10亿元以下的产业2类，文化和创意艺术服务业2.22亿元、文化创意与教育业0.5亿元。

2. 行业发展效率差异显著

从产业效率看，文化创意设计服务、信息传输服务、广告会展服务位居前三位。从文化创意产业各类别营业收入占全行业的比重来看，排位前三的分别是文化创意设计服务业、文化创意相关产业、文化创意用品和艺术品（制造和销售），营业收入占比分别是30.63%、16.11%、13.21%，比重合计达59.95%，成为全市文化创意产业主体行业。但从增加值占比来看，文化创意设计服务业的贡献度最高（行业增加值249.2亿元），占全市文化创意产业增加值的43.80%，比排名第二的休闲娱乐与健康业高出32个百分点以上（见图1）。

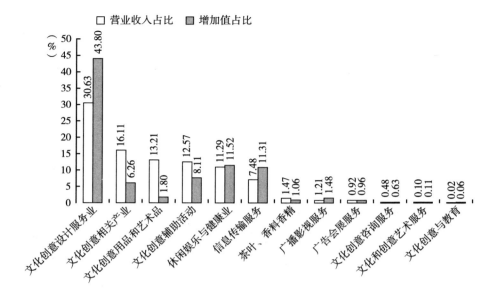

**图1 2016年文化创意产业各类别规模（限额）以上营业收入、增加值占比**

3. 文化科技业态发展势头强劲

从产业中类来看，文化创意设计服务业中的动漫游戏业持续稳步发展。2016年，全市规上（限上）企业中从事动漫、游戏设计的企业共有48家，实现营业收入118.7亿元，创造增加值71.3亿元，增加值占文化创意设计服务业的28.6%。同年，成都高新区网络游戏产业产值首次突破百亿元，收入增幅超过4成。成都研发的手游《王者荣耀》荣登2016中国泛娱乐指数盛典"中国IP价值榜" – 游戏榜 Top 10，孵化出《银河帝国》《王者帝国》《斯巴达战争》《三剑豪》《帝国塔防3》《花千骨》《忍者萌剑传》《战地风暴》等月流水过千万的手机游戏产品。

## （二）市场主体活力增强，一批优质企业成长迅速

### 1. 国有力量发挥主体作用

成都传媒集团、成都文旅集团等国有文化集团健康发展。2016年，成都传媒集团资产规模达到128.89亿元，实现总收入29.37亿元、利税3.6

亿元，总体经济规模连续 5 年位居全国新闻报刊出版集团前 3。成都文旅集团旗下各景点共接待游客近 2500 万人次，实现营业收入约 19 亿元。集团公司控股的成都文旅股份公司 2015 年底在新三板成功挂牌，被确定为四川省首批重点文化企业。国有文化集团在整合行业资源、参与重大文创项目建设中发挥主力军作用。

2. 非公经济成为重要支撑

2016 年，成都从事文化创意产业活动的法人单位有 15444 个，其中绝大多数是中小民营企业，主要集中在动漫游戏、创意设计、数字内容、演艺娱乐等市场化程度较高的行业，文化创新创业活跃。民营文创企业在对外文化贸易和对外文化投资中发挥主体作用。2017 年，成都 5 家文创企业被认定为 2017～2018 年度国家文化出口重点企业，成都域上和美集团打造的"中国四川文化产业园——《梦幻吴哥》"被认定为 2017～2018 年度国家文化出口重点项目。一批民营骨干文创企业快速成长，对文化创意产业的贡献率不断提高。

3. 科技型文创企业创新活跃

作为"全国动漫游戏第四城"，成都文化科技企业发展态势良好。2016 年，成都高新区网络游戏产业聚集企业 300 余家，从业人员约 1.3 万人，51 家规模以上游戏企业实现营业收入 120.5 亿元，同比增长 43.5%。其中，营业收入过 10 亿元的企业 2 家、5 亿元的 3 家、过亿元的 9 家，创业板上市的 1 家。培育了炎龙科技、尼毕鲁、天象互动等一批垂直化、平台化企业，引进了腾讯、飞鱼、陌陌、中手游等国内主流游戏发行和运营平台，电子竞技、游戏、动漫、电影、音乐、文学、虚拟现实产业跨界融合加快。

4. 文创企业融资能力增强

成都大力推动文化金融深度融合，文化创意产业融资环境逐步优化。截至 2017 年底，成都上市挂牌的文创企业 22 家，其中，进入主板市场的 2 家，进入创业板市场的 1 家，进入新三板市场的 17 家，进入成都股权（川藏）展示板市场的 2 家，涵盖文化传媒、文化旅游等传统行业，以及创意设计、游戏电竞、数字科技、互联网信息等新兴行业。文化创意领域融资市

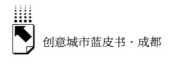

场和并购市场交易活跃,2015～2017年,成都高新区游戏行业共进行并购融资17起,从资金流向看,主要集中在网络游戏等数字创意领域。

### (三)文创产业集聚水平提升,行业示范效应突出

#### 1. 产业集聚效应初步显现

截至目前,成都已形成国家文化产业示范基地(园区)8家、四川省文化产业示范基地(园区)22家、成都市文化产业示范园区(基地)15家、成都市文创产业园区31家、文创类国家级众创空间2家,一批骨干文创企业快速成长。文化创客空间快速发展,文化创新创意活跃。蓝顶艺术中心、浓园国际艺术村、西村创意产业园等文创园区,已聚集绘画、书法、摄影、广告设计、音乐等艺术家工作室和各类艺术机构400余家,文创产业集聚发展的竞争效应、叠加效应、溢出效应逐步增强。

#### 2. 文创集聚区功能定位优化

成都若干文化创意空间和文创企业被文化部、科技部、新闻出版总署、国家工商行政总局纳入国家布局,功能定位逐步优化。成都高新区是国家动漫游戏产业基地、国家数字媒体技术产业化基地,在动漫游戏、广告业、音乐产业、文化双创、版权保护等领域,形成了全国领先聚集发展示范效应,服务国家创新驱动发展、广告产业发展战略和音乐产业发展战略,成都又先后获批国家首批文化科技融合示范基地、国家广告产业园区、国家音乐产业基地。2016年,明堂创意园、436文创中心列入国家众创空间。

### (四)文创产业发展方式创新,深度融入城市经济

#### 1. 文化与科技融合

2012年,成都获批为首批国家文化科技融合示范基地。依托高新技术开发区,成都重点发展数字内容产业和数字创意产业,增强文化产业领域科技实力和自主创新能力。截至2016年,成都高新区已聚集600余家数字内容企业,初步形成以游戏产品研发为核心,涵盖发行、运营、渠道等多个领域的产业链条。

2. 文化创意与旅游融合

成都依托丰厚的历史积淀，借力城市旅游市场优势，以历史文化遗产保护为核心，丰富城市景观的文化内涵，形成了一批国家 A 级旅游景区，提升了文化旅游融合的品牌影响力。东郊记忆文创园区、浓园国际艺术村等文创空间先后获批 4A 级景区。

3. 文化与城市建设深度融合

注重保护城市文化根脉和历史发展年轮、彰显城市现代文化魅力。以城市街区和建筑打造为重点，在规划建设中充分融入古蜀文化、熊猫文化、三国文化、丝路文化等天府文化元素，建设承载文化记忆、富有时代特色的历史文化街区、建筑群落和文化景观。在城市中心区布局成都博物馆新馆、四川省图书馆、四川省美术馆、四川科技馆、天府大剧院、城市音乐厅等大型公共文化设施，注重将历史文化元素与城市现代商业发展相结合，拓展便利市民参与的城市公共文化空间。

## （五）文化消费市场繁荣，文创有效供给不断扩大

随着城市居民消费结构升级，文化消费成为成都市民消费支出中增长最快的部分。顺应文化消费高品质、个性化、多样化的趋势，成都着力扩大优质文化供给，文化消费市场繁荣。2016 年，成都获批为国家首批文化消费试点城市。2017 年，城市电影票房达 16.75 亿元，同比增长 12.4%，全年观影人次超过 5100 万人次，稳居中国电影票房第五大票仓。2017 年，成都书店数量达到 3463 家，继北京后居全国第二①。拥有方所、言几又、西西弗、散花等知名复合式书店空间，获得"2017 中国书店之都"的殊荣，居民纸质阅读量超出全国平均水平。成都博物馆总数量和非国有博物馆数量均在全国城市中位居第一，全市注册登记的博物馆、纪念馆已达 150 家，平均每 13.5 万人就拥有 1 座博物馆。2017 年举办 500 余场展览，吸引逾 2500 万人次国内外观众参观。

---

① 《2017～2018 中国实体书店业报告》。

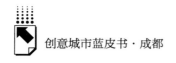
# 二 发展形势和面临挑战

2016～2017年，成都文化创意产业发展成效显著，为增强文创中心功能奠定了坚实的产业基础。当前，成都正围绕建设全面体现新发展理念的城市，奋力实现新时代成都"三步走"战略目标，打造"三城三都"（"世界文创名城、世界旅游名城、世界赛事名城"和"国际美食之都、国际音乐之都、国际会展之都"）、建设世界文化名城。文化创意产业发展既面临全新的战略机遇，也面临更大的压力和挑战。

## （一）成都文化创意产业发展面临的新形势

### 1. 新时代对文化创意产业发展赋予新使命

党的十九大做出了中国特色社会主义进入新时代的重大论断，明确了"坚定文化自信，推动社会主义文化繁荣兴盛"的新时代文化建设基本方略和目标，指出"必须提供丰富的精神食粮，满足人民过上美好生活的新期待"，要求"健全现代文化产业体系和市场体系，创新生产经营机制，完善文化经济政策，培育新型文化业态"，为新时代城市文化建设提供了重要指引。文化创意产业以文化创新为核心，就业吸纳能力强，资源消耗少、环境胁迫性弱，是城市经济高质量发展、亟待培育壮大的新动能。坚持文化创造性转化、创新性发展，推动经济高质量发展，激发全民族文化创新创造活力，让中华文化展现出永久魅力和时代风采，文化创意产业将发挥不可替代的作用。

### 2. 跨界融合为文化创意产业发展打开新空间

在新一轮技术革命大背景下，随着数字技术、互联网技术等通用性技术的普及，产业发展呈现融合化、智能化、低碳化趋势，跨界叠加、功能互补、业态新生、价值链接成为产业融合的共性特征。大数据、云计算、虚拟技术、人工智能等新一代信息技术改变了文化生产组织形式、传播途径和商业模式。以IP为核心，在游戏、文学、音乐、影视、动漫等领域横向跨界成为常态，"文化＋高新技术""文化＋制造业""文化＋商业""文化＋旅游""文化+金融"的纵向跨界趋势日益明显，衍生出众多前所未见的新业态、新业务和新商业模式。文化创意占据价值链的高端，通过知识产权向三次产业渗透，刺激了文化消费，拓展了文化创意活动的经营范围。文化创意产业发展进入快速扩张期。

3. 消费结构升级为文化创意产业发展注入新动力

文化创意产业是满足人民群众美好生活需求的幸福产业。进入新时代，个性化、多样化、品质化消费需求渐成主流，以符号审美、情感体验、价值认同为核心的文化消费成为引领消费结构升级的重要力量。"文化工业"支撑的标准化、大众化文化消费，正在向"创意产业"支撑的差异化、个性化文化消费演进。现代信息技术催生个性化定制、精准化营销、网络化共享等消费行为。基于现代传播手段的内容产业（如 VR/AR、直播、网剧、弹幕等）、基于共性技术的数字创意产业（创意设计、数字出版、数字装备）、基于品质生活的文化服务业（文博、演艺、休闲等），将吸聚更多资金、技术、人才等高质要素，创造新供给、满足新需求，为文化创意产业发展注入新的动力。

4. 文创中心建设对文化创意产业发展提出新要求

2016 年，国务院批复的《成渝城市群发展规划》将西部文创中心作为成都的核心功能之一，旨在整合西部地区文化资源、优化全国文化布局、加快西部开发开放。成都地处"一带一路"和长江经济带的交汇处，全面创新改革试验区建设、中国（四川）自由贸易区建设、天府新区建设等多项国家战略叠加，是我国向西开放的前沿。增强文创中心功能，要求文化创意产业增强链接全球产业链、供应链、价值链、创新链、人才链的能力，提升行业首位度、产业融合度、品牌美誉度和国际知名度，在成都融入"一带一路"和"长江经济带"、推动天府文化"走出去"、在更高层次参与世界城市竞争等方面发挥主体作用。

### （二）成都文化创意产业发展面临的新挑战

1. 文化创意产业总量较小

2016 年，成都文化创意产业增加值占 GDP 的比重为 5.2%。与北京、上海、杭州、深圳等国内文化创意产业发达城市相比，产业规模差距明显，对城市经济的贡献偏低，文化创意产业整体实力与文创中心城市的地位不相称，与占比10%以上的第一方阵城市比较，还有不小的差距。

表1 2016年部分城市文化创意产业主要指标比较

单位：亿元，%

| 指标 \ 城市 | 北京 | 上海 | 杭州 | 深圳 | 成都 |
|---|---|---|---|---|---|
| 文化创意产业增加值 | 3581.1 | 3395 | 2541.68 | 1949.7 | 633.6 |
| 占地区生产总值比重 | 14 | 12.4 | 21.2 | 10 | 5.2 |
| 城市经济增长贡献率 | 26 | 27 | 10.7 | 44.6 | 7* |

注："*"为2017年数据。
数据来源：根据各地公开发布的统计信息整理测算。

2. 行业竞争力相对较弱

从统计数据看，2016年，新闻出版发行服务、广播影视服务、文化和创意艺术服务等IP特征突出的内容创意行业，增加值占比仅6.1%。从互联网信息服务、数字内容产业、数字创意等优势领域来看，虽然增速较快，但在全国占有的市场份额偏低。以文化信息传输服务为例，2016年杭州信息服务业收入在全国行业收入中占比为23%，而成都仅为2.7%；以网络游戏为例，2016年上海网络游戏占全国市场1/3的份额，而成都仅占6%。优质原创内容少，文创品牌影响力较弱，文创行业的市场竞争力不强。

3. 本土企业产业链整合能力不强

成都市文化创意产业企业规模偏小，大型龙头企业和骨干企业偏少，产业链整合能力偏弱。2016年，全市营业收入过亿元的文创企业共350家，占全部文创法人单位的2%。其中，年营业收入超过10亿元的企业仅32家，超过50亿元的仅5家，尚无百亿级、千亿级文化创意企业。2017年，杭州有5家企业进入全国"文化企业30强"，成都仅有省属四川新华发行集团有限公司 1 家。

#### 4. 文化创意人才结构性矛盾突出

文化创意人才结构性矛盾一直是制约成都文创产业发展的重要因素。市域高校文创专业培养的人才虽然数量充足，但由于学科体系的限制，主要培养基础型、研究型人才，跨学科人才、技能型人才供给不足，与产业发展的实际需求不相适应。例如，艺术人才不懂现代科技，科技人才缺乏文化素养，优质内容原创能力受到极大制约。创意创作核心人才、既熟悉文化创意又擅长经营管理的领军人才、文化科技人才、版权经纪人才，以及精通对外文化贸易的专业翻译人才、国际营销人才等专业人才紧缺。

## 三　成都文化创意产业发展的路径选择

建设全国重要的文创中心对成都文化创意产业发展提出了新的要求：一是传承优秀文化，加快传统文化创造性转化、创新性利用；二是探索文化创意产业发展创新模式，满足人民群众美好生活需求；三是辐射带动西部地区发展，参与全球文创经济竞争。因此，在建设全国重要的文创中心的背景下，必须坚持"传承与创新"双轮驱动，顺应技术进步和消费需求升级趋势，繁荣发展天府文化，以规模结构、需求市场、要素环境为着力点，全面提升文化创意产业发展的质量和效益。

### （一）传承发展天府文化，厚植文创产业的文化根基

#### 1. 挖掘天府文化的内涵

加强对于天府文化相关历史文献材料、历史文化名人资源、文化艺术样式等的整理和保护，挖掘成都故事、民风民俗、非物质文化遗产，加强对天府文化历史渊源、演进脉络、基本走向、时代风尚研究，进一步解读天府文化的丰富内涵。

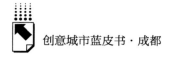
2. 推动天府文化 IP 转化

在深入挖掘天府文化内涵的基础上，加强文物保护和数字化转化，实施非物质文化遗产的活态传承，拓展历史文化资源共享传承途径。整合地域文化要素，提炼出天府文化代表性元素，开发天府文化独立 IP 并进行版权转化和产业化运营，推出一批体现时代精神、弘扬天府文化的"大戏、大剧、大片、大作"。

3. 搭建天府文化推广平台

完善艺术馆、博物馆、展览馆等文物保护体系，加强不同媒介和载体的运用，充分利用各种文化交流活动、国际会议、文化艺术战略、国际性赛事等节会活动，打造天府文化传承、展示与交流平台。

## （二）创新产业发展模式，打造文创产业生态圈

1. 推动产业跨界融合

持续推动文化科技融合、文化金融创新，强化创意设计与相关产业融合，推动文化创意产业结构创新、链条创新、业态创新。鼓励商场、餐饮、酒店、实体书店等生活性服务业引入特色文化，加强工业设计相关新材料、新技术、新工艺等的研究和运用，强化创意设计在产品创新、品牌建设、质量管理等方面的提升作用，推进文化创意与都市现代农业、特色农业、休闲农业的融合，以及工业、服务业的深度融合，推动传统产业内涵提升、价值创造、品牌塑造。

2. 加强文化科技引领

完善城市信息基础设施，加强内容产品数字化采集、存储、加工、传输及各式便携终端的使用，促进大数据、物联网、人工智能、虚拟现实、增强现实、区块链等现代技术在文化创意产业中的应用，强化文创产业的"场景体验"。依托"互联网＋"创新文创产品和服务的生产方式和传播渠道，以"IP 衍生"为核心重构产业链和价值链网络，实现多元文化业态的迭代开发，延续优质 IP 的生命周期。

### 3. 鼓励商业模式创新

遵循互联网平台经济和产业生态的规律，构建"免费＋收费"的商业模式，实现在文创产品的创作、生产制作和营销传播等多个环节中的资源整合与协作。嫁接文创产业与电商、物流体系，拓展院线模式、发行网络和第三方业务，通过打造全产业链将生产要素和文化资源进行整合，以生态化的运作模式取代传统的单一回报模式，从而降低成本、提高效率，形成集群效应。

## （三）构建现代文创产业体系，扩大文创产品优质供给

### 1. 突出内容原创，重点发展音乐艺术业、创意设计业、现代时尚业

鼓励蓝顶、浓园、西村、明月村、无根山房、禾创 1956 等原创艺术基地和艺术家聚落发展壮大，推广天府画派；重点发展工业设计，运用大数据、数字化技术、网络化协同设计、交互设计等新兴技术，培育壮大一批工业设计领军企业；依托在蓉高等院校及服装设计机构专业优势，吸引一批国内外一流的服装女鞋设计机构入驻成都，聚集一批在国内外有较大影响力的设计大师和工作室；等等。

### 2. 突出产业融合，重点发展文博旅游业、体育旅游业

以成都博物馆、武侯祠博物馆、杜甫草堂博物馆、金沙遗址博物馆、永陵博物馆、安仁中国博物馆小镇、邛窑遗址公园等文博单位为重要载体，深挖历史人文内涵，运用现代科技手段，提高展陈体验水平；以攀岩、骑行、露营等体育旅游项目为重点，建设大成都城市体育休闲旅游圈、环龙门山龙泉山体育旅游示范区、龙门山龙泉山国际山地户外运动旅游目的地等体育旅游示范区，开发沿绿道、沿古道、沿江、沿山的体育休闲运动线路；举办国际网联青年大师赛、国际乒联世界大赛、铁人三项世界杯赛、中国成都国际名校赛艇挑战赛、国际自行车联盟都市自行车世界锦标赛、国际体育舞蹈节等大型体育品牌赛事。

### 3. 突出纵向延伸，重点发展信息服务业、会展广告业、教育咨询业

加强衍生品开发，探索建设动漫游戏品牌授权市场，依托高校资源建立

动漫游戏产业基地，培育动漫游戏影视作品、舞台剧、服装、玩具、文具、游乐设备等新增长点；依托云计算、大数据、移动互联网、即时通信、人工智能等新技术，重点发展社交网络服务、信息发布、音乐服务、影视服务、图片服务等业态；着力提升会展设计在专业会议、展览会、博览会、赛事活动等领域的创意策划能力和服务能级，大力发展网络广告、移动媒体广告、社交媒体广告、嵌入式广告等新兴业态；支持大专院校开设文化艺术专业，鼓励和支持音乐、舞蹈、美术、国学、文史、科创等教育研培机构，促进商务咨询、社科咨询和科技咨询的发展。

### （四）繁荣现代文化市场，激发产业活力和内生动力

#### 1. 健全现代文化市场体系

升级图书报刊、电子音像、演艺娱乐、影视等传统文化产品市场，发展基于互联网的新型文化市场，丰富产品供给。依托成都文化产权交易所、全国版权示范园（成都），强化文化产权、版权、技术、信息等要素市场的中介服务功能，创新交易模式和产品，让文创生产要素合理有效配置。以文化市场信用信息数据库建设为基础，以信息公开为监督约束手段，以警示名单和黑名单为基本制度，以行业协会开展信用评价、分类评定为辅助，构建守信激励、失信惩戒和协同监管机制，提高文化市场监管能力和水平。

#### 2. 提升文化消费层次和水平

大力发展博物馆、动漫游戏、文学与艺术品、演艺娱乐、创意生活等生活性文创产业，开发适宜互联网、移动终端等载体的数字文化产品，促进优秀文化产品多渠道传输、多平台展示、多终端推送。加强文化消费场所建设，推动社区文化中心、文创街区、文化广场、小剧场、演出院线、实体书店等文化消费基础设施建设。开发文化消费服务平台和文化消费信息数据库平台，完善文化消费综合信息服务，加强文化消费监测分析。充分发挥成都作为国家首批文化消费试点城市的典型示范和辐射带动作用，在推进惠民便民措施、提高文化消费便捷度、促进文旅体商融合发展、加强宣传营造社会

氛围等方面积极开展试点工作，形成若干行之有效、可持续和可复制推广的促进文化消费模式。

## （五）培育壮大文创企业，增强产业链整合能力

### 1. 培育骨干文创企业

充分发挥成都传媒集团、成都文旅集团等国有文化企业（集团）在实现社会效益和经济效益相统一中的示范作用，扶持成都艺术剧院公司等改制文化企业可持续发展，推动建立健全有文化特色的现代企业制度，完善法人治理结构，推进公司制、股份制改革。要加大对非公有制文创企业发展的引导，鼓励有实力的企业进行跨地区、跨行业和跨所有制兼并重组，大力培育一批具有核心竞争力的龙头文创企业（集团）。

### 2. 支持中小文创企业发展

要加强政策资源整合力度，支持小微文创企业研发创新和市场拓展，培育具有核心竞争力的文化创意企业。推动文创产业发展与"大众创业、万众创新"紧密结合，扶持文化领域创新创业，鼓励社会力量参与文化领域创新创业平台建设，支持"专、精、特、新"中小微文创企业发展。更多将文创产业治理权限和经营活动管理下移至产业联盟、行业协会、中介平台等社会组织。鼓励适合中小微文化企业的文化金融产品创新，对文创产业集聚区中的小微文化企业实施集中集合授信和统一担保。

## （六）扩大对外文化贸易，加快天府文化"走出去"

### 1. 培育对外文化贸易骨干企业

研究制定和落实对外文化贸易相关政策措施，鼓励文化演艺、传统民俗、文化展会、工艺美术等传统行业，以及创意设计、网络文化、数码制作、动漫游戏等新兴领域的经营主体开拓国际市场，支持和鼓励对外贸易企业积极开展文化产品和服务出口，形成一批有国际竞争力的外向型文创企业。

### 2. 创新对外文化贸易合作模式

构建产品输出和资本输出双轮驱动的"走出去"格局，鼓励各类企业

和资本通过新设、收购、合作等方式，在境外开展文化产业投资合作，兴办文化经营实体，实现海外落地经营，拓宽营销渠道，扩大境外优质文化资产规模。

3. 开拓文化产品和服务贸易渠道

努力创建国家对外文化贸易基地，以创意设计、动漫游戏、艺术品、文化演艺为重点，依托具有代表性和一定出口规模、配套条件较好的外向型文化企业和从事文化出口的外贸企业，积极申报建设国家对外文化贸易基地。加快成都对外文化贸易信息平台建设，加强对外文化贸易公共信息服务，向文化企业发布海外文化市场信息。

## （七）优化文创人才结构，增强文创产业竞争优势

1. 聚集高端文创人才

重点培养和引进一批文化产业领军人才、高层次文化经营管理人才、文化金融资本人才、文化科技创新人才以及文化贸易国际化人才。出台高端文创人才引进政策，采取柔性引进和多点执业等方式，健全人才引进工作体系和引进机制。

2. 涵养创新型人才

深入实施文学、艺术、音乐、影视、戏剧等青年人才培育计划，打造一支素质优良、结构合理的文艺人才队伍。建设各类文化企业孵化器、大学生创业园、青年创业街区以及创业公寓，最大限度地降低文创人才创新创业成本。充分发挥行业管理机构、行业协会和有关专业机构作用，建立行业人才信息库。

3. 培养实用型人才

加强文化产业相关学科专业建设，鼓励有条件的高等学校、中等职业学校和其他教育机构等开设文化产业相关专业和课程。深化产学研合作的文化创意人才培养模式，发挥高校院所、培训机构、文化企业、园区基地、众创空间、孵化器等各自优势，建立专业人才实训平台，结合行业发展最新趋势，在人才培养中加大文化科技硬件和软件投入，建立新型文创人才吸纳和储备机制。

## 参考文献

陈少峰：《关于文化产业发展模式的思考》，《华中师范大学学报》（人文社会科学版）2012 年第 4 期。

张胜冰：《文化产业与城市发展——文化产业对城市的作用及中国的发展模式》，北京大学出版社，2012。

张湘涛：《"文化 +"：产业融合发展的新形态》，《光明日报》2015 年 12 月 25 日。

中共成都市委宣传部、成都市文化广电新闻出版局：《成都市文化产业发展"十三五"规划》，2017 年 5 月。

高书生：《中国文化产业发展的总体状况和主要特征》，载王家新等主编《文化蓝皮书：中国文化产业发展报告（2015～2016）》，社会科学文献出版社，2016。

《成都市文化创意和设计服务与相关产业融合发展行动计划（2014～2020）》（成办发〔2014〕46 号）。

蒋莉莉：《文化产业融合发展路径研究》，东方出版中心，2016。

王仲明、党华、邱明丰：《四川现代文化市场体系培育对策研究》，《四川文化产业职业学院（四川省干部函授学院）学报》2014 年第 3 期。

陈柏福：《我国文化产业"走出去"发展研究——基于文化产品和服务的国际贸易视角》，厦门大学出版社，2014。

# B.2
# 2017年成都市文化创意产业发展分析报告

中共成都市委宣传部　成都市统计局*

**摘　要：** 以文化和创意为核心的文化创意产业，因其高附加值、高整合性及知识密集性而越来越成为世界各国关注的重心。目前，成都市正在大力发展文化创意产业，着力增强全国重要的文创中心的影响力、凝聚力、创造力。本报告总结了成都市2017年文化创意产业取得的发展成果，简明分析了存在的问题，并对未来的发展方向提出相关对策与建议。

**关键词：** 成都　文化创意产业　统计分析

2017年，成都市全面贯彻党的十九大精神，以世界眼光、战略思维推动文创产业化、产业文创化，着力增强全国重要的文创中心的影响力、凝聚力、创造力，文化创意产业保持较快增长，实力显著增强。

---

* 执笔人：曾登地，中共成都市委宣传部文化产业发展处处长，中共四川省委党校经济学研究生，研究领域为产业经济、文化艺术；郑明华，成都市统计局人口就业和社会科技统计处处长；李俊霞，成都市统计局人口就业和社会科技统计处科员；梅春艳，中共成都市委宣传部文化产业发展处研究助理，四川大学文学硕士，研究领域为新闻传媒、文创产业。

# 一 成都市文化创意产业发展概况

## （一）文化创意产业较快发展，对经济增长贡献进一步增强

2017年，成都市从事文化创意产业活动的法人单位有15470家，从业人员56万人，同比增长15.5%；实现营业收入3237亿元，同比增长23.5%。

2017年，成都市全年实现文化创意产业增加值793亿元，名义增长16.7%。按可比价格计算，实际增长14.4%，增速比地区生产总值高6.3个百分点。对全市经济增长的贡献率达10.0%，拉动地区生产总值增长0.8个百分点。文化创意产业增加值占地区生产总值的比重为5.71%，与2016年的5.14%相比提高约0.57个百分点。

## （二）重点文化创意领域发展势头强劲

根据文创要素汇聚特点，顺应文创发展规律，成都市围绕八大重点领域打造附加值高、原创性强、成长性好的现代文创产业体系。2017年作为建设全国重要的文创中心的启动年，八大重点领域总体发展良好，整体实现营业收入2743亿元，同比增长25%；创造增加值687.97亿元，同比增长28.91%（见表1），占全部文创产业增加值的87%，对文化创意产业增加值增长的贡献率达97%。

从重点领域分布来看，成都市文化创意产业主要集中在信息服务业和创意设计业，两个行业的特点与高附加值、强原创性相契合，是保障成都市文化创意产业持续发展的核心竞争力。2017年两大行业增加值合计432.09亿元，占八大重点领域的62.81%。其中，以腾讯科技（成都）有限公司为首的信息服务业实现营业收入600亿元，同比增长21%；实现增加值272亿元，同比增长29%。以中国建筑西南设计研究院、信息产业电子第十一设计研究院等公司为代表的创意设计业实现营业收入647亿元，同比增长25%；实现增加值160亿元，同比增长23%。传媒影视业作为第三大行业，

其发展略显疲软，2017年实现营业收入449亿元，仅增长1%；实现增加值80.51亿元，仅增长2.03%，远低于八大重点领域增加值平均增速。

表1　2017年文化创意产业八大重点领域增加值

单位：亿元，%

| 八大重点领域 | 增加值 | 占比 | 同比增速 |
|---|---|---|---|
| 总　　计 | 687.97 | 100.00 | 28.91 |
| 传媒影视业 | 80.51 | 11.70 | 2.03 |
| 创意设计业 | 160.10 | 23.27 | 22.59 |
| 现代时尚业 | 55.13 | 8.01 | 79.49 |
| 音乐艺术业 | 27.54 | 4.00 | 27.47 |
| 文体旅游业 | 41.00 | 5.96 | 36.38 |
| 信息服务业 | 271.99 | 39.54 | 28.71 |
| 会展广告业 | 23.99 | 3.49 | 70.75 |
| 教育咨询业 | 27.71 | 4.03 | 68.56 |

注："文体旅游业"仅指与文化创意相关的旅游行业和体育行业，与旅游产业、体育产业分类标准不一致。

### （三）文化创意服务业快速发展

按照三次产业划分，服务业和制造业是成都市文化创意产业的主体。2017年文化创意服务业和制造业创造增加值726亿元，占全市文化创意产业的92%。其中，文化创意服务业增长较快，实现营业收入1629亿元，同比增长16%；创造增加值533亿元，同比增长28%；从业人员37万人，同比增长20%。文化创意制造业发展则相对缓慢，实现营业收入746亿元，同比增长15%；创造增加值194亿元，同比增长10%，从业人员11万人，同比增长12%。

### （四）文化创意产业空间布局有序推进

"双核"支撑作用显著。一核是以建设世界文化名城核心区、"天府锦城"文商旅融合发展核心区为重点的锦江区、青羊区、金牛区、武侯区、成华区和高新区西区及南区，呈现高速发展，合计实现营业收入2087亿元，占全市的 64%，同比增长 29%；实现增加值 491 亿元，占全市文化创意产业增加值的 62%，比重比上年提高 3 个百分点，同比增长 23%，对全市文化创意产业增长的贡献率达 80%。另一核，作为新兴区的天府新区开局良好，正在加快规划建设南部旅游文创功能区，全区文化创意产业实现营业收入 36 亿元，同比增长 13%；实现增加值 9 亿元，占全市文化创意产业增加值的 1%；完成文化创意产业投资 28 亿元。

"三片共兴"新格局稳步推进。2017 年，北片区（青白江区、新都区）、南片区（双流区、新津县）、西片区（温江区、郫都区）发展势头总体良好，三片区合计创造增加值 122.7 亿元，同比增长 14%。分片区看，西片区增加值总量最大，但是北片区和南片区增加值增长速度更快，北片区、南片区、西片区增加值比为 29∶33∶37（见图 1），增加值同比增速分别为 19%、17%、8%；分行业来看，三片区的主要优势产业以制造业为主，北、南、西片区的优势产业及增加值分别是现代时尚业 19 亿元、传媒影视业 13 亿元、艺术品业 21 亿元，八大重点行业以外的其他相关行业（外围层）增加值也占较大比重。

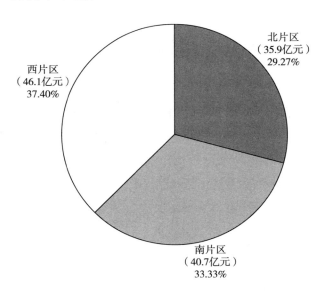

**图 1　2017 年"三片"文化创意产业增加值基本情况**

表2　2017 年成都市各区（市）县文化创意产业发展情况

单位：亿元，%

| 区　域 | 增加值 | | 营业收入 | | 区　域 | 增加值 | | 营业收入 | |
|---|---|---|---|---|---|---|---|---|---|
| | 总量 | 增幅 | 总量 | 增幅 | | 总量 | 增幅 | 总量 | 增幅 |
| 中心城区 | | | | | 中心城区 | | | | |
| | | | | | 高 新 区 | 185.0 | 30.7 | 415.4 | 39.0 |
| | | | | | 天府新区 | 8.9 | 15.1 | 36.1 | 12.6 |
| 锦 江 区 | 92.9 | 15.2 | 382.9 | 22.2 | 远郊新城 | | | | |
| 青 羊 区 | 56.5 | 18.1 | 351.9 | 6.3 | | | | | |
| 金 牛 区 | 72.5 | 13.2 | 252.6 | 22.9 | 金 堂 县 | 5.0 | 24.6 | 13.8 | 30.1 |
| 武 侯 区 | 36.6 | 26.2 | 453.3 | 53.6 | 大 邑 县 | 9.9 | 10.0 | 32.6 | 15.2 |
| 成 华 区 | 47.1 | 27.1 | 231.0 | 35.2 | 蒲 江 县 | 7.6 | 22.7 | 20.3 | 31.8 |
| 龙泉驿区 | 26.0 | 9.4 | 90.9 | 25.7 | 新 津 县 | 11.1 | 37.7 | 36.9 | 31.4 |
| 青白江区 | 7.8 | 26.2 | 56.2 | 43.3 | 都江堰市 | 11.7 | 36.3 | 84.9 | 68.5 |
| 新 都 区 | 28.1 | 17.7 | 101.7 | 14.4 | 彭 州 市 | 14.5 | 9.4 | 43.3 | 17.7 |
| 温 江 区 | 30.5 | 8.1 | 76.6 | 12.7 | 邛 崃 市 | 7.8 | 26.3 | 40.6 | 60.4 |
| 双 流 区 | 29.6 | 11.6 | 98.9 | 9.3 | 崇 州 市 | 12.7 | 19.3 | 81.3 | 11.8 |
| 郫 都 区 | 15.6 | 8.4 | 75.3 | 11.3 | 简 阳 市 | 8.1 | 28.8 | 47.9 | 32.6 |

## （五）部分区域产业特色日趋突出

高新区已形成以信息服务业为主的文创产业格局，其信息服务业占全市信息服务业 50%以上。2017 年，高新区信息服务业创造增加值 153 亿元，占高新区增加值的 83%，占全市信息服务业增加值的 56%。其中营业收入超亿元的企业有 35 个，包括尼毕鲁、迅游网络科技等成都本土知名企业。金牛区聚集了大批建筑设计企业和设计研究院，奠定了深厚的创意设计业基础。2017 年，金牛区创意设计业实现营业收入 170 亿元、增加值 52 亿元，分别占全市的 26%、32%，均为全市第一。锦江区是全市传媒影视业的重要聚集区域，同时传媒影视业也是其主导产业之一。2017 年锦江区传媒影视业实现营业收入 150 亿元，占全区的 39%，创造增加值 25 亿元，占全区增加值的 27%。

## （六）中小型文化创意单位活力增强

2017 年，成都市规模（限额）以上、标准以上、小微文创产业增加值比为 86∶8∶6，标准以上和小微文创单位均提高 2 个百分点，文化创意产业集中在少数大型企业的局面逐渐得到改善。2017 年全市规模（限额）以上、标准以上、小微文创产业均呈快速增长趋势，分别包含文化创意单位 1757 家、1806 家、11907 家，实现营业收入 2631 亿元、178 亿元、428 亿元，营业收入同比增长 24%、58%、14%；分别创造增加值 680 亿元、67 亿元、46 亿元，同比增长 20%、86%、59%。从增加值占比来看，虽然规模（限额）以上文化创意企业增加值占全市的 86%，但标准以上、小微文创企业增加值占比（14%）提高了 4 个百分点。

## （七）市民文化娱乐消费需求旺盛

文化消费是文化发展的基础。从居民文化娱乐支出情况来看，全市城镇居民和农村居民用于文化娱乐的支出均快速增长。2017 年，全市城镇居民和农村居民人均文化娱乐支出分别为 1956 元、613 元，同比增长 16%、34%，增速分别比城镇、农村居民人均消费支出高 8 个百分点、25 个百分点。居民消费性支出中文化娱乐类消费占比有所提高，2017 年城镇人均文化娱乐支出占城镇居民人均消费支出的比重为 7.7%，比上年提高了 0.5 个百分点，农村人均文化娱乐支出占农村居民人均消费支出的比重为 4.2%，比上年提高 0.8 个百分点。居民文化消费水平不断提高，对文化产品和服务的更高需求有力拉动了文化创意产业的发展。

# 二　当前文化创意产业发展值得关注的问题

## （一）主要行业带动作用不强，大部分核心层行业规模偏小

从文化创意产业分行业领域来看，行业间发展差异大，个别领头行业发

力不足。2017年文化创意产业增加值超过50亿元的有5个，分别是信息服务业、创意设计业、传媒影视业、现代时尚业和其他相关行业，虽然信息服务、创意设计业、现代时尚业增加值均实现了同比20%以上的增长，但是传媒影视业、其他相关行业增速（分别是2%、9%）却远低于全市平均水平，对全市文化创意产业发展带动不足。

### （二）龙头企业数量不多、带动作用不明显

2017年，全市信息服务业发展态势良好，增加值总量不仅为各行业之首，而且对全市文化创意产业的带动作用明显。但是该行业的蓬勃发展态势，主要由腾讯科技（成都）等个别企业的高速增长带动。2017年，全市信息服务业营业收入10亿元以上的企业仅有3家；规模以上信息服务业企业中营业收入下降的达232家，占全部规模以上信息服务业企业的38%；若剔除腾讯科技（成都）等几家营业收入10亿元以上企业的影响，该行业增加值同比下降41%。因此，信息服务业虽然增长较快，但骨干企业数量不多、带动力不强，尚未形成以龙头企业为主、骨干企业为中坚、产业集群协调发展的态势。

### （三）文化创意投资下降、产出效益不佳

2017年，全市文化创意类固定资产投资项目735个，比2016年增加81个，合计完成投资额435.21亿元，同比下降6%，占全市固定资产投资额的4.6%，比2016年下降1个百分点。分行业类型看，会展广告业、教育咨询业两个重点领域投资呈现负增长，分别下降33.63%、67.89%，其他相关层投资同比下降33.34%（见表3）。分区域看，中心城区文化创意产业投资总体呈下降趋势，完成投资182亿元，同比下降19%，是全市文化创意产业投资下降的主要因素。此外，部分重点领域投资产出效果不佳。从文体旅游业投资来看，2016年、2017年完成投资均超过100亿元，占全市文化创意产业投资30%以上；同期产业增加值却均低于50亿元2017年占全市文化创意产业增加值的比重仅为6%，大量投入还未形成新增生产能力和经济发展能力。

表3　2017年文化创意类固定资产投资基本情况

单位：万元，%

| 类　别 | 完成投资 | 占比 | 增速 |
|---|---|---|---|
| 传媒影视业 | 38.95 | 8.95 | 33.09 |
| 创意设计业 | 3.19 | 0.73 | 15.99 |
| 现代时尚业 | 49.17 | 11.30 | 9.31 |
| 音乐艺术业 | 19.17 | 4.41 | 29.29 |
| 文体旅游业 | 164.84 | 37.88 | 13.68 |
| 信息服务业 | 21.06 | 4.84 | 96.92 |
| 会展广告业 | 30.77 | 7.07 | −33.63 |
| 教育咨询业 | 5.50 | 1.26 | −67.89 |
| 其他相关 | 102.56 | 23.57 | −33.34 |

# 三　未来的发展方向

## （一）充分利用"互联网＋"提升文化品牌价值

围绕成都市八大重点领域和其他相关领域，打造互联网传播平台，畅通国内外文创产业、企业交流渠道。通过互联网宣传成都文创产业所具备的优势，吸引非蓉文创企业和文创项目；在此基础上择优选辐射性强的企业或项目落户扎根，以此寻求弱势重点领域发展契机。围绕"天府大熊猫"，放大文化品牌价值，通过大熊猫电视节目、电影、动画、周边产品在国内外的传播和扩散，最大化挖掘这一文化品牌价值潜力，促进创意设计、传媒影视的良性循环发展，辐射带动信息产业、艺术品业、旅游业、会展业的共同发展。

## （二）突出发展动漫游戏产业

动漫游戏产业是国家大力扶持的产业，国内动漫产业进入快速发展时期，经济效益显著，但是成都的动漫游戏创造活力并不强，缺乏竞争力。虽然目前腾讯科技（成都）迸发出强大活力，但若没有更多优秀企业、优秀游戏产品，游戏行业高速发展势头将难以维持。为此，应加快建成动漫游戏产业园区，引进配套企业和人才，加大扶持力度、完善配套政策，确保动漫游戏行业在出成果前有一个良好的创造氛围、肥沃的发展土壤，出成果后能联合制造出周边、音像制品、服装等，能联合电竞搞热度，充分消费动漫游戏价值。

### （三）进一步推动文化资源显性化

通过视觉载体，让无形的文化资源有所依托并具有观赏性是隐形文化资源显性化的关键。以节会、赛事、演艺为载体营造文化体验，整合成都市文化资源，提取主题并形成有效捆绑，广泛宣传并长期持续开展富有地方特色的节会庆典，进一步增加地方文化吸引力，形成品牌效应；以大型演艺再现历史场景，高度结合文化资源的视觉化和艺术化，增强游客的成都印象和旅游体验。

### （四）加大文创金融合作力度，拓展投融资渠道

推进文创金融跨界融合，探索文创金融结合新方式，发展现代文创金融新业态，强化文创金融功能新支撑，不断提升文创行业的投融资能力。成立成都文创支行，组建文创金融服务专业团队，开发符合文创企业特点的金融产品和服务模式，制定针对文创企业的贷款优惠政策，进一步强化对文创企业的信贷支持，提升金融服务文创产业的能力和专业化水平。设立成都市文创产业发展投资基金，吸引社会资本进入文创领域，进一步完善文化金融服务体系，拓宽文创企业直接融资渠道，推动构建完善的文创产业投融资机制。

### （五）着力提升文体旅游业等重点领域投资效益提升

进一步提升文体旅游业等重点领域投资效益，从源头上加强项目评估，

甄别筛选优质项目，避免出现过多低水平的文体旅游业重复建设项目。建设期间加强监管，避免出现"只搞建设、不讲管理"造成建设周期长、金额大的文体旅游业项目对政府和社会资源、资金形成侵占或者成本费用增加等严重影响投资项目质量和进度的情况，充分发挥投资对产业高质量发展的引领带动作用。

# 专题研究篇

**Special Research**

# B.3
# 文化创意产业发展前沿与
# 模式创新趋势

陈少峰　李　源*

摘　要：　当前我国文化创意产业发展的主基调就是产业融合，包括传统与互联网的融合、内容与技术的融合、产业园与资本的融合，等等。在此主基调下，文化创意产业呈现新的发展趋势，也出现了许多新的问题，这都需要我们清晰予以把握。对于文化企业来说，围绕产业变动重新组织商业模式势在必行。当前有10种商业模式的创新集中反映了我国文化创意产业融合发展的新态势，分别是延长产业链模式、文化科技融合模式、内涵网红模式、线上线下联动模式、"互联网平台＋"

---

\* 陈少峰，北京大学文化产业研究院副院长，教授、博士生导师；李源，北京大学文化产业研究院研究助理。

模式、频道组合模式、未来模式、跨界内容体验模式、新型产业集聚模式、平台型发展模式。

**关键词：** 文化创意产业　产业融合　商业模式

在当前新经济形势下，特别是互联网对经济发展各领域的强势介入，导致新业态不断涌现，产业裂变日新月异。文化创意产业必须积极加速自身的融合发展进程，与各个领域深度嫁接，从而不断拓宽产业的发展领域和空间。同时，文化创意企业要结合新形势，及时转变思路，积极运用互联网最新技术和成果，创新商业模式，增强发展活力。

## 一　文化创意产业的发展趋势

互联网技术与文化创意产业的深度融合为文化创意产业的发展注入新活力，带来了新的发展机遇。当前，文化创意产业面对互联网的具体环境，跟传统相比，至少有以下几个角度需要清晰把握。

第一，在过去的 10 年中，最火的是 IT 行业，IT 行业有两个角度，一是通信行业，二是 IT 技术。目前，整个 IT 行业都已让位于互联网公司，世界上市值最高的基本上都是互联网公司，如苹果公司等。互联网公司有一个非常重要的特点，就是互联网公司比传统 IT 公司的应用技术更强。比如，阿里有自己的计算机网络，包括大数据、云计算、技术平台等，超过了任何一家普通的 IT 公司。而且，今天的 IT 公司都是在拿 IT 技术赚文化产业的钱。比如，腾讯主要靠赚游戏，百度主要靠广告。IT 技术的时代基本上已经过去，如今是互联网发展的黄金期，IT 只是一个道具，不是收入的来源，比如很多 VR 和 AR 公司在未来都会面临倒闭，因为现在只靠 IT 技术已经很难再挣到钱。进入互联网时代，一定要利用好互联网平台，用 IT 技术来做应用领域，找准人们生活方式的变化，而不要单纯地利用 IT 技术赚钱。

第二，文化企业的商业模式都是有寿命的，所以要不断地改进和创新。文化创意产业商业模式创新是推进文化产业形成新业态，加快产业发展速度、增强文化整体实力和竞争力的着力点。[①] 创新是企业生命力所在，即使是成熟可行的商业模式，也必须思考如何自我淘汰、自我否定、自我更新。现如今，传统商业模式的寿命越来越短，这受很多因素的影响，如技术、主流消费者迭代、生活方式迭代等。所以，不能仅仅研究企业，或者商业模式，还要研究产业变动、产业融合、商业模式以及影响商业模式的因素等，只有这样，才能找准创新的方向。

第三，目前我国的互联网文化产业主要是两头走，一头是研究旅游，另一头是研究互联网。也就是说，一头越来越实，越来越重资产化，而另一头则越来越轻资产化。所以，今天的企业两极分化严重，产业的这种集聚度会带来非常大的变化，这也是一个变数。当然，这个变数受很多方面的影响。比如，互联网是一个平台，可称之为互联网文化产业，而不是数字技术产业或者数字创意产业。因为数字技术再领先，没有平台，也做不了文化产业。而文化产业是谁的平台大，谁就能多赚钱。所以，它是以互联网为平台的"圈地运动"，当然也要有技术支撑，但是它首先呈现的方式是平台为王，这会给我们带来很大影响。

第四，平台为王仍然是"互联网＋文化产业"的价值现状，平台在当前中国互联网文化产业的价值链条中仍处于优势地位。[②] 现在，腾讯所有的板块都可以拿出去上市，从网络文学一直到游戏，所有东西本身就是一个大产业链。阿里可能会有好几个产业链，如电商服务的产业链、文化产业链，等等。也就是说，以前几家企业合在一起才有产业链，而现在一家平台公司有好几个产业链。这是一个非常大的变化。

第五，在文化企业发展方面，有一种企业是大平台型的企业，是非常综合、多元的企业，这种企业是舰队式的扇形结构。换言之，它有一

① 易华、玉胜贤：《文化创意产业商业模式创新动力分析》，《现代管理科学》2016年第2期。
② 陈少峰：《"互联网＋文化产业"的价值链思考》，《北京联合大学学报》（人文社会科学版）2015年第4期。

半自己做，有一半是并购而来的。比如，腾讯的购物平台做得并不理想，就转而投资京东，成为京东的第一大股东，所以这两个平台就合在一起，一个是购物平台，一个是娱乐平台。所以，我们应该记住一点，以前我们说做企业要专业化，也就是只做一种业务，但今后做企业不要只做一家公司，也不要只做一种业务，要做无数的业务，只要与自身相关的都可以做。

# 二　文化产业融合发展的十大模式

如今，产业的变动远超我们的想象。传统的文化产业基本上都在走下坡路，都受到不同程度的冲击。因此，围绕产业变动及产业融合发展的大趋势，重新组织商业模式势在必行。

## （一）延长产业链模式

产业链指同一个东西能够变出无数种价值。近几年，旅游演艺很火，但旅游其实不适合企业做，更适合政府做。因为旅游都是重资产，容易造成资本成本沉淀，难以回收。事实上，中国几乎没有一家真正的市场化旅游公司，大多数的旅游公司都是在以旅游的名义拿地，靠房地产增值。所以，一个基本的做法就是轻资产化，延长产业链。

延长产业链要从前端来做，即重视知识产权或者 IP，进而开发衍生品，不能急功近利。一般而言，一个好的 IP 可以点石成金，一个生动的文化创意得以扩展可以实现全产业链的变现和增值。[①] 比如，迪士尼主要收入来自 IP 的授权和衍生品开发，而不是门票，事实上，门票收入只占迪士尼综合收入的1/3。迪士尼把电影做成主题公园，一个做法是把电影里可体验的产品放在主题公园，另一个做法是经常更新主题公园，增加很多新内容，吸引很多人再来。迪士尼收购的乔布斯创办的皮克斯、漫威和卢卡斯的电影公

---

① 陈少峰、张立波、王建平：《中国文化企业报告2017》，清华大学出版社，2017，第13页。

司，基本上全是 IP、全是故事，而且故事里的形象相互之间还可以编新故事，如《复仇者联盟》等，可以反复演绎。IP 有四个组合的概念：一是故事 IP；二是把故事变成形象 IP，包括真人网红 IP；三是产品 IP，即把形象的设计转化为产品；四是企业 IP，即公司的品牌或者景区的 IP。四者结合才是真正的 IP。所以，迪士尼有一个基本的理念：给某个形象不断地编故事，并且长久地持续下去。

因此，IP 可以变现，内容可以持续开发。景区可以给自己讲故事，可以介入影视、传统文化、科普、游学、节庆、主题文化体验等各个领域。比如，普陀山、峨眉山、西安大雁塔附近可以做成佛教文化基地；某个地方风景比较好，可以做成健康旅游基地，这应该是未来的趋势。目前，很多从事旅游的人还是固守传统概念，虽然也都讲旅游 IP，但他们所谓的旅游 IP 缺少内容支撑。景区门票的收入毕竟有限，所以延长产业链，要有故事，然后把故事变成载体，故事可以在互联网上传播，互联网又是载体，载体不断扩大。景区收入有限，但用互联网卖产品就无限了，有限的点扩张为大的载体就可以面向大的空间。

## （二）文化科技融合模式

十年前，IT 是最火热的行业，最赚钱的公司是微软，但微软的 IT 和其他公司的 IT 有一个非常重要的区别：微软的 IT 是长久收入，不是一次性收入。目前很多 IT 公司最大的问题就是缺乏持续性收入。现在全国成立了很多 VR 公司、AR 公司，但基本上都是一次性买卖，而且竞争会越来越激烈。他们都忽视了一个道理："功夫在诗外"，即所有 IT 企业必须赚 IT 之外的钱，这就是互联网公司时代的规律。比如，腾讯用 IT 赚游戏的钱；阿里巴巴用 IT 赚电商的钱；做 VR、AR 的公司不能直接用 VR、AR 来赚钱，必须用 VR、AR 赚游戏的钱、赚旅游的钱、赚体育的钱、赚主题公园的钱；做大数据，不能用大数据赚钱，要用大数据做电影、做医疗保健等。总之，IT 领域现在赚吃喝玩乐的钱，而不是赚技术服务本身的钱。换句话说，应结合某种技术服务，由技术来驱动，但不是由技术来赚钱。技术是一种赚钱的手段，本身不能赚到足够的钱，而要靠我们的生活方式来赚钱。①

因此，做 IT 有两个条件：一是做 IT 之外的买卖，二是收入要可持续。文化的发展是靠科技驱动，科技的收入来自文化消费，也就是说，IT 可以和任何东西结合，和文化产业的任何一个领域结合。例如，宋城演艺集团的《千古情》，现在基本上都用高科技来演绎。所以，文化科技融合的发展速度很快，以后的很多会展可能根本不需要观众亲临现场，而是通过 VR 技术或其他的技术呈现。今后，很多户外的寻宝游戏也都会采用 VR 技术，就像任天堂的"口袋妖怪"一样。任天堂拿 AR 来做游戏，这也是赚游戏的钱，不是赚 AR 的钱。

不容忽视的是，到目前为止，中国 IT 的大项目基本上都是赚政府的钱，很少是赚企业的钱，而政府的钱是不稳定、不市场化的。今后所有的东西都将和 IT 或者科技有关系，包括人工智能、物联网、大数据、娱乐机器等。以物联网为例，等到 5G 技术真正实现后，它就比较好操控，因为物联网的费用成本极高，必须是全天候、全方位的。

## （三）内涵网红模式

根据艾瑞咨询与新浪微博联合发布的《2018 中国网红经济发展洞察报告》，截至 2018 年 5 月，中国网红粉丝总人数达到 5.88 亿人。② 随着互联网的日益发展，网红们凭借自身粉丝形成的巨大流量，实现多渠道变现。

网红的成名和其他人不一样，他们都没有经纪人，是粉丝经纪明星，这是前所未有的。内涵网红模式比明星经济模式更有文化产业融合的特点，粉丝与明星融合、平台与应用融合、传播与内容融合，而且可以跨界融合。网红是自带粉丝的，所以身价确实很高，自带粉丝相当于自带钱包。例如，粉丝会出钱并发动身边的亲戚朋友到电影院支持自己偶像主演的电影。现在这个时代是粉丝经济的时代，产业集中度很高，可能只有少数人身价很高，其

---

① 陈少峰、张立波、王建平：《中国文化企业报告2017》，清华大学出版社，2017，第15页。
② 孙兆：《2018"网红经济"将突破2万亿》，《中国经济时报》2018年6月22日。

他人的身价快速下跌。

今后可以有各种网红，不止一种网红。现在网红电商做得很火，其原理是把一个人捧成网红，然后由他来做电商，有点像直播。还有文创电商，就是通过某个文化创意，比如讲故事，来捧红某个人，然后加上衍生品。文创电商将来应该取代普遍电商成为文化产业发展融合的主要方向，可以先出内容、植入产品，最后跟网红合作营销。

不仅有真人网红，还可以做虚拟网红，在互联网上用故事培育的网红，或许比品牌、商标更有号召力和吸引力，这就是内涵网红，即有内容才能带动内涵。今后小鲜肉网红只能是一段时间的网红，而迪士尼的很多名人可以吃一辈子，就像迈克尔·杰克逊，去世以后每年还能给孩子带来一两个亿美元的收入。

因此，今后有两个非常有价值的模式：一个是创作故事 IP，形成强有力的故事；另一个是做理念，比如卡通形象，通过塑造的形象带动消费，即形象网红。比如做一个动画电视剧，将现实中的某人变成里面的主人公，虽然是漫画版，但肯定更受欢迎，就如《大头儿子小头爸爸》，一年甚至可以带来几千万的收入，这是我们未来的发展方向。

### （四）线上线下联动模式

近几年，互联网文化产业发展速度越来越快，传统文化产业受到严重冲击，线上线下必须联动起来，融合发展。线上线下的联动有两个方向，一是当线上举办活动时，需要线下的配合，二是线下缺少的东西要搬到网上。互联网文化企业可以把线上资源作为起点开发线下衍生品，也可以把线下实业作为起点搭建线上虚拟平台销售互联网文化产品。[①]

现在大部分有消费能力的人群都在网上，主流消费者很少去实体商场，所以要利用互联网平台做营销，并以此作为营销的主要手段。在互联网上，可以先用小平台做营销，然后再利用别人的大平台做营销。在互联网上做营

---

① 陈少峰、侯杰耀：《互联网文化产业的挑战与对策》，《北京联合大学学报》2016 年第 2 期。

销要懂得怎么做自媒体、新媒体营销，利用互联网平台和互联网工具做营销。现在很多博物馆文创产品设计出来，没有营销，这是最大的问题。营销要线上线下联动，比如做某一个旅游目的地的动画片，然后植入衍生品，让旅游目的地卖衍生品，这是一种新的模式。目前很多人只是给某个旅游目的地设计一款产品，结果产品设计出来卖不动。这种新模式是先在互联网上传播故事，而不是先设计产品，等故事在互联网传播完再卖产品，到那时产品已经很有知名度了，是有品牌、有故事、有形象的产品了。

总之，互联网有两个关键点：一是做营销，包括自媒体的传播和营销；二是了解最新的技术方向，比如今日头条是利用一种新技术实现快速推送，发展速度很快。现在最有名的营销是娱乐营销，也就是内容营销，内容营销可以在线下创作但一定要在互联网传播，这肯定是将来的趋势。不管在哪里创作一定要想办法在互联网传播，形成内容营销。内容营销未来可以请网红强化营销。由内容营销带动电商，即文创电商，这应该是未来文化产业最大的一个板块。未来十年，文化产业大概能在这个领域增长几万亿的产值，而且会有几十家到几百家的上市公司，这是线上线下的趋势。

## （五）"互联网平台＋"模式

借助于互联网兴起的平台模式，其盈利方式不仅多元，且往往持续衍生、转化。这是因为互联网不是传统媒介，而是一种比传统媒介多一个维度的高维媒介。[①] 平台无所不能，既是卖场也是渠道又是媒体还是大数据等的技术应用。今天中国的互联网平台基本上有三种。一是大平台，如 BAT。这种大平台自己能做产业链。平台越大，规模也就越大，大平台只要有用户量，就具有领先性。比如提出"泛娱乐"概念的腾讯，有"网络阅读"——从盛大购买过来，然后结合自己的网络文学＋影视＋游戏等就形成一个产业链。二是专业化的中平台，比如京东专门做购物，今日头条专门做信息推送。大平台有产业链，中平台有专业水平很高的服务。三是小平

---

① 喻国明：《互联网是一种高维媒介》，《教育传媒研究》2016 年第 1 期。

台。除了 100 个大平台或者几百个、上千个中平台之外，全国还有几百万个小平台。如"一条"，一天推送一条短视频，现在估值已达 20 多亿元，营业额主要依靠软文推送广告和电商。在笔者看来，小平台的公司应该做垂直化业务，即不光推送内容，还要做广告加电商，要做内容营销。大平台一般来说是很难做成的，可以先做小平台然后做中平台，这是多数人努力的方向。只有一种办法可以做成大平台：投资人先收购若干个中平台再整合成大平台。换句话说，现在基础很好的公司才可能成为大平台，比如中国移动，普通的小公司很难成大平台。

互联网作为平台的特征是卖场和传播。今后，互联网作为传媒，其主要收入不来自传播信息或广告，而来自买卖、电商，或者技术服务。新媒体是个卖场和媒体、传播、渠道、用户体验，全部在一起了。新媒体有两个特性，一是经营性，二是传播性，两者是叠加的，既要经营，也要传播，如果没传播就不能经营；而互联网是自带传播的，和网红自带粉丝的概念是一样的。当然，它受很多东西的影响，如技术迭代、生活方式迭代（网红、粉丝＋代沟文化）、行业领袖、内容、政策；等等。

## （六）频道组合模式

中国将来可能有 100 个大的集团，这些集团都是带有某种意义上的平台性质的公司，那么这 100 个之外的公司该怎么办呢？他们都有非常大的机会成为大公司，但并不是做平台，而是做小的频道组合。比如，有 10 个公众号，每年产生各自的收益，每个公众号不管怎么做，五年中只能带来两千万的收入。但如果把这 10 个公众号并在一起，成立一家新媒体集团，就可以上市了，每个公众号占 10% 的股权，或者根据各自的贡献形成一种组合。换句话说，将来互联网平台上，能够产生批量组合上市的公司，只要达到一定规模，谁做得最好，就以其为主体，把其他业务交给它。每家公司自己开发自主产品，有自己的商标、自己的产品，垂直化经营，然后借助网红频道、直播、微信公众号，总之就是借助一个载体形成自己一个频道，然后慢慢把它做大让别人重视。

小平台跟大平台最大的区别就是小平台要有自己的 IP，因为小平台如果没有自主 IP，根本就没办法跟大平台竞争，有 IP 就有了竞争的基础。比如《三生三世十里桃花》是某个人的自主 IP，只在自己的平台上播放，收视率照样可以达到很高，持续地播放一段时间也可以达到很好的效果。所以，垂直的频道一定要有自己的 IP。

另外一个角度，频道组合有一个很大的优点，就是可以进行粉丝的转化。比如，一个公众号讲吃的，还有个专门看微电影的公众号，再有个专门读书的公众号，这几个公众号就可以做互助营销，因为粉丝可以互相增强，几个公众号互相之间没有任何竞争关系，互相导流，这种导流的效果叫粉丝转化。这样可以形成多极的品牌，如综合的品牌，底下还有一堆品牌，可以跟外部形成合作。

总之，互联网使我们可以在不同的平台上都有垂直的业务，然后在垂直的业务之间可以无限的组合。假如有一个公众号要自己独立上市可能很难，但是水平差不多的公众号捆绑在一起，可能就达到上市公司的要求。互换股权可以组合，这是未来很重要的一个成长概念。未来大平台很难做，但是可以先做若干小平台，然后再组合，或者与其他人进行并购。以前线下的商业模式叫作连锁经营，现在互联网最主流的商业模式就是频道组合模式，而且频道组合模式可进可退，先从一个小点入手，可以持续地扩大，而且不光靠自己，还可以和别人合作，会形成无数可能性。所以，笔者认为频道组合模式将来可能会开创商业运作的一个时代，如果人们都接受了这种模式，会发生很大的改变。

## （七）未来模式

目前，文化创意企业的估值方式发生了变化，人们不再着重于现在，而是看重未来。对公司的估值，不再看有没有盈利，而是看企业有没有整体价值，比如用户、市场地位、品牌、技术等，或者是否在某一方面特别突出。换句话说，企业在市场变动中的可持续发展能力才是最重要的，因此当企业所做的业务领域代表未来的发展方向，并且在该领域越做越好，积累了越来越多的粉丝、资源时，这家公司就会很值钱，当然其中离不开公司很好的现金流和成长速度。所以，用资本来衡量产业，一定要和估值结合在一起，而不仅仅考虑能赚多少钱。

当你做一家这样的公司，不要在乎利润上的亏损，甚至前三年要主动地亏损，这是战略性亏损。比如很多所谓的智慧在线旅游，是可以赚钱的，但是为了抢占消费者资源，它们宁愿继续亏下去，这就是战略性亏损。以前都是现实模式，现在进入未来模式阶段，公司的战略、商业模式、发展前景越来越重要。

未来模式讲究成长性，盈利只是一个方面。培育 IP 是有前途的，盈利也是无限的，这就是成长性。现在看重的是成长性，即公司要快速成长，否则就没有投资价值，因此成长性是最基本的要素。

### （八）跨界内容体验模式

城市文化体验中心是一种典型的跨界内容体验模式。博物馆缺乏娱乐，主题公园缺乏文化，把博物馆和主题公园融合起来，再加上某个城市的历史文化，用高科技的方式来展现，这就是城市文化体验中心。比如甘肃省河口镇，在古代是唐朝与西域交流的必经之路，唐蕃古道和丝绸之路都从这里经过，但是现在镇子里什么都没有，只剩下一些很普通的房子，没有什么特色，历史的影子一点都看不出来。在这里建立一个城市文化体验中心来带动当地的旅游，通过高科技、动漫、电影等形式把小镇过去的历史故事复原，让所有人都来体验。

此外，还可以做农业主题公园，把农业和主题公园要素、高科技、教育等融合在一起，做一种新型体验。比如展示花是怎么开的；蝌蚪是如何变成青蛙的；等等。农业元素本身娱乐性就很强，但是现在很多人做的农家乐，没有把真正好玩的东西结合起来。农业主题公园里面可以做百菜园、百果园、百花园，可以搞知识竞赛，这些带有娱乐元素的内容，会吸引家长带小孩来。还可以有健康的食品、食疗、教育基地、夏令营，可以让中小学生都到里面学习农业知识。此外，通过电影体验可以做很多衍生品，达到弘扬传统文化的效果。这种模式目前还没有，但它比乡村旅游、农家乐效果更好。最好可以建在郊区，比林地、户外拓展更丰富。这是跨界内容体验的趋势。

## （九）新型产业集聚模式

要发展文化产业，行业资源至关重要。目前中国动漫基地发展缓慢的原因之一就是违背了行业资源的规律。动画电影属于电影行业，动画电视属于电视行业，漫画属于新闻出版行业，衍生品、消费品属于消费品行业，仅仅把搞动漫的人凑在一起，既不和电影行业合作，也不和电视行业合作，肯定是难以成功的。所以一定要知道，现在的文化产业都属于资源型的，这个资源不是传统的自然资源，而是社会资源或人脉资源、行业资源。比如电影和万达合作，排片至少有一定保障，成功的概率会高很多。

因此，今天做文化产业园就必须做成四创基地。这里所说的四创基地，不是做传统的孵化或者简单的众创空间，而是四位一体，做创业投资、创业辅导，还有创业资源导入，是孵化基地的 4.0 版本。四创基地是未来的一种新模式，能够为创业者提供资源，又能够进行指导，让创业者成熟得更快一些，创业成功率更高一些。文化产业园的根本使命或者目标是推动文化产业的集聚发展，实现文化创意、文化资源等产业要素的附加价值和规模效益。[①] 因此，文化产业园的发展要改变传统思维，以多重功能的四创基地为主要发展方向。

四创基地最好分专题做，比如文化电商、微电影、农业主题公园等，在任何领域都可以做，这是文化创意产业新的融合方向。融合指企业到这儿来，不是让其自生自灭，要帮助、引导，把行业资源引过来。换言之，必须把创业投融资、行业资源、辅导管理功能等融合在一起，变成一个新的产业集聚方式。

---

① 张立波：《文化产业园的产业链构建》，《北京联合大学学报》（人文社会科学版）2010 年第 4 期。

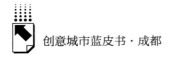
### （十）平台型发展模式

目前，中国有很多文投集团投一个项目就成立一个公司，最后多变成项目公司。项目公司间缺少沟通，导致所谓的集团根本不是集团，相互之间没有任何关系，这是违背规律的。原因就在于集团没有共同的事业、共同的利益。

现在要做的是模块化，做集团应该是做平台。一般涉及 5 家公司：基金公司、投资管理公司、重点项目建设公司、重点项目轻资产公司、基地或者互联网平台运营公司。或者先把做成平台，然后也可以投资其他人进来，但是必须围绕主业发展，并形成产业链。

现在最大的趋势是，凡是做大了的企业基本都不是自己做，而是尽可能地去并购，找别人来做。所以，做成平台才能让别人不断地进来。例如，腾讯成长性最大方向是投资。也就是说，现在的大公司主要是投资，一是通过投资做产业链整合，二是通过投资发展，发展速度越来越快。今后，集团应该按这种平台化的方向改造。当然，这也需要融合，把资本运作和业务结合起来。

**参考文献**

陈少峰、张立波、王建平：《中国文化企业报告 2017》，清华大学出版社，2017。

易华、玉胜贤：《文化创意产业商业模式创新动力分析》，《现代管理科学》2016 年第 2 期。

陈少峰：《"互联网＋文化产业"的价值链思考》，《北京联合大学学报》（人文社会科学版）2015 年第 4 期。

孙兆：《2018"网红经济"将突破 2 万亿》，《中国经济时报》2018 年 6 月 22 日。

陈少峰、侯杰耀：《互联网文化产业的挑战与对策》，《北京联合大学学报》（人文社会科学版）2016 年第 2 期。

喻国明：《互联网是一种高维媒介》，《教育传媒研究》2016 年第 1 期。

张立波：《文化产业园的产业链构建》，《北京联合大学学报》（人文社会科学版）2010 年第 4 期。

# B.4
# 天府之国与丝绸之路的历史考察与现实价值

李明泉 *

**摘　要：** 丝绸之路是人类历史上长期的长途商贸通道，也是汇集商品、技艺、情感、认知等的艰辛而恢宏的"远征"。本报告就古代丝绸之路进行历史考察，分析了丝绸之路的形成和发展，从四个方面阐释了天府之国与丝绸之路之间的历史渊源，提出天府之国与丝绸之路的七大现实价值：传承巴蜀文明，推进文脉创造转化；彰显先进文化，提升市民精神标杆；激发文化创造，丰富社会审美生活；融入社区发展，书写城市独特神韵；建设世界名城，编织全球锦绣华章；弘扬丝路精神，促进人类民心相通；构建丝路网络，共建共享"一带一路"成果。

**关键词：** 丝绸之路　天府文化　历史考察　现实价值

2013 年 9 月，习近平总书记在出访中亚国家期间，首次提出共建"丝绸之路经济带"，同年 10 月，又提出共同建设 21 世纪"海上丝绸之路"，二者共同构成了"一带一路"重大倡议。这一跨越时空的宏伟构想，从历史深处走来，融通古今、连接中外，顺应和平、发展、合作、共赢的时代潮

---

＊ 李明泉，四川省文联副主席、成都市政府参事、四川省社会科学院二级研究员。

流，承载着丝绸之路沿途各国发展、繁荣的梦想，赋予古老丝绸之路以崭新的时代内涵。四川处于南方、北方、草原、高原和海上丝绸之路的交汇点和枢纽地，成都是天府之国的核心区，南方丝绸之路的起点，国家"一带一路"建设的重要支点城市，自古以来就是蚕桑盛产地和丝绸生产地，理当在"一带一路"建设中发挥新作用、做出新贡献。

# 一 古代丝绸之路的历史考察

## （一）丝绸之路的形成和发展

丝绸之路是人类历史上长期的长途商贸通道，也是汇集商品、技艺、情感、认知等的艰辛而恢宏的"远征"，是人文交往平台，多民族、多种族、多宗教、多文化在此碰撞、交汇、融合，在此过程中形成了"团结互信、平等互利、包容互鉴、合作共赢，不同种族、不同信仰、不同文化背景的国家可以共享和平、共同发展"的丝路精神。据西方历史记载，公元前53年，古罗马人在与西亚安息人的战斗中第一次见到丝绸。美丽的丝绸为西方人的身体和想象力带来了新的解放，承载了一种来自东方的崭新生活方式。2200年前，张骞出使西域，连接长安与罗马的"丝绸之路"正式打通，后来还逐渐发展到海上。① 在遥远的丝路上，中国丝绸、印度香料、波斯蓄锦随着商人的驼队和商船转运流通，造纸术、印刷术西传，佛教、基督教东渐。人们将丝绸之路与欧洲人开辟的新航路并称为打通世界的两大要道。丝绸之路最初是运输中国古代生产的丝绸、瓷器等商品，后来成为东方与西方在经济、政治、文化等诸多方面进行交流的重要通道。② 1877年，德国地质地理学家李希霍芬在其著作《中国》一书中，把"从公元前114年至公元

---

① 桂涛、王艳明、张文静：《"丝路精神"启示：当今世界相处之道》，新华网，2014年6月23日。
② 桂涛、王艳明、张文静：《"丝路精神"启示：当今世界相处之道》，新华网，2014年6月23日。

127 年间，中国与中亚、中国与印度以丝绸贸易为媒介的这条西域交通道路"命名为"丝绸之路"，从此"丝绸之路"被广泛接受和正式运用。

### （二）丝绸之路的作用和影响

丝绸之路是古代东西方商贸往来的重要通道。中国传入西方的主要商品有丝绸、茶叶、瓷器、漆器等；西方传入中国的主要有胡麻、胡桃、胡萝卜、胡瓜、葡萄、石榴、琥珀等。① 丝绸之路是古代东西方文化交流的重要纽带。通过海上丝绸之路与南亚、西亚、欧洲和北非进行经济和文化交流。我国古代的"四大发明"通过古代丝绸之路，在欧洲近代文明产生之前陆续传入西方，成为资本主义生产方式发展的必要前提。丝绸之路促进了多种宗教的传播和交流。佛教、琐罗亚斯德教、基督教、摩尼教和道教都曾在丝绸之路沿线地区进行传播。法显法师于公元 399 年经西域进入天竺（印度），随后由海路经师子国（斯里兰卡），再经耶婆提（印度尼西亚）回国，他途经陆海两条丝绸之路，为文化交流做出了贡献。唐玄奘西天取经，推动了唐朝与西域和印度的交流。② 时至今日，中亚地区和我国新疆仍保留着一些宗教文化的历史遗存。

## 二 天府之国与丝绸之路的历史渊源

"天府之国"最早指秦国统治的关中平原区域。在都江堰水利工程建设完成后，成都平原风调雨顺，粮食产量大增，取代关中平原成为新的天府之国，并约定俗成至今。从西汉开始，色彩斑斓、温润富庶的成都就拥有了别称——锦官城。如同瓷器之于中国，蜀锦之于成都是毫无争议的"代言人"。成都是丝绸之路商品的货源地和转运地，到后来又逐渐发展成为丝绸之路的重要枢纽，成为西域沟通中原和长江中下游的中心，蜀锦也随着丝绸之路抵达世界各地。

---

① 《丝绸之路的历史变迁与当代启示——中国社会科学院中国边疆研究所所长邢广程访谈》，《光明日报》2015 年 4 月 20 日。
② 《丝路高僧的政治、经济、科技、文艺等社会贡献略论》，腾讯佛学，2016 年 6 月 21 日。

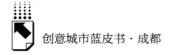

### （一）四川蚕桑种植悠久，织锦工艺全国领先

蚕桑文化与稻粟文化标志着东亚农耕文明的成熟。四川是中华丝绸文明起源地之一。史前时期有嫘祖后代、古蜀王蚕丛在成都平原"教民养蚕"，引起了巴蜀丝绸的兴起；到商周时代，成都的丝绸制作已发展到比较成熟的阶段；战国时，蜀锦已蜚声国内，销往各地。考古中湖北江陵和湖南长沙等地楚墓出土的精美织锦，就是成都生产的蜀锦。秦汉时期，蜀锦生产形成很大规模，秦在成都专门设置"锦官"，主管丝绸织造。秦汉时期，在成都南河岸边分布着密集的蜀锦作坊，形成蜀锦生产的中心①。

四川既是蚕桑重要的生产基地，也是全国丝绸工艺领先地，史称"锦缕专为蜀有"。蜀锦为"天下母锦"，与宋锦、云锦并称"中国三大名锦"。在中华文明对外交往史上，有着不可磨灭的功绩。由法国国家图书馆提供给敦煌研究院的电子版"敦煌遗书"，在一卷文书中明确提到"西川织成锦""彭山绫"等说法，彭山正是指现在的四川彭山。1986年夏，在离成都北郊不远的广汉三星堆文化遗址，发现了大批精美的青铜器，以及来自缅甸、印度温暖海域的齿贝，证明早在三千年前，古蜀就已经与沿海地区有了交往。从三星堆遗址青铜立人像可直观青铜时代蜀地丝织制衣的高超技艺。成都是蜀锦蜀绣的生产基地。成都天回镇老官山汉墓出土的4部木制织机模型和14个纺织工匠彩绘俑，是迄今发现最早的提花织机模型，代表了当时世界纺织织锦技术的最高水平。有史以来，天府之国不仅为"丝绸之路"沿线提供源源不断的丝绸商品，而且为世界文化生活提供了精湛的工匠精神和精美的艺术创造思想。

### （二）成都丝绸远销海外，实为南方丝路起点

早在商周时期，古蜀便初步发展了与印度地区的陆上交通，成都丝绸通过缅甸、东印度阿萨姆地区传播到印度和中亚、西亚以至地中海地区，这条

---

① 《成都对古丝路经济带的形成发展起到了重要的推动作用》，《成都日报》2015年4月15日。

国际贸易线路便是今天的"南方丝绸之路"。这条丝路在汉代时称为"蜀一身毒道",蜀是四川,"身毒"是古代对今印度的音译,即从四川出发,经过云南、缅甸直至印度的商路。①

《史记》记载张骞在大夏(今阿富汗)看见由蜀人商贾在印度销售的"蜀布",其实就是蜀地生产的丝绸。印度 Haraprasad Ray 教授指出,在印度阿萨姆语里,"布"可以用来表示"丝"的意义。扬雄《蜀都赋》说成都有"黄润细布,一筒数金",意思是成都的丝绸以黄色的品质尤佳。印度考古学家乔希(M. C. Joshi)指出,古梵文文献中印度教大神都喜欢穿中国丝绸,湿婆神尤其喜欢黄色蚕茧的丝织品。这种黄色的丝织品,就是扬雄所说的"黄润细布"。湿婆神出现时相当于中国的两周时期,那时成都已与印度发生了丝绸贸易关系,最早开通了丝绸之路。汉武帝开通沿河西走廊出西域的"丝绸之路"后,蜀锦由朝廷组织的贸易商团源源不断地从这条线路销往西方国家,同外国进行商品交换,有时一次就可销至上万匹,其贸易之盛,可以想象。由此可证明,成都丝绸的西传引起丝绸之路的开通,成都是丝绸之路的源头所在。②

### (三)四川多条商贸通道,辐射丝路沿线国家

中国境内的三条丝绸之路(西北的路上丝路、南方的海上丝路和西南方的路上丝路)中,以西南方的路上丝路发展得最早,在公元前四世纪时便已开通。汉代张骞出使西域时,在阿富汗见到从印度贩运的蜀布和邛杖。这条从成都经云南、缅甸到达南亚、西亚的商贸通道,被称为"南方丝绸之路",也可经贵州夜郎道到岭南与海上丝路相连。③ 北上的古蜀道,如金牛道、米仓道、荔枝道则可与"北方丝绸之路"紧密相连。新疆尼雅遗址出土的东汉至魏晋时期织有"五星出东方利中国"的蜀锦护膊,不仅证明

---

① 段渝:《南方丝绸之路:中—印交通与文化走廊》,四川师范大学巴蜀文化研究中心网站,2015 年 11 月 5 日。
② 段渝:《南方丝绸之路与中西文化交流》,《中国社会科学报》2014 年 8 月 13 日。
③ 邓廷良:《西南丝路:穿越横断山》,四川人民出版社,2002 年 1 月 1 日。

成都很早融入北方丝路，而且表明成都很早就把中华文化传播到西域和海外。向西向北经关中到河套地区、蒙古高原，古四川则与"草原丝绸之路"连接。向东则与长江中下游地区有着广泛交往。史实表明，四川从古至今与南方、北方、草原和海上丝绸之路密不可分，具有作为主线之一的不可替代的历史地位。成都更是"南方丝绸之路"的起点，今天仍是融入"一带一路"建设的西部要地，在这一条条"文化运河"编织的丝路网络体系中，助推着世界经济的发展逐浪前行。

### （四）丝路文化绚丽多彩，整合资源锦上添花

"蜀麻吴盐自古通，万斛之舟行若风。"四川与诸丝路的广泛联系，既使巴蜀文化广为传布，又使域外风物不断涌入。丝路上的茶马互市兴起于唐、盛于宋明，前蜀永陵"二十四伎乐"中的乐器如羯鼓、贝、竖箜篌等来自南亚、中亚。早在西晋，中国僧人通过川黔"牂牁道"赴印度求法。唐代玄奘经成都走向西域、南亚。无相禅师以新罗国王子之身入蜀求法，成为大慈寺开山祖师。唐代，雕版印刷源于成都，西川印子流布海外。宋代成都雕印第一部汉文佛教大藏经《开宝藏》，域外翻刻为《高丽藏》。向西向北经关中到河套地区、蒙古高原，古成都则与"草原丝绸之路"连接，向东则与长江中下游地区有着广泛交往。总之，多条商贸通道，辐射丝绸之路沿线国家。大量史实表明，四川从古至今与南方、北方、草原和海上丝绸之路密不可分，具有不可替代的历史地位。回望漫漫丝绸之路，四川作为丝绸之路交汇点、枢纽地，具有独特功能和重要价值。巴蜀文化在与世界多元文化交流交融方面做出了独特贡献。

## 三 天府之国与丝绸之路的现实价值

"长风破浪会有时，直挂云帆济沧海。"融入国家"一带一路"建设的四川，将会在新时代发挥更为积极的作用，为构建21世纪人类命运共同体做出新的贡献。成都是天府之国的核心区，位于"一带一路"的核心节点，是我

国内地对外开放的前沿。深入挖掘天府之国和丝绸之路的历史与现实价值，有助于弘扬丝绸之路所凝聚而成的交流、融合、合作和共赢的基本价值。

成都具有 5000 多年文明史和 3000 多年城市史，是中国历史文化名城和古都。"天府文化"是成都的历史之根和文化之魂。天府文化，既是对巴蜀文明的继承和创造性转化，又是对现代文化的弘扬和创新性发展，呈现继往开新、兼容并包，内涵丰富、外延广阔，主题集中、特色突出的文化生发空间和未来发展指向，具有思想开明、生活乐观、悠长厚重、独具魅力的特质和气质，是对成都城市文化特征的高度概括和凝练。"传承巴蜀文明、发展天府文化，加快建设世界文化名城"，是历史赋予成都的时代使命和伟大实践。

### （一）传承巴蜀文明，推进文脉创造转化

巴蜀文明源远流长，是中华文化的重要组成部分。"蚕丛及鱼凫，开国何茫然。"蜀之为国，肇于人皇。宝墩文化、金沙文化、十二桥文化厚重灿烂、神秘惊艳。自李冰修建都江堰后，"水旱从人，不知饥馑，时无荒年，天下谓之'天府'也"。扬雄盛赞："虽兼诸夏之富有，犹未若兹都之无量也。"文翁兴学，蜀学比肩齐鲁；诸葛治蜀，其民安居乐业；汉赋铺采摛文，伎乐梦回唐音；自古诗人皆入蜀，从来易学在蜀地。成都为世界雕版印刷术、世界纸币、世界盖碗茶文化的发源地。站在新的历史起点，迫切需要搭建西蜀文化研究平台、资源转化平台、品牌推广平台，形成巴蜀文明与天府文化一脉相承、融会贯通的思想文化、哲学价值、历史传承、遗产保护、认知识别、文创开发、艺术生产、公共文化、交流合作等体系，以历史文化内容丰富天府文化内涵，以地理文化根脉守住天府文化精魂，以创造性转化推动天府文化再现炜煌。

### （二）彰显先进文化，提升市民精神标杆

天府文化的本质在于以社会主义核心价值观为引领，弘扬民族精神和时代精神，具有包容创新、智慧诗情、文明时尚、达观友善的精神气度。天府文化的生动实践在于：以历史精彩故事丰富市民心灵空间，以先进文化思想

筑牢市民价值基石,以伟大变革实践充实市民认知领域,以文化建设成果优化市民生活方式,以文化治理能力现代化增强城市综合发展软实力和巧实力。"濯锦江边两岸花,春风吹浪正淘沙"。天府文化有如锦江滋养每一位市民心田,如芙蓉映红每一位市民笑脸,如锦绣铺就每一位市民前程,推动成都成为最具人文情怀、最具知性智慧、最具品位风范的现代都市。"晓看红湿处,花重锦官城"。高扬天府文化旗帜,踏着天府文化行进的节拍,用新发展理念凝聚城市精神,引领城市文化建设方向,以谱写美丽繁荣和谐成都的恢宏时代交响曲。

### (三)激发文化创造,丰富社会审美生活

悠久厚重的历史和海纳百川的胸襟,使成都无时无处不散发出创造的活力与张力。正如李白所言:"今来一登望,如上九天游。""太阳神鸟"图案作为中国文化遗产标志,代表着成都非凡的艺术想象力、审美创造力和精湛的工艺水平、工匠精神。天府文化将历史资源与创意生成于一炉,将审美需要与产品供给于一体,推动新文艺组织、新文艺群体、新文艺聚落和个体文化工作者的创新活力迸发、创作热情高涨,形成全社会积极参与文化强省和世界文化名城建设的热潮,以切实推进"非遗之都"、"音乐之都"、"设计之都"、"会展之都"和"美食之都"建设,打造全国重要文创中心,为海内外提供具有"成都智造""天府创意""四川出品"的天府文化音乐、文博、设计、动漫、影视、文学、网络作品,形成天府文化艺术创作生产方式和文创企业旗舰,切实体现文化安民、文化乐民、文化利民、文化富民、文化强民,做到以文化人、以德润城,不断增强人民群众的文化发展获得感和幸福感。

### (四)融入社区发展,书写城市独特神韵

历史与现实结合,才具有生命力;文化与城市交融,才具有价值性。世界进入主题文化城市发展阶段,以破解千城一面之难题。天府文化,是彰显成都魅力的一面旗帜,是区别于其他城市的鲜明标识。集结在天府文化大纛

下，古蜀文化、三国文化、大熊猫文化焕发生机，古蜀文化遗址、工业文明遗址、历史文化街区充满活力，名人故里、古镇、古村落勃发新姿，鲜明体现出成都特有的休闲从容、前卫时尚、友善互助品质，使每条街道弥漫着天府文化气息，每个社区浸润着天府文化精神，每位市民传播着天府文化价值，从而推动成都的城市风格、城市场域、城市境界独领风骚、独具魅力、独步天下。

### （五）建设世界名城，编织全球锦绣华章

世界名城具有城市形态高端化、城市价值最大化、城市形象名牌化特征。天府文化是成都独具的城市身份和价值体系。"安得橡笔记始终，插江石崖坚可砻"。成都加快建设世界文化名城，与花都巴黎、雾都伦敦、水城威尼斯、音乐之都维也纳等相比，具有得天独厚的自然地理条件和历史文化禀赋，形成了物产富饶与生活安逸、历史厚重与创新求变、文化多元与异质同构、开放包容与理性坚守、关注现实与逍遥浪漫、聪慧勤巧与责任担当的城市韵律和发展气象，在世界文化发展版图上异军突起，影响着全球文化发展格局，凸显出天府文化的别样精彩，正可谓"成都海棠十万株，繁华盛丽天下无"。

### （六）弘扬丝路精神，促进人类民心相通

四川盆地群峦环绕、山高谷深，"蜀道之难，难于上青天"，不断激荡起川人冲出夔门、眺望山外、走向大海的梦想与豪情，炼成"地崩山摧壮士死，然后天梯石栈相勾连"的开拓意志，拥有"蜀船南来去未休，吴船西上到沙头"的交往情怀，具有"岷江朝夕流，长波东接海"的高远追求，真切体现出"瑞锦宫绫，彰彩奇丽"的织锦工匠精神，形成了"教民蚕桑，则蜀可蚕"的养蚕治丝传统，展现了"万国同风共一时，锦江何谢曲江池"的开放包容胸襟。川人用智慧、勇气和汗水开拓了连接亚欧非大陆各文明的人文、贸易、交通道路，共同铸就了我国千百年来形成的"和平合作、开放包容、互学互鉴、互利共赢"的丝路精神。如今，着力宣传和推广以蜀

锦、三星堆文明等为代表的丝路文化和藏羌彝文化，更加主动自信地参与国际人文交流，以促进民心相通为社会根基，进而推动政策沟通、设施联通、资金融通、贸易畅通，则可让四川在全球化现代化进程中大显身手，大展宏图。

## （七）构建丝路网络，共建共享"一带一路"

四川处于"一带一路"和长江经济带的重要结合部，是内陆开放的前沿地带和西部大开发的战略依托。"濯锦清江万里流，云帆龙舸下扬州"。当今，四川正以锦绣般的智慧、川酒般的热情、川人特有的品格和气度积极投入"一带一路"建设，加快构建新时期的丝路发展网络体系。今天，在新的历史起点上，四川正更加主动自信地参与国际人文交流。成都是国家"一带一路"、长江经济带建设的重要支点城市。当前，成都依托作为丝绸之路经济带、长江经济带建设交汇点和国家向西向南开发开放战略支点的区位优势，坚持以大通道促进大开放，大力实施"蓉欧＋"战略，依托中欧班列、蓉欧快铁构建"一主多辅，多点直达"的国际铁路货运班列体系，以"大通道""大平台""大经贸""大交流"，打造内陆开放型经济高地和国家对外开放门户枢纽，为四川构建新时期丝绸之路发展网络提供有力支撑。

# 论天府文化的精彩呈现之一

## ——乐化成都：来自幸福指数和音乐两个维度的研判

谭 平*

**摘　要：** 本报告从幸福指数和音乐两个维度，分快乐之都与"休闲政治"；音乐之都及其表现；乐化成都体现的优雅、从容；成都何以成为快乐之都、音乐之都四个方面，论述了天府文化对成都城市个性的塑造与涵养。指出成都作为中国罕见的快乐之都和音乐之都，其最深厚的土壤和根基是：与其他同级别城市拥有的地域文化相比较，天府文化的活水之源除了独一无二的都江堰作为生产生活的稳定保障，地理条件决定的丰富齐备的物产、平和温润的气候、立体多彩的环境、吐故纳新的丝路、天南海北的移民以及从不更改的城名奠定的这座城市的充分自信、勃勃生机。此外成都还是中国同级别城市中儒释道和谐共生，因而能尽可能多地得到其正能量滋润的幸运之都。

**关键词：** 天府文化　幸福指数　乐化成都

　　自古以来，正常情况下只要是和平统一年代，不管成都人人均拥有的物质财富水准的高低，在世俗的可以数据化的功名利禄场域中有多少"收

---

* 谭平，成都大学文学与新闻传播学院院长、教授，成都市天府文化研究院院长。

获"，成都始终是中国同级别城市中官民绅商快乐指数、幸福指数和快乐呈现（音乐是其主要载体之一）度最高的城市（或之一），① 这构成了这座伟大城市最迷人的个性。对其做深入解读，是我们认识、理解天府文化的内涵，传承、弘扬天府文化的优秀禀赋必须面对的课题之一。本报告对此使用的术语为"乐化成都"，并予以集中阐述。

# 一　快乐之都与"休闲政治"

本报告的"乐"，既是指快乐的乐，也是音乐的乐。自古成都既是中华文化的建构者，又是中华文化的受益者。对于生命、生活来讲，儒家、道家都是充满喜感的，生活化的佛教也让人面对各种困难时，以特别纯净的胸怀释然放松。在此背景下，自古成都官民绅商乐观向上，并在生产与生活、物质与精神、创造与享受等多方面保持平衡。成都人不论巨富显贵还是贩夫走卒普遍有较高的幸福指数。如粟品孝教授主编的《成都通史》五代两宋卷（四川人民出版社2011年版）介绍道：

> 前后蜀两宋时期，随着成都社会经济的发展，游乐风气在唐代基础上有了更大发展。《岁华纪丽谱》说："成都游赏之盛，甲于西蜀，盖地大物繁，而俗好娱乐。凡太守岁时宴集，骑从杂沓，车服鲜华，倡优鼓吹，出入拥导。……或以坐具列于广庭，以待观者，谓之遨床，而谓太守为遨头。"② "遨游"是成都游乐文化的主要特征。北宋中期以后，此风更盛。张咏曾两任成都地方官，更有切身感受和体会，他在《悼蜀诗》中说，成都"蜀国富且庶，风俗矜浮薄。奢僭极珠贝，狂侠务娱乐。……酒肆夜不扃，花市春渐怍"。③ 当时已经有了通宵营业的酒

---

① 成都的幸福指数高这一传统，迄今得以保持。近年来，成都连续多年蝉联中国最具幸福感城市榜首。参见四川在线网，http：//sichuan. scol. com. cn/cddt/201712/56042192. html。

② （旧题）元·费著：《岁华纪丽谱》，《全蜀艺文志》卷58，第1708页。

③ （宋）张咏：《张乖崖集》卷2《悼蜀四十韵》，张其凡整理，中华书局，2000，第8页。

肆。显然，宋代成都的游乐生活丰富多彩，不仅有丝竹歌舞，也有斗鸡走马，饮酒赌博，还有郊外踏春，街市观花。游乐之风不仅在地域上扩展到主要的商业街市，而且还表现在居民休闲娱乐在时间和空间上的极大延展上，既有民俗节日的大众狂欢，也有日常酒楼茶坊娱乐的通宵达旦。宋田况也说，近年来治理蜀地的官员，都把民众游乐作为施政为民的一个重要组成部分，① 故在《成都遨乐》诗中多处提到成都"遨游空闾巷""顾此欢娱俗""登舟恣游娱"。② 这些士大夫可谓深谙休闲政治之道。

宋代成都的富庶和官民的乐观生活情调，突出表现在每年 12 个月，月月有交织着娱乐活动或聚会元素的商品交易会（市）。《成都记》载："正月灯市，二月花市，三月蚕市，四月锦市，五月扇市，六月香市，七月宝市，八月桂市，九月药市，十月酒市，十一月梅市，十二月桃符市。"正月上元节放灯，唐代就很有名。叶法善导引唐明皇至成都富春坊吃酒观灯的神话，流传至今。北宋开宝二年（969），命明年上元放灯三日。此后，以为常便。每年正月十四、十五、十六三日，开坊市燃灯。当时成都灯火之盛，以昭觉寺为最。宋代成都知府田况，有《成都上元灯市诗》云："予尝观四方，无不乐嬉游。惟兹全蜀区，民物繁他州。春宵宝灯燃，锦里香烟浮。连城迷奔骛，千里穷边陬。"陆游也有诗吟咏道："鼓吹连天沸四门，灯山万炬动黄昏。"可见成都正月灯市盛况之一斑。灯节期间，游人聚集，于是灵药名花工商珍奇无不备具。③ 二月花市，唐代已有。萧遘《成都》诗云："日晓已闻花市合，江平偏见竹牌多。好教载取芳菲树，剩照岷天瑟瑟波。"北宋张咏，在二月二踏青节，出万里桥，为彩舫数十艘，与宾僚分乘之，歌吹前导，

---

① （宋）田况：《浣花亭记》，曾枣庄、刘琳主编：《全宋文》第 30 册，上海辞书出版社、安徽教育出版社，2006，第 520 页。

② （宋）田况：《成都遨乐》诗，《成都文类》卷 9，第 97~99 页。

③ 清代成都灯会更是盛况空前，南宋诗人姜夔有诗写道："元宵争看采莲船，宝马香车拾坠钿。风雨夜深人散尽，孤灯犹唤卖汤圆。"转引自 http://edu.pcbaby.com.cn/274/2741064.html。

称为"小游江"。张咏有诗咏道:"春游千万家,美人颜如花。三三两两映花立,飘飘似欲乘烟霞。"薛田《成都书事百韵》诗中亦描绘道:"柳堤夜月珠帘卷,花市春风傍幕寒。"可知唐代的花市,以竹筏运载,市傍锦江而设。① 可见繁荣、富庶、时尚的实况与风情尽在其中。

快乐之都,创造良多,就中国古代政治文明来讲,儒家古老的"与民同乐"② 理念是"仁政"的一种表达和追求,其最成功的地方治理实践是唐宋时期蜀地优秀士大夫创造了罕有其匹的休闲政治——也就是优秀的士大夫受到成都地域文化和风土民俗的影响,主动设计、创造条件、带头参与各种能够实现官民最佳心理、情感沟通,增强命运共同体意识的休闲、游乐、宴饮活动。对此,段玉明教授从佛教的视角指出:"费著认为:成都人的游赏之好甲于两蜀,因其地大物繁、俗好娱乐。顺应此俗,北宋所任成都太守多为好游之臣。宋仁宗时,欲命词人宋祁帅蜀,朝臣以为不妥,理由即是蜀风奢侈而宋祁喜好宴游。宋祁至蜀,遵从成都民风,社会治理反而更见成效。田况随镇成都,乐此不疲,并作《成都遨乐诗》21 章'以纪其实'。薛奎履任,自号'薛春游',有《何处春游好》诗 10 章。赵抃为成都太守,以为游宴关涉成都治化,决不可废,于是不吝公帑、岁给万贯。因其如此,宋元成都岁时宴游之盛已成'故事'(治化传统)。……正是在此岁时的官民同乐中,费著以为呈现出了一种治化的承平景象。然此承平景象的背后,则是佛教之于成都社会生活的深刻影响。"③ 笔者想指出的是,顺应成都风土人情的休闲政治,虽然与生活化的佛教提供的空间、活动、旨趣有着

---

① 转引自新浪网"中国娇子文化博客"专文《宋代成都的十二月市》,http://blog. sina. com. cn/s/blog_ 6763dc820100izl8. html。

② 《孟子》梁惠王上:孟子见梁惠王。王立于沼上,顾鸿雁麋鹿,与民同乐曰:"贤者亦乐此乎?"孟子对曰:"贤者而后乐此,不贤者虽有此,不乐也。《诗云》:'经始灵台,经之营之。庶民攻之,不日成之。经史勿亟,庶民子来。王在灵囿,幽鹿攸伏。幽鹿濯濯,白鸟鹤鹤。王在灵沼,於轫鱼跃。'文王以民力为台为沼,而民欢乐之,谓其台曰:'灵台',谓其沼曰'灵沼',乐其有麋鹿鱼鳖。古之人与民偕乐,故能乐也。《汤誓》曰:'时日害丧?予及女偕亡!'民欲与之偕亡,虽有台池鸟兽,岂能独乐哉?"

③ 段玉明等:《成都佛教通史》,宗教文化出版社,2017,第 174~175 页。

良好兼容，但本质上它是儒家士大夫的政治智慧的体现。① 这些"好游之臣"，用这样最符合人性的官民皆大欢喜的娱乐、游乐方式实现官民和社会的整体和谐，不仅在刺激经济发展上是高招，而且在保持城市的幸福、快乐指数上也是创举。因此，成都自古以来的游乐、休闲经济不仅是一种社会各阶层共同参与的财富创造、享受活动，更是充满智慧的人文景观和政治实践。

## 二　音乐之都及其表现

富于闲暇、富于想象、富于创造的快乐成都，自古便成为中国的音乐和演艺之都，城市较高的快乐与幸福指数及其伴随的丰富多彩的精神生活，与发达的音乐、演艺事业良性互动、相得益彰。有品质的音乐创作、演绎的人才、作品、活动史不绝书。

从中国音乐史来看，蜀地和成都无疑是最重要的源头和最具有生命力、创造力、影响力的区域之一。生活在春秋时期，曾为周王室服务五十年，留下"碧血丹心"典故的蜀人苌弘是中国史册记载的最早的音乐家之一，孔子曾向他请教音乐知识。可见成都地区早期的音乐积淀。古蜀开明王朝时期蜀王所作的系列歌曲，随文献记载不同，有《东平》《臾邪》《龙归》《伊鸣》《幽魂》等曲目。据《华阳国志·蜀志》载：蜀有一山精，化为美艳女子。蜀王见而爱，纳为妃。后王妃不习水土，欲离去。蜀王竭力挽留，作《东平》之歌以乐之。未几，妃病故，王悲怆不已，于城北竖大石镜为妃冢（地在今成都北武担山），又作《臾邪》歌、《龙归》之曲以表达思念之情。《太平御览》引《蜀王本纪》亦载此事，称王妃为武都人之女。居蜀后不习水土，欲归，蜀王作《伊鸣》之声六曲以留之。《琴操》称秦惠王赠美女于

---

① 事实上，宋代士大夫在佑文背景下的休闲政治实践并不仅限于成都一地。如欧阳修任滁州太守、苏东坡两任杭州，都有成功的实践，并留下诸如《醉翁亭记》、苏堤等与休闲政治密切相关的名篇名景。但休闲政治在历任地方长官中形成高度的共识，并保持实践的连续性，取得举重若轻、事半功倍的成效，则首推成都。

蜀，蜀王立为妃。妃死，王追思之，作《幽魂》之曲。各传说中的歌曲名目稍有差异，但内容与性质基本相似，皆是表达爱恋、寄托哀思的歌曲。可见音乐在王室所代表的上流社会的精神生活中的地位与作用。学界认为，古蜀时期流行于成都平原及其附近地区的音乐，大致可分为三期。早期代表形态是流传于民间的世俗音乐。通过敲击自然物、日常生活用品、劳动生产工具以产生节拍，辅助歌唱。各种自然及人工制造物兼具了乐器的功用。中期代表形态是用于各种祭祀场合的宗教音乐。以玉、石、铜等材质制成乐器，通过打击、摇动、碰撞产生共鸣声响，震慑心神，营造出庄敬肃穆的气氛。典型乐器有三星堆石磬、铜铃、铜挂饰，金沙石磬、铜铃等。晚期代表形态是古蜀王国贵族在重大礼仪场所及日常生活中使用的宫廷音乐。主要利用制作精美、音律和谐的大型组合乐器进行演奏。典型乐器有成都商业街古蜀船棺墓编钟、新都蜀王墓编钟、金沙巷战国铜编磬等。古蜀音乐起源时间早，音乐形态丰富，与中原商周音乐文化、长江中下游荆楚音乐文化有密切的关系。

汉代以来，这座城市在和平年代各种公私活动、聚会，包括茶楼酒肆，总是有优美的音乐、舞蹈、戏曲、演出相伴，成都这座城市也因此情趣、风雅、时尚无限，它的文化软实力也因此生动活泼、长盛不衰，官民绅商焉能不快乐。司马相如以一首自己弹奏的《凤求凰》打动卓文君，然后私奔，最终缔结连理的故事，家喻户晓。其风雅浪漫罕有其匹。《三都赋》描述蜀汉时的成都风情是"侈侈隆富，卓郑埒名。公擅山川，货殖私庭。……三蜀之豪，时来时往。养交都邑，结俦附党。剧谈戏论，扼腕抵掌。出则连骑，归从百两。若其旧俗，终冬始春。吉日良辰，置酒高堂，以御嘉宾。金罍中坐，肴烟四陈。觞以清醥，鲜以紫鳞。羽爵执竞，丝竹乃发。巴姬弹弦，汉女击节。起西音于促柱，歌江上之飂厉。纤长袖而屡舞，翩跹跹以裔裔。合樽促席，引满相罚。乐饮今夕，一醉累月"。可见音乐活动多么繁盛、曼妙。杜甫《赠花卿》更是表现得五体投地："城丝管日纷纷，半入江风半入云。此曲只应天上有，人间能得几回闻？"诗圣见多识广，鉴赏要求不可能低，但他在成都听到的音乐，几乎都像人间极品。可见当时成都的音乐之美。杜甫在《成都府》中还写过："曾城填华屋，季冬树木苍。喧然名都会，吹箫间笙簧。信美无与适，侧身望川梁。"这里的"吹箫间笙簧"显然也是乐队演奏，美得诗圣不知如何溢美了。李白有五言律诗名篇《听蜀僧濬弹琴》，是状写音乐的诗作——唐玄宗天宝十二年（公元753年），李白在宣城（今属安徽）寓居期间遇到了一位来自四川的僧人，听其弹奏琴曲，感慨不已而作诗曰："蜀僧抱绿绮，西下峨眉峰。为我一挥手，如听万壑松。客心洗流水，余响入霜钟。不觉碧山暮，秋云暗几重。"全诗重在描写蜀僧濬弹琴技艺之高妙，如行云流水，一气呵成，明快畅达，风韵健爽，在赞美琴声美妙，寓含知音感慨、表达眷恋故乡之情的同时，也反映了唐代成都地区乐器演奏水平的高超，和宗教生活与音乐同样如影随形。至于唐代成都乐器制造名家雷氏一门在传统古琴基础上改良制作的新琴雷琴及其制造传奇（其生产从唐开元年间延续至开成年间，前后约120年。著名工匠有雷绍、雷震、雷霄、雷威、雷文、雷俨、雷珏、雷会、雷迅等祖孙三代九人，俗有"唐琴第一推雷公，蜀中九雷共称雄"之誉。雷威所制"伏羲式"古琴"九霄环佩"，现藏故宫博物院，是传世唐琴中最具代表性的一张，被誉为琴中"仙品"）；前蜀王建永陵出土的24乐伎；南宋王灼晚年寓居成都北门碧鸡坊妙胜院时所著的搜罗宏富，见解精辟，有独到之妙，成为研究中国古代音乐理论的重要著作的词曲评论笔记《碧鸡漫志》；起源于宋代成都及其周边地区，以丝竹乐器伴奏弹演道教经文《文昌大洞仙经》的音乐乐种洞经音乐（明清以后，该乐种进一步发展繁荣，开始向四川其他地区和云南广为传播。今日，洞经音乐在四川省，云南汉族地区和丽江、楚雄等纳西族、彝族地区仍非常流行。2014年经国务院批准，洞经音乐被列入第四批国家级非物质文化遗产名录）；由清代青城山道士、著名古琴大师张孔山创制、谱写，不仅大行于世，而且流传到海外，1977年在美国被录制成镀金唱片，由太空飞船"旅行者二号"带上太空的名曲《七十二滚拂流水》；民国四川成都人叶伯和撰写并出版的中国第一部《中国音乐史》以及被誉为"中国古代音乐史学科完成现代学术转型的第一部著作"的王光祈的《中国音乐史》……无一不是东方音乐之都的有力证据。而代表音乐创作、欣赏广泛走向民间的历史上成都独具特色的说唱艺术有两件珍贵文物足以鲜活表达——1957 年，成都天回山汉墓出土了东汉击鼓说唱俑（现藏中国国家博物馆）；1963 年，郫县宋家林东汉墓出土了立式说唱俑，均生动展现了汉代成都地区说唱表演的活跃状况。

## 三　乐化成都体现的优雅、从容

乐化成都，助力天府文化数千年优美个性的传承与弘扬，使这座城市始终温暖而从容、厚道而浪漫，即使到属于衰世的晚清，这一属性也没有改变。1898 年，旅行到成都的法国人马尼爱（Mair，Victor H.）在其《戊戌时期法国人眼中的成都》一文中，写到了满城、皇城，以及官员们的生活，"有茂才出身者，日洒扫乎街道，有举人出身者，竟挑水而推车"，[①] 他有些吃惊，显然与他观察过的广东、上海、重庆、北京等地不太一样。其实，这只不过是成都自古士大夫生活方式和情趣比较平民化的常态，其深厚的背景是这座城市独特的人文情怀，表现为与众不同的从容与优雅。近代以来，成都一是交通、信息传递相对不便，二是经历了一定时间的地方军阀、会党争斗，比较沿海、沿江的大都市曾经有所衰落，但成都的春熙路一带，依然紧跟着时尚优雅的潮流，直至新中国成立，春熙路都以"全、新、高、雅"的四大优势，成为成都市的商业、金融中心。[②] 而改革开放以后的成都，虽然崛起了若干处现代、时尚的金融、商务中心，但春熙路依然无可替代——经过了多次大规模的改造，不仅通过各类雕塑保存了其旧时代成都的人文情怀和精神风貌，而且其长达 1.1 公里的步行街，已经成为一条集商贸、旅游、文化、休闲、娱乐、购物为一体的一流的商业街区，汇集了成都的万千风情，所以外地人说，到了成都不去春熙路，就像到了北京不去逛王府井、到了上海不去看南京路一样遗憾。在春熙路观时尚、看美女、找演员，成为

---

① 何一民主编《成都历史文化大辞典》（未出版稿），第 1111 页。
② 刘从政、王莘：《成都城市精神研究》，四川人民出版社，2006，第 102 页。

成都幸福指数高、人们向往时尚优雅的当代写照。

除了传统街道风采依然，春熙路近年又崛起了成都远洋太古里新街区，比邻千年古刹大慈寺，是开放式、低密度的购物中心。拥有纵横交织的里弄，开阔的广场空间。为呈现不同的都市脉搏，同时引进快里和慢里概念，树立国际大都会的潮流典范。值得把玩的生活趣味、大都会的休闲品位、林立的精致餐厅、历史文化及商业交融的独特氛围，让人于繁忙都市中心慢享美好时光。成都远洋太古里于 2014 年起分阶段开业，汇聚一系列国际一线奢侈品牌、潮流服饰品牌、米其林星级餐厅以及国内外知名食府。太古里的幸福与快乐，是那样自在、那样从容。

近代以来，快乐成都的优雅时尚，自然有对国内外其他近代化、现代化程度更高城市的跟踪、模仿现象存在，但从整个中国近现代历史来看，成都并不是始终跟在国内外时尚都市后面亦步亦趋，而是以只要主流社会提供了有力的引领，便能迅速重振的文化自信，融汇古今中西，积极创造、展示自己的独特魅力，表达着成都特色的人间幸福。除了春熙路、太古里这类以西化元素为主的优雅时尚外，尤其值得一提的是，以被誉为"鲜花盛开的村庄，没有围墙的公园"、中国农家乐之起源的郫县农科村；先后打造了"花乡农居""幸福梅林""江家菜地""荷塘月色""东篱菊园"五个主题景点，被国家授予"国家 AAAA 级旅游景区""首批全国农业旅游示范点""中国人居环境范例奖""国家文化产业示范基地""市级森林公园"的锦江区三圣乡为代表的成都市城乡一体化探索中的"后现代"时尚新创造——这种集城乡资源有机整合、经济良性互动、生态持续保护、人文魅力重现、城市生产生活更加平衡多种功能于一体，在保护环境、亲近自然、感悟乡愁中实现的观光旅游、休闲放松生活，是体现人类可持续发展理念、最符合人性、代表未来的时尚大雅。而近年发生在金堂县周小林、殷洁夫妇身上、因为热爱鲜花的妻子一句"什么时候我们能有一个有小花园的家就好了"，丈夫就倾其所有为她在离成都市 66 公里的四川省金堂县转龙镇大桥村的一条环境优美的山谷中打造了一个占地 1200 亩的乡村花园，夫妇俩在此幸福生活，并因为特别喜爱而栽培种植了 390 多种蜀葵，周小林每天都潜心研究蜀葵，对蜀葵进行分类，与此同时，周小林任主编，殷洁任副主编，两人着手编著《中国蜀葵品种图志》……"① 的故事，被央视董卿主持的《朗读者》2017年1月8日第一场录制并播出，② 温暖、感动了无数受众。这是最具有成都气质的带给人们精神愉悦，体现着高洁情怀的亮丽风景。

对成都特色的"快乐"与优雅，谭继和先生有较好论述，他结合巴蜀文学底蕴说天府："成都文化的优雅，在于历来重文史、重文学，'西蜀自古出文宗'，意思是天下文坛的宗主领袖多出自天府。他们有些出生在成都，有些生活在成都，历经蜀山蜀水蜀文化的熏陶，成就了文学大才。由西汉赋圣司马相如开端，后有汉代'孔子'扬雄，唐代'开风气之先'的陈子昂、诗仙李白、诗圣杜甫，宋代'千古第一文人'苏轼、剑南诗宗陆游、明代文坛宗匠杨慎、清代函海百科李调元、性灵南宗张问陶，直到现代文化巨人郭沫若、巴金。成都的几千年文史未断，而且每个历史时期出的文人都傲立于时代之巅。……尤其要提的是，成都文化的优雅，还在于培育的才女多，凌濛初在《二刻拍案惊奇》盛赞'蜀中女子自古多才'。要说'成都姑娘'，卓文君、薛涛、浣花夫人都是，而且在今天的成都，仍保存了成都姑娘们遗留的蜀风雅韵。"③ 成都自古即是代言巴蜀文化和中华文化的文学之都，事实上，史不绝书的记载表明，音乐的繁盛，与古典诗词歌赋的创作与传播水乳交融，共同洋溢、表达着快乐之都的城市个性。

# 四 成都何以成为快乐之都、音乐之都

综上所述，天府文化的精彩呈现之一是乐化成都。笔者认为，其最深厚的土壤和根基是：与其他同级别城市拥有的地域文化相比较，天府文化，其活水之源除了她有独一无二的都江堰作为生产、生活的稳定保障，以及地理条件决定的丰富齐备的物产、平和温润的气候、立体多彩的环境、吐故纳新

---

① 夫妻俩在金堂县转龙镇建立的世界最大的蜀葵花基地，解决了40余人就业，带动人均增收15000元。见四川文明网，http://www.scwmw.gov.cn/bydll/201706/t20170601_880505.htm。

② 见华西新闻网，http://news.huaxi100.com/show-227-847783-1.html。

③《谭继和揭秘天府文化内涵：传承革新》，原载《成都商报》2017年5月4日。

的丝路、天南海北的移民和从不更改的城名所奠定的这座城市的充分自信、勃勃生机外，成都还是中国同级别城市中罕见的儒释道三教并行不悖、和谐共生，因而能够尽可能多地得到三教正能量滋润的幸运之都。关于前面七个因素，学术界已有充分揭示，本文重点分析后者。

所谓成都儒释道三教并行不悖、和谐共生，首先是指学术上，三教与生俱来的与蜀学的紧密联系，而蜀学，不过是历代以成都为中心的川蜀儿女智慧与情感的理论建构与丰富、传承。谭继和教授指出："蜀学的文化源头即中华文献的学术源头。""巴蜀文化对道、儒有开源性的贡献。道学源于古蜀仙道，古蜀五祖皆得仙道，三星堆与金沙遗址的飞鸟崇拜证明：三千年前以'羽化飞仙'为标志的飞鸟崇拜，即已广泛盛行。张陵创道教是直接继承古蜀仙道的，故'羽化成仙'成为道教经典的核心。以神仙的特征的浪漫主义文化想象力在蜀学中一直传承。兴于西羌的大禹为原始儒学之祖，儒之学为蜀人所创……儒学的源头'五行'学说是从大禹治水得来的，见《尚书·洪范》里保存的'洛书'65 字。对于禅学，蜀则因与禅的南北宗有异而又能兼容南北，遂成为智诜、无相、马祖道一创立的巴蜀禅系，提出了'平常心是道'的学术概念，从而为佛教人间化、生活化做出了奠基性贡献。故归纳为'仙道在蜀''儒学源蜀''菩萨在蜀'的三大特点，这就是蜀学的源头。"① 舒大刚教授在论述古代巴蜀学术鼎盛期两宋蜀学时总结道："是时，蜀学人才辈出、大家涌现，杰出人物以家族形式表现出来……成就则主要体现在：文学、史学、医学、数学、政事、家族文化等方面，体现了三教并治，诸法圆通等特点。"② 两位大家的观点不无道理。而我认为，成都的特点尤其体现在它是道教的诞生地，道教学术、思想的原创地与巨大宝库，其倡导的生活方式、音乐艺术等能够自由生长，对本地人民的三观和生活方式发生深度浸润，以青城山、青羊宫为代表的道教圣地能够对近现代文学艺术（比如对近现代武侠小说鼻祖还珠楼主以《蜀山剑侠传》为代表的创作和好莱坞动漫大片

---

① 谭继和：《简论蜀学》，载《"蜀学·湘学与儒学"学术研讨会论文集》第 130～131 页。
② 舒大刚：《蜀学的流变及其基本特征》，载《"蜀学·湘学与儒学"学术研讨会论文集》第 147 页。

《功夫熊猫》如何表达中国文化）发生持续性巨大影响的综合性宝地，从而达成自身与儒释道精神建构的良性互动与巨大活力。在中国各地，在学术上对儒、释、道都具有开源和建构之功的城市恐怕只有成都；道教的思想、学术不仅没有受到儒、佛打压，而且能够平民化、生活化的城市，也很少有城市能与成都相比。这些，都带给历代子孙无尽的轻松、洒脱、愉悦。

其二是指成都不仅一直是中国西南和长江上游三教研究、发扬、传播的中心，博学鸿儒、高僧大德、隐士仙翁史不绝书，各有受众拥趸，各展所长，而且三教及其信众和平共处、互相兼容，把中华文化开放包容、进退有据、互相弥补的精神家园的活力发挥充分，大大增添了这座城市的以价值观既有主流也有兼顾、包容，生活方式多元宽厚为核心的吸引力，并直接或间接转化为很高的幸福与快乐指数。在圆融儒释道，助益学术和世道人心的道路上，成都士大夫从来没有停止脚步，如北宋宰相张商英（1043～1121，新津人）提倡三教"鼎足之不可缺一"的鲜明主张，蔡方鹿教授论述道："北宋著名学者、政治家张商英当理学兴起之时，回应欧阳修、二程的批佛言论，主张儒释道三教融合、鼎足而立，不可缺一。认为三教均有补于治世。一定程度地看到儒家治世思想之流弊，提倡以佛法、道书济儒教之穷。从他一再把儒学称之为'吾儒'、'吾教'而言，表明他在一定程度上还是以儒为主来调和儒佛、融合三教的。"① 历史上，不少巴蜀学者始终具有轻视功名、眼观八面、包举宏富、旷达自信的特色——比如清代成都双流传奇般的学术巨族"槐轩学派"② 及其"刘门教"（创始人刘沅，生活于1767～1855

---

① 蔡方鹿：《张商英三教"鼎足之不可缺一"的思想》，载《宗教学研究》2010年第2期。
② 刘沅一生长达70年之久的教育和学术活动影响深远。这主要表现在：首先，刘沅身后形成了一个以刘沅槐轩之学为宗的槐轩学派，其代表人物有刘咸炘、刘咸荣、刘咸焌、颜楷、钟瑞廷、刘芬等；其次刘沅身后形成了一个民间宗教派别即刘门教；最后作为一个教育家，刘沅的槐轩书塾规模很大，经常求学的学生有三百人以上，师从刘沅学习的学生有数千人，故当清季即有"川西夫子"之称，为一代塾师之雄。今人张舜徽、南怀瑾、萧天石、肖萐父、吴天墀、李学勤等对刘沅的学术有过关注。早先，马西沙、韩秉方先生对刘门教作了开创性研究。最近，台湾"中央研究院"、四川大学、武汉大学等已开始了对刘沅生平和学术的系统研究，这些研究可望使得这位长期以来被人忽视的学者重现于世人的视野。摘自360百科"刘沅"http：//baike.so.com/doc/6598020-6811803.html。

年，双流人，是历史上少有的被人奉为教主的学问大家，其著作《槐轩全书》，以儒学元典精神为根本，融道入儒，会通禅佛，体大精深，鸿篇巨制），南怀瑾先生予以了专门关注，他说："乾嘉间西蜀双流，有刘沅（字止唐）者出。初以博学鸿儒，不猎功名，归而学道，相传得老子真传，居山八年而成道。以儒者而兼弘佛道之学，著作等身，名震当世。世称其教曰：刘门。长江南北，支衍甚多，而尤以闽浙为甚"。① 可见其对士大夫和民间的巨大影响。对于刘沅与槐轩学派，蔡方鹿教授等人有精辟论述："该学派的学术思想集中反映了那个时代蜀学的面貌。槐轩学对理学的扬弃，对三教的融合，认为佛老不为异端，对经学的'恒解'，既具有时代精神，又呈现该学派的特质。由此表现出既与理学、清代汉学不同，并对二者提出批评，又不完全舍弃二者，确有己派独到的见解和深厚的理论积淀。"② 天府文化的充分自信和三教并重、圆融在槐轩学派得到彰显。三教圆融，其信徒相处，自然轻松自在、从容和谐。

其三，三教均衡流播、互相兼容的格局和传统使成都地区古今都是汉传佛教和藏传佛教及其信众、汉族文化与藏羌彝文化交流融汇的成功桥梁，这种交流融汇，同样赋予成都别样的宽厚与活力，不仅使成都因此在国家西部的政治地理、经济地理和民族团结中举足轻重，而且也从多方面丰富了这座城市的快乐与幸福元素。藏羌彝地区大量鬼斧神工、岁月雕琢的原始生态，如处女般圣洁的雪原、冰川，几乎可以揽星摘月、追风抚云的高原风光，热情淳朴、豪迈奔放的少数民族风情，与植根于文化成功交流融汇基础上的民族团结一起，赋予"乐化成都"以宽广天地。

---

① 南怀瑾：《著作珍藏本》第五卷《禅话·面壁而坐》，复旦大学出版社，2002，第183~184页。
② 蔡方鹿、刘俊哲、金生杨：《巴蜀哲学的贡献与价值》，载蔡方鹿主编《蜀学与中国哲学——"蜀学与中国哲学"学术研讨会论文集》，四川文艺出版社，2013，第33页。

# B.6
# 文化产业生态圈的微观基础：
# 理论及经验探讨

鞠晴江 *

**摘　要：** 文化产业是我国经济新常态背景下转变经济增长方式、提升国家软实力的重要支撑。鉴于文化产业在发展深度和广度两个维度上日益加深的融合，本报告从文化产业生态圈视角探讨文化产业的发展规律。借鉴商业生态系统理论，从文化产业核心、产业外部支持、宏观环境和产业竞争四个子系统出发，构建文化产业生态圈的微观结构模型，认为文化产业生态圈是一个具有层次性的嵌套网络体系，具有区域和产业的双重层次性以及自组织性等特征；基于文化产业生态圈在生命周期各阶段所呈现的不同特征，认为政府及市场的主导作用也具有阶段性特征。在理论分析基础上，本报告以韩、美两国文化产业发展的成功经验，对文化产业生态圈的微观结构模型加以验证。

**关键词：** 文化产业生态圈　微观基础　产业生命周期

在我国经济进入新常态的背景下，以创意为核心、资源消耗低、环境污染小的文化产业正成为转变经济发展方式的新亮点。为此，推动文化产业成

---

＊　鞠晴江，经济学博士，电子科技大学经济与管理学院副教授。

为国民经济支柱性产业、提升国家文化软实力，已被确定为我国"十三五"时期的重要战略目标。然而，2017年《文化部"十三五"时期文化产业发展规划》显示，我国文化产业发展还存在整体规模不大、竞争力不强、文化产品和服务有效供给不足、政策和市场环境不完善等问题。为了解决这些问题并加快文化产业发展，有必要紧密结合文化产业的特性，探讨文化产业发展的新模式。

国内外的实践表明，伴随科技飞速发展和经济全球化，"文化＋"与"互联网＋"相互交融，使文化产业的发展形态发生了巨大的变化。在文化产业的深度上，随着互联网等高新技术在文化创作、生产、传播、消费等各环节的应用深化，传统产业、新兴产业及其内部子门类之间的界限越来越模糊，产业内部融合加深；在文化产业的广度上，文化产业与制造、设计、旅游、农业、体育、健康等相关产业的融合也进一步加强。显然，传统封闭、线性的产业发展模式已不适应文化产业发展的新要求；取而代之，强调产业与外部商业环境的开放式共生演化、以相互依赖的价值网络为特征的产业生态圈发展模式，成为文化产业发展的新选择。

## 一　文化产业生态圈的研究基础

从生态圈视角研究产业发展，最初源于产业生态学（Industrial Ecology），通过关注产业和自然环境间的相互关系，评估和减少产业活动的环境影响，以实现产业生态系统的可持续发展。[①] 其后，产业生态圈的概念被引入产业经济学及区域经济学中，强调一定地域空间范围内产业之间以及产业与商业环境之间的关联性，由此指向一种新的产业发展模式和空间布局形态。

但在理论界，产业生态圈的概念及分析视角并未达成一致。例如，袁政认为产业生态圈是对企业集群概念的拓展，是某种或某些产业在一定地域范

---

① T. E. Graedel, B. R. Allenby.《产业生态学》，清华大学出版社，2004。

围内形成（或按规划将要形成）的、以某主导产业为核心、具有较强市场竞争力和产业可持续发展特征的地域产业多维网络体系，强调产业生态圈的地域特性、产业的专业化以及产业成长过程中的竞争力。① 徐浩然等从产业链视角出发，认为产业生态圈是一种新型的产业链关系，是对传统产业链一维线性关系的突破，是各种产业链条集合交叉所形成的复杂的共生共赢生态系统；认为构建产业生态圈需要市场自发行为和政府自觉行为的有机统一，市场自发行为虽然能形成产业的优势区位，但在区域空间上会存在若干孤环、断链和短链，而政府的政策干预可弥补不足，在区内接通断链、跨区域延伸产业链并最终形成产业生态圈。② 在应用研究领域，产业生态圈的研究包括智慧城市产业生态圈（包括构建产业基金生态链、运营公司产业生态链、科技园生态链等）③、区域体育旅游生态圈④、互联网金融生态圈⑤等。

在实践中，产业生态圈模式日益受到重视，成为地方政府获取产业发展新增长点的突破口。深圳市早在 2007 年就提出以重大项目或龙头企业和机构为带动，紧扣文化产业链打造上下游"生态圈"。⑥ 围绕国家中心城市的战略部署，成都市在 2017 年积极开展产业生态圈建设，在创新产业生态圈建设模式（包括推动产业链垂直整合和优质资源集聚、实现产城融合等）、重塑产业生态体系、创新产业生态圈招商模式（围绕产业园区、领军企业和关键要素进行招商）、强化产业生态圈政策保障等四方面提出了发展新思路。⑦

在微观层面，产业生态圈的构成单元是由相互关联的企业构成的商业生

① 袁政：《产业生态圈理论论纲》，《学术探索》2004 年第 3 期。
② 徐浩然、许箫迪、王子龙：《产业生态圈构建中的政府角色诊断》，《中国行政管理》2009年第 8 期。
③ 杨德海：《基于 PPP 模式打造智慧城市产业生态圈——中国智慧城市创新论坛深圳报告》，《智能建筑与智慧城市》2016 年第 11 期。
④ 吴玲敏、曲进、李寒旭：《我国区域体育旅游生态圈体系构建研究》，《北京体育大学学报》2016 年第 39（7）期。
⑤ 刘曦子、陈进、王彦博：《互联网金融生态圈构建研究——基于商业生态系统视角》，《现代经济探讨》2017 年第 4 期。
⑥ 泽平：《紧扣文化产业链打造上下游"生态圈"》，《民营经济报》2007 年 5 月 30 日。
⑦ 钟文：《转变发展理念和发展方式 加快构建具有全球竞争优势的产业生态圈》，《成都日报》2017 年 8 月 13 日。

态系统（Business Ecosystem）。随着经济活动从相对独立的个体状态逐步向组织间互为关联的网络状态转变，企业不再是单个产业的成员，而是横跨多个产业的商业生态系统的一部分，具有共生演化的特征。[①] 客户、供应商、主要生产商、投资商、贸易合作伙伴、标准制定机构、政府、社会公共服务机构等具有一定利益关系的组织或群体共同构成一个动态结构系统，[②] 使企业的成功不再依赖于独自的战略，而取决于所关联组织的整体健康情况。[③] 为此，企业之间的竞争逐步由"商业模式之间的竞争"上升到"生态圈之间的竞争"。[④] 以信息产业为例，主要跨国企业的竞争已表现为由硬件、软件、平台等综合实力构成的"产品＋内容＋服务"的产业生态系统的竞争。生态体系越完善，越能吸引更多的合作伙伴，形成良性循环，从而更加吸引参与者，形成更强大的协同创新能力。[⑤]

　　商业生态系统是解构产业生态圈微观结构的逻辑基础。当前商业生态系统的研究涵盖了三个层面，即商业生态系统层面、商业生态系统要素层面以及多个商业生态系统构成的产业经济系统层面。目前国内研究主要关注前两个微观视角，具体涉及创新生态系统[⑥]、信息技术商业生态系统[⑦]、网商生态系统[⑧]、供应链商业生态系统[⑨]、包含企业层次和系统层次的商业生态系

① Moore J F. , "Predators and Prey： A New Ecology of Competition", *Harvard Business Review* 71 (1992)： 75 – 83.

② Moore, J. F. *The Death of Competition*： *Leadership and Strategy in the Age of Business Ecosystems* (New York： Harper Paperbacks, 1996) .

③ Iansiti, M. and R. Levien, "Strategy as Ecology", *Harvard Business Review* 82 (2004)： 68 ~ 78, 126.

④ 江远涛：《商业生态圈："互联网＋"时代，构建互赢共生的商业生态模式》，当代世界出版社，2016。

⑤ 韩祺：《发展产业生态圈　打造信息产业新增长点》，《宏观经济管理》2016 年第 7 期。

⑥ 梅亮、陈劲、刘洋：《创新生态系统：源起、知识演进和理论框架》，《科学学研究》2014 年第 12 期。

⑦ 李强、揭筱纹：《基于商业生态系统的企业战略新模型研究》，《管理学报》2012 年第 9 (2) 期；李强、揭筱纹：《信息技术的商业生态系统健康、战略行为与企业价值实证研究》，《管理学报》2013 年第 10 (6) 期。

⑧ 叶秀敏、陈禹：《网商生态系统的自组织和他组织》，《系统工程学报》2005 年第 20 (2) 期。

⑨ 陆杉、高阳：《供应链的协同合作：基于商业生态系统的分析》，《管理世界》2007 年第 5 期。

统跨层次整合①等,而基于商业生态系统切入产业层面的研究较少。部分关于产业生态系统或产业生态圈的研究侧重从产业集群或产业链角度解释这一产业发展新模式②,而缺少从微观结构层面对产业生态圈的深入分析。本报告旨在结合文化产业的实际,以商业生态系统的理论框架为基础,构建文化产业生态圈的微观结构模型,并结合美国及韩国文化产业发展的成功经验,对该理论模型加以验证。

## 二 文化产业生态圈的微观结构模型及特征

以商业生态系统模型为基础,文化产业生态圈也表现出类似的结构模式和主要特征。借鉴 Moore③ 的商业生态系统结构模型,文化产业生态圈的微观结构模型也包含四个子系统,即产业核心子系统、产业支持子系统、宏观环境子系统和产业竞争子系统。

如图 1 所示,文化产业生态圈是一个具有层次性的嵌套的网络结构。产业核心子系统是产业生态圈形成的根基所在,主要由文化资源、文化企业及文化消费者构成。其中,文化资源决定了文化企业供给的要素禀赋,消费者则从需求侧决定了文化企业的供给内容。同时,一个稳定而健康的文化产业核心子系统以骨干型企业为支撑,这类企业位于系统中枢,为产业生态系统提供价值创造的"平台",并与其他缝隙型企业分享共创价值,为缝隙型企业在专业化的细分市场进行价值创造和创新提供广阔的空间。④

在文化产业核心子系统之外,是由产业支持子系统、宏观环境子系统和

---

① 潘剑英、王重鸣:《商业生态系统理论模型回顾与研究展望》,《外国经济与管理》2012 年第 9 期。
② 袁政:《产业生态圈理论论纲》,《学术探索》2004 年第 3 期;徐浩然、许箫迪、王子龙:《产业生态圈构建中的政府角色诊断》,《中国行政管理》2009 年第 8 期。
③ Moore, J. F. *The Death of Competition: Leadership and Strategy in the Age of Business Ecosystems* (New York: Harper Paperbacks, 1996).
④ Iansiti, M. and R. Levien, "Strategy as Ecology", *Harvard Business Review* 82 (2004): 68 ~ 78, 126.

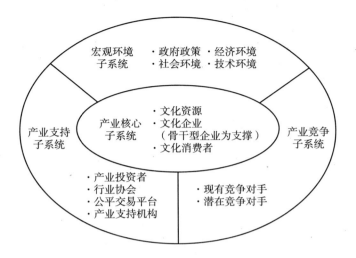

**图1　文化产业生态圈的微观结构模型**

资料来源：根据 Moore（1996）修改。

产业竞争子系统构成的产业外部环境系统。其中，产业支持子系统由支持文化产业发展的外部主体构成，包含产业投资者、行业协会、公平交易平台和产业支持机构等，它们对形成文化产业价值网具有重要的辅助作用。宏观环境子系统由政治、经济、社会和技术环境构成，在文化产业发展实践中以政府政策和科技发展的影响最为突出。产业竞争子系统是文化企业现有及潜在竞争对手所构成的产业竞争环境，属于延伸的产业生态圈内容。从这四个子系统的内在关联性看，文化产业核心子系统的发展进化受外部环境系统的影响，通过不断积累、创造和利用文化资源，对环境和市场需求变化做出快速协同反应，在系统的不同发展阶段实现企业之间价值网络的高度整合，最终形成共生共赢的文化产业生态圈。

在这一微观结构框架下，文化产业生态圈的主要特征包括以下几方面。

第一，文化产业核心子系统具有区域和产业的双重层次性。从区域层次性看，国家层面的文化产业核心系统由各区域文化产业核心系统所组成。从产业层次性看，文化产业核心系统是由行业子门类系统如动漫子系统、出版子系统、影视子系统等组成。① 这些子系统相互交织为一个价值生态网，包含横向和纵向的价值链条；② 同时，各企业之间形成一个相互依赖、竞争合作的价值共生网络，打破了文化产业在各区域、行业间的界限，使边界变得日益模糊。

第二，文化产业生态圈具有自组织性、自适应性和共同进化等特征。在市场机制的作用下，文化产业生态圈以文化价值为纽带，具有自行组织、创新和演化的功能，推动形成有序的系统结构。在这一过程中，产业核心子系统内的文化企业还具有对共生共赢关系的自适应性，以及产业核心子系统作为有机整体对外部环境的自适应性。来自内外部的自适应性会带来产业生态圈的进化，推动文化产业形态从初级到高级阶段的演化。

第三，文化产业生态圈具有生命周期，并在各阶段表现不同特征。和自然生态系统一样，文化产业生态圈的生命周期具有形成、发展、成熟、衰退或升级四个阶段，并在科技创新水平、网络节点联系、系统环境、产业融合度以及竞争力等方面表现出不同的特点，由此带来政府及市场的主导作用各异（见表1）。值得一提的是，美国、韩国等文化强国的实践均显示，在文化产业生态圈的形成初期，为加快生态系统成型，政府都发挥了强有力的推动作用。这一特点为我国文化产业生态圈建设提供了重要的参考价值。

**表1 文化产业生态圈的生命周期、阶段性特征及主导力量**

| 生命周期的阶段 | 阶段性特征 | 主导力量 |
| --- | --- | --- |
| 形成 | 科技创新水平低，文化企业在网络中的节点联系不紧密，系统环境不完善 | 政府 |
| 发展 | 科技创新水平逐步提升，文化企业间合作加强，网络节点联系较为紧密，产业融合加快，生态化系统快速发展 | 政府或市场 |

---

① 宋湘宁：《商业生态系统视角下的文化产业成长模式研究》，武汉大学博士学位论文，2011。
② 肖磊、李仕明：《商业生态系统：内涵、结构及行为分析》，《管理学家》（学术版）2009年第1期。

续表

| 生命周期的阶段 | 阶段性特征 | 主导力量 |
|---|---|---|
| 成熟 | 科技创新水平高,网络节点联系紧密,产业间高度融合,文化产业生态圈竞争力强 | 市场 |
| 衰退或升级 | 技术落后,系统萎缩,竞争力弱化 | 市场或政府 |
| | 新技术代替旧技术,文化产业生态圈升级进入新一轮生命周期 | |

资料来源：修改自邢志勤：《文化产业生态化系统的实现路径》，《重庆社会科学》2015 年第 1 期。

# 三　文化产业生态圈建设的成功经验

以文化产业生态圈的微观结构模型为支撑，以下对韩、美两国文化产业生态圈构建的成功经验进行总结，为我国文化产业发展新模式选择提供有益的参考。

## （一）韩国文化产业生态圈建设的成功经验

1. 以文化出口为引擎，建立文化产业核心子系统

消费者是文化产业核心子系统的重要组成部分。在韩国"文化立国"战略中，以国外消费者需求为导向、进军国际市场被确定为重要的战略目标。这种"出口导向型"发展模式极大地推动了韩国文化产业核心子系统的构建。在出口市场的选择上，韩国文化产业以具有同源文化的日本、中国等东亚市场为突破口，然后进军东南亚、欧美等其他市场。在产品战略布局上，韩国政府根据产业发展的深度以及目标市场的消费趋势，不断调整文化出口的策略。例如在 1998 年金融危机后，韩国主推影视业，通过影像媒介向以东亚文化圈为主的海外市场宣传韩国文化，使"韩流"电影在亚洲风靡。此后，为促进影视业的进一步发展，韩国从 2006 年开始对出口对象国提供节目制作技术和人员培训，为市场开拓提供充分保障。[1] 更重要的是，

---

① 张志宇、苏锋、常凤霞：《韩国文化产业的出口振兴政策和韩文化产业的发展》，《当代韩国》2016 年第 1 期。

韩国文化出口极大提升了韩国文化品牌的认知度，改善了韩国的国家形象，并通过"文化＋"途径，对家电产品、移动电话、汽车制造业等关联产业的海外出口发挥了间接促进作用。

2. 在宏观环境子系统中高度强调文化政策的主导作用

在宏观环境子系统的构建中，韩国政府的高强度政策发挥了积极的引导作用。为应对亚洲金融危机，韩国政府调整了制造业优先的产业政策，在1998年制定了"文化立国"战略目标，将文化产业确定为21世纪的战略性支柱产业。1999年以来，韩国政府分别出台了《文化产业振兴基本法》《创意产业振兴法》《出版文化产业振兴法》《音乐产业振兴相关法律》《游戏产业振兴相关法》等，为国内文化产业发展提供了充分的保障。2013年以来，为适应文化产业发展新的机遇和挑战，韩国政府又相继出台《文化基本法》《大众文化艺术产业发展法》《人文学及人文精神文化振兴相关法》《工艺文化产业振兴法》等，其中前三项旨在彰显文化价值、扶持大众文化艺术、培养文化人才和创意人才，为产业生态圈创造良好的发展环境，拓展韩国文化产业发展的广度；《工艺文化产业振兴法》旨在创新研发各种具有文化价值的工艺产品体系，在工艺文化领域延伸文化产业的深度。①

3. 在政府主导下全方位构建产业支持子系统

在产业支持子系统的构建中，韩国政府在产业支持机构、多元化资金保障、公平交易平台等方面营造良好的文化产业发展环境。在产业支持机构上，韩国政府适时设立或调整相关机构，以适应文化产业的发展要求。例如，2001年成立文化产业振兴院，作为专门支援文化产业的中枢政府机构；2009年调整设立韩国内容振兴院（KOCCA），全方位协调广播影像业、游戏业、软件及数字内容业等子行业发展，并作为对外推广的支撑机构。目前KOCCA共有职员269人，在日本东京、美国洛杉矶、英国伦敦和中国北京

---

① 李忠辉：《韩国文化产业政策调整对我国的启示》，《文化软实力研究》2016年第1（4）期。

等地均成立了海外办事处。①为适应文化发展新政策，韩国政府在 2013 年再次进行机构调整，不仅专设"文化创意产业室"来推动创意产业发展，而且新设"未来科技部"，全力推进文化产业技术研发，以提高文化产业的技术能力。②

在资金支持上，韩国文化产业以政府资金为引导，大力拓宽多元化的资金来源。自 1999 年设立对文化产业集中投资的"文化产业振兴基金"后，还相继设立了文艺振兴基金、信息化促进基金、广播发展基金、电影振兴基金、出版基金等专项基金，针对性地提供资金支持。韩国文化产业预算支出的逐年上升，为产业发展提供了充裕的资金保障。在政府资金的引导下，韩国大型企业如三星文化财团、LG 文化财团等也设立了专项文化基金，为文化行业发展或专业人才成长提供资金支持。近年来，韩国在积极吸引国外资金上也取得了显著成效。

在公平交易平台上，韩国针对不同文化子行业的发展需求，针对性地搭建行业平台。2010 年和 2011 年分别组建"文化创意纠纷协调委员会"与"文化创意公平交易法律咨询团"，为文化创意产业子生态圈的健康稳定提供保障；2014 年设立"公平环境营造中心"，监督、管理、扶持电影产业子生态圈的健康发展；2015 年发展电子网络文化产品交易系统，建立"编剧文化产业"流通机制与平台。③

### （二）美国文化产业生态圈建设的成功经验

1. 在产业核心子系统中以骨干型企业为支撑

在高度竞争的环境下，美国文化产业在发展中逐步形成了以骨干型企业为支撑的产业核心子系统，并以其强大的竞争力在全球文化产业中独树一

---

① 孙梨梨、刘兴全、郑基银：《韩国文化内容产业的发展及其对中国的启示》，《西南民族大学学报》（人文社会科学版）2016 年第 3 期。
② 李忠辉：《韩国文化产业政策调整对我国的启示》，《文化软实力研究》2016 年第 1（4）期。
③ 张志宇、苏锋、常凤霞：《韩国文化产业的出口振兴政策和韩国文化产业的发展》，《当代韩国》2016 年第 1 期。

帜。例如，全球知名的大型媒体娱乐公司美国时代华纳、迪士尼等，都是文化产业生态圈中的骨干型企业；在全球超级媒体前 10 排名中，美国占据了 8 位。① 这种组织形态有力确保了美国文化产业生态圈的健康稳定。

2. 在宏观环境子系统中突出政府政策和科技创新的双重作用

在文化产业发展初期，政府在培育和引导产业发展上具有重要作用，这对于市场经济高度发达的美国也不例外。例如，美国在 1929 年经济大萧条后相继制定了《联邦音乐计划》《联邦戏剧计划》《联邦作家计划》等一系列产业促进政策；在 20 世纪 60 年代美国产业结构调整时，美国政府也采取了经济、法律、行政等一系列措施对高科技文化产业加以扶持。但与韩国不同，美国的文化产业政策更多以规范为主、引导为辅，这以严格的产权保护制度为代表。无论是 1790 年的《版权法》，还是后续出台的《反盗版和假冒修正法案》、《计算机软件保护法》、《跨世纪数字版权法》和《反电子盗版法》等一系列法律法规，都成为维护美国文化产业公平交易、促进产业发展和繁荣的重要政府保障。②

同时，美国还高度重视科技创新对文化产业的支撑作用。在文化产品的开发上，美国广泛应用数字化、网络传输、通信卫星等高新技术来增强艺术性和感染力，促使艺术和科技融会贯通；在图书和唱片业销售中利用互联网技术推动销售市场的多元化和规模化。③

3. 在产业支持子系统中突出资金和人才的积极作用

在产业资金支持上，美国多样化的融资方式和多元化的融资渠道为文化产业发展提供了充分保障。首先，在政府资金支持上，美国政府每年对文化领域的投入占政府财政支出的 12%，用于扶持公益性文化设施、社区文化活动、文化艺术教育普及等基础文化产业。虽然这不是对盈利性文化产业的直接投入，但营造了文化产业发展的温床。同时，通过税收优惠政策，社会资金被引导投向文化产业。美国政府还建立了国家艺术基金会和国家人文基

---

① 惠宁：《美国文化软实力建设的经验与教训》，《人民论坛》2017 年第 3 期。
② 惠宁：《美国文化软实力建设的经验与教训》，《人民论坛》2017 年第 3 期。
③ 尹宏祯：《美国乡村高雅文化产业培育机制调查研究》，《中华文化论坛》2017 年第 2 期。

金会等政策性基金，对文化产业给予资助，并利用有限的公共经费激励私人资助。其次，在商业资金支持上，美国高度发达的金融市场、多元化的投资工具和金融创新服务，为文化产业发展提供了丰富的国内外资金保障。[①]

在文化人才保障上，美国独特的人才吸引和培训制度为知识密集型的文化产业发展提供了充分保障。一方面，美国通过各类公立和私立机构设立项目奖学金，向全世界招收优秀文化人才，推动各产业创新发展；另一方面，美国还利用移民等政策吸引发展中国家的优秀文化人才留在美国。这不仅节约了美国的人才教育成本，而且在人才集聚中注入了多元化的文化基因，为美国文化市场注入新的活力。另外，美国完善的文化人才培训制度也大大提高了行业综合技能和知识水平，推动了美国文化产业的发展。[②]

---

① 刘曦、杨航、黄丽鲱等：《金融支持文化产业发展的中美比较研究》，《金融发展评论》2016 年第 3 期。
② 尹宏祯：《美国乡村高雅文化产业培育机制调查研究》，《中华文化论坛》2017 年第 2 期。

# B.7
# 成都市居民文化消费现状及
# 发展路径

成都市社会科学院课题组*

**摘　要：** 城市化进程的深入推进和经济社会的繁荣发展，必然带来居民文化消费需求的增长和文化生活方式的改变。本报告以成都为样本，基于实证调研，全面分析总结了当前城乡居民文化消费特征及其供需两个层面的影响因素，分析了成都促进文化消费的既有优势与面临的问题，在此基础上，提出了以需求为发展导向、促进城市居民文化消费发展的方向性建议。

**关键词：** 文化消费　行为特征　影响因素　发展路径

文化是人民群众美好生活中不可或缺的精神食粮。党的十九大报告指出："坚定文化自信，推动社会主义文化繁荣兴盛。"促进成都文化消费，既是培育新经济增长点、推进文化产业转型升级的现实需要，也是构建现代公共文化服务体系，丰富群众文化生活的必然选择。为了全面了解成都文化消费现状、居民文化消费需求，成都市社会科学院课题组针对成都21个区（市）县实施了成都市城乡居民文化消费现状及需求专项问卷调查。该调查

---

＊ 执笔人：王健，成都市社会科学院社会与法制学所所长、研究员；尹宏，成都市社会科学院历史与文化所所长、研究员；胡燕，成都市社会科学院社会与法制学所副研究员；卢晓莉，成都市社会科学院社会与法制学所副研究员；徐睿，成都市社会科学院社会与法制学所副研究员；孙艳，成都市社会科学院历史与文化所副研究员。

采取严格的抽样方法，根据各地 2014 年统计年鉴显示的人口数据基本特征进行了合理配额，并采取多阶段、分层、系统抽样的方法进行样本选取。调查累计共发放问卷 3064 份，实际回收问卷 3064 份，后期通过对问卷真实性、错填、漏填、逻辑性等方面进行质量检查，获得有效问卷 3043 份，即有效样本 3043 份。在对问卷进行统计分析的基础上，课题组深入研析了成都文化消费的特征及其影响因素，进而提出促进文化消费的对策建议，以期为地方党委政府进行文化消费决策提供理论和实证上的支持。

# 一 成都市城乡居民文化消费行为特征

## （一）消费内容和类型总体呈现多元化和高层次化发展

从调研来看，居民文化消费的内容和类型日益丰富。调研数据显示，目前城乡居民的文化消费喜好不仅仅局限于看电视、阅读书/报/杂志和玩棋牌游戏等传统消费项目，而是拓展为包括网络、旅游、影视、文艺表演、音乐鉴赏、展馆活动、艺术培训等多种融合传统与现代、娱乐与发展、休闲与身心健康等的文化消费项目，具体娱乐活动如图 1 所示。

而且，对于部分文化消费，居民对品质的重视已经超过了对低廉价格的要求。以观看电影为例，问卷调查发现，选择去电影院观看付费电影的（39.3%）远远超过选择看坝坝电影（13.2%）和看影院免费公益电影的（7.7%）（见图 2）。从中可以看出，居民对于文化消费项目的选择，并不单纯地以公益、无成本消费为方向，对文化产品内容及服务的品质要求在不断提高。

## （二）消费方式开始凸显网络与旅游健身两个重要趋向

从居民对各类文化娱乐活动的方式选择、投入时间、投入支出来看，成都城乡居民更偏好旅游、上网等文化类型，更愿意在这方面投入时间和金钱。

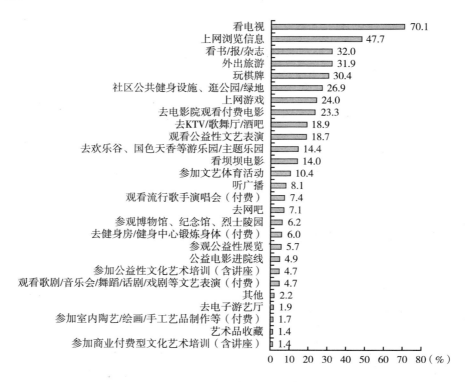

看电视 70.1
上网浏览信息 47.7
看书/报/杂志 32.0
外出旅游 31.9
玩棋牌 30.4
社区公共健身设施、逛公园/绿地 26.9
上网游戏 24.0
去电影院观看付费电影 23.3
去KTV/歌舞厅/酒吧 18.9
观看公益性文艺表演 18.7
去欢乐谷、国色天香等游乐园/主题乐园 14.4
看坝坝电影 14.0
参加文艺体育活动 10.4
听广播 8.1
观看流行歌手演唱会（付费） 7.4
去网吧 7.1
参观博物馆、纪念馆、烈士陵园 6.2
去健身房/健身中心锻炼身体（付费） 6.0
参观公益性展览 5.7
公益电影进院线 4.9
参加公益性文化艺术培训（含讲座） 4.7
观看歌剧/音乐会/舞蹈/话剧/戏剧等文艺表演（付费） 4.7
其他 2.2
去电子游艺厅 1.9
参加室内陶艺/绘画/手工艺品制作等（付费） 1.7
艺术品收藏 1.4
参加商业付费型文化艺术培训（含讲座） 1.4

**图1　居民对不同文化娱乐活动的喜好程度**

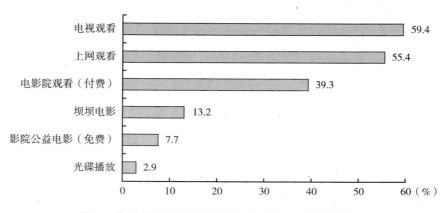

电视观看 59.4
上网观看 55.4
电影院观看（付费） 39.3
坝坝电影 13.2
影院公益电影（免费） 7.7
光碟播放 2.9

**图2　关于"居民喜欢看电影的方式"的问卷调查结果**

从居民的行为选择来看，网络文化消费方式正在逐渐替代传统的文化消费方式。这在阅读和影视收看方面表现尤为突出。调研发现，近七成居民每天使用互联网浏览信息。近四成的居民习惯用电脑或手机每天浏览1~3个小时的信息，其中以17~40岁居民为主；约三成居民每天不使用电脑或手机浏览信息，其中以51岁以上的老年人为主。从网络游戏情况来看，31.2%的居民表示每天玩游戏时间在1~3个小时，网络游戏玩家以17~30岁的男性为主（见图3）。

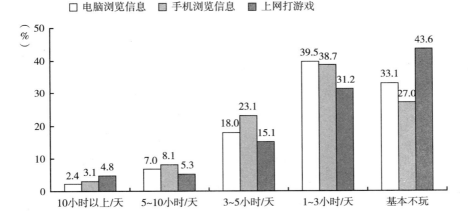

**图3　居民使用电脑、手机浏览信息、打游戏的频率**

从居民花费的时间看，上网、健身活动是居民投入时间较多的文化消费类型。调研数据显示，居民投入时间最多的文化娱乐活动依次是看电视、上网浏览信息、看书/报/杂志、玩棋牌和通过社区公共健身设施或逛公园、绿地的健身活动（见图4）。特别是随着互联网的普及和移动终端设备的快速发展，人们上网的频率和时长都大幅提高。同时，居民健康意识有所增强，在健身活动上花费的时间也较多，主要是通过社区免费健身器材、逛公园或绿地的方式锻炼身体，健身活动覆盖人群较广。

从居民的消费支出看，外出旅游上的花费最多，约占总消费支出的34.8%（见图5）。而且其消费者主要来源于17~40岁的中青年群体，明显不同于传统的看电视、玩棋牌消费。后者五成以上的花费来源于41岁以上的中老年人。

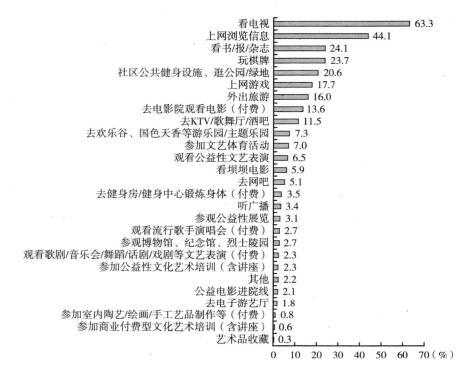

图4 居民对不同文化娱乐活动的时间花费程度

## （三）文化消费行为选择出现明显的区域和群体分化

从文化消费的行为选择来看，区域和群体的分化特征较为明显。这在商业型文化消费与传统型（免费型）文化消费的选择上体现得尤为分明。

市区与郊区乡镇、农村地区等不同区域的分化。调查发现，商业型文化消费在市区、郊区乡镇和郊区农村地区，基本呈现消费递减倾向。如在市区、郊区乡镇和郊区农村选择"外出旅游"的比例分别是19.4%、13.4%、10.0%，选择"去KTV/歌舞厅/酒吧"的比例分别是14.2%、14.8%、4.9%，选择"去电影院观看电影（付费）"的比例分别是18.0%、14.8%、4.4%，比例大幅下降；而传统型（免费型）文化消费则在相应区域呈现消费递增倾向。如市区、郊区乡镇和郊区农村选择"看电视"的比例分别为

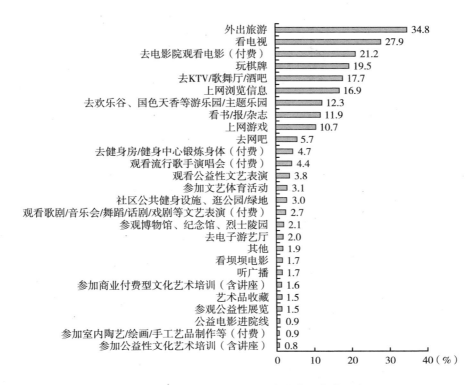

外出旅游 34.8
看电视 27.9
去电影院观看电影（付费） 21.2
玩棋牌 19.5
去KTV/歌舞厅/酒吧 17.7
上网浏览信息 16.9
去欢乐谷、国色天香等游乐园/主题乐园 12.3
看书/报/杂志 11.9
上网游戏 10.7
去网吧 5.7
去健身房/健身中心锻炼身体（付费） 4.7
观看流行歌手演唱会（付费） 4.4
观看公益性文艺表演 3.8
参加文艺体育活动 3.1
社区公共健身设施、逛公园/绿地 3.0
观看歌剧/音乐会/舞蹈/话剧/戏剧等文艺表演（付费） 2.7
参观博物馆、纪念馆、烈士陵园 2.1
去电子游艺厅 2.0
其他 1.9
看坝坝电影 1.7
听广播 1.7
参加商业付费型文化艺术培训（含讲座） 1.6
艺术品收藏 1.5
参观公益性展览 1.5
公益电影进院线 0.9
参加室内陶艺/绘画/手工艺品制作等（付费） 0.9
参加公益性文化艺术培训（含讲座） 0.8

0　10　20　30　40（%）

**图5　居民对不同文化娱乐活动的费用花费程度**

54.1%、63.9%、81.0%，选择"玩棋牌"的则分别为 19.8%、22.2%、31.9%，比例明显上升（见图6）。分析可以发现，去电影院观影、观看流行歌手演唱会和商业歌舞剧表演、网吧上网、健身房运动等商业型文化消费主要聚集在人口密集、消费能力较强的市区，而郊区、偏远地区的农村居民，消费能力偏低，商业型文化消费相对较少，更多的是进行传统型或免费型的文化消费。

青年更倾向于选择新兴型、商业化的文化消费类型，而中老年则更倾向于传统型、公益型的文化消费类型。调查发现，传统文化消费内容结合新科技衍生而成的新兴消费方式备受年轻人喜爱，如利用互联网浏览信息、上网打游戏，这种文化消费方式便捷、高效，娱乐体验更加丰富，符合年轻人快速的生活节奏和追求新鲜事物的生活方式；相对于青年，中老年人则更喜欢传统的文化消费方式，如看电视、收听广播、玩棋牌游戏。仅就观看电视节目

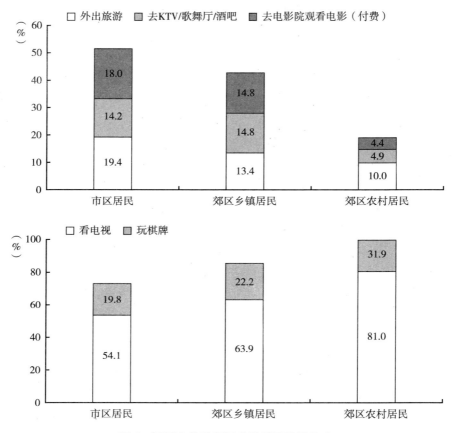

图6 不同文化消费活动的居民类型构成

和广播两项活动看，在电视节目的高频率收视群体中，约47.6%是41岁以上的中老年人；在广播的高频率收听观众中，约24.1%来自51岁以上的老年人。

此外，即使在传统的文化消费选择上，年轻人与老年人也存在差异。年轻人大多喜欢寻求新鲜、刺激的体验式、商业型的文化消费，如观看流行歌手演唱会、去大型主题乐园游玩、去KTV/歌舞厅/酒吧等娱乐场所、去健身房健身、去影院观影。而中老年人在消费支出上更节俭、消费行为更加的保守和稳重，更青睐内容温和、价格实惠的公益性文化活动，如观看公益性文艺表演，参加社区文体活动和逛公园/绿地等健身活动、看坝坝电影，不同年龄段居民对公益型文化消费和商业型文化消费对比如图7所示。

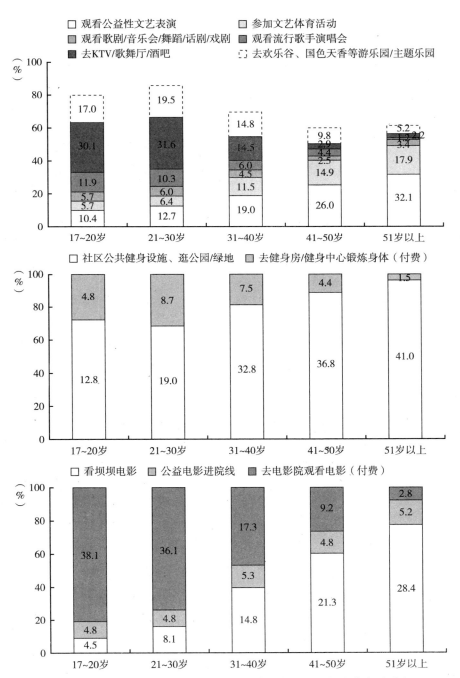

**图7 不同年龄段居民对公益型文化消费和商业型文化消费类型对比**

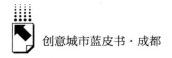
## 二 成都文化消费影响因素分析

综合问卷调查以及相关统计数据分析，影响成都文化消费的因素很多。从文化消费行为的市场选择来看，可以概括地分为需求因素和供给因素两个方面。需求因素主要包括城乡居民个体属性状况、消费意识等决定文化需求大小的因素；供给因素则主要包括文化产品和服务设施、价格、信息以及管理等供给因素。

### （一）需求因素

#### 1. 城市文化特征

城市文化特征是影响文化消费的重要环境要素。它虽然不是城乡居民具体的文化消费诉求，但是宏观层面上城市居民文化行为选择和文化意识的凝练，并形成了城市文化的传承。这种文化传承间接决定和影响着城市文化消费的整体方向。

成都，历来都以"文化休闲之都"而闻名于世，休闲文化已经深深地融入了成都整个城市的精神中，形成了独有的文化特质。在华东师范大学工商管理学院休闲研究中心自主研发和发布的《中国城市休闲化指数》（2015）中，成都的休闲化水平名列前茅。实践证明，城市文化的基本特性一旦定型，就将形成自己的传统，不断地传承下去。成都的这种休闲文化特质，根深蒂固地影响着成都城乡居民的文化消费观念和意识，导致成都居民在文化消费行为选择上表现出明显的休闲文化需求偏好。前期成都学者专门针对成都城市休闲文化的调查分析显示，成都的休闲文化具有大众性、超前性、娱乐性和多样性特征。[①] 而我们针对成都城市文化消费的调查也发现，当前除了众所周知的麻将、喝茶等传统休闲文化活动之外，成都居民休闲活

---

① 邵瑞娟、陆林、吴迪：《成都休闲文化的特征及形成机制分析》，《西华大学学报》（哲学社会科学版）2008 年第 5 期。

动也注入了户外旅游、KTV、主题公园玩耍、电影和音乐欣赏等多种新内容，总体上看文化消费的休闲特征极为明显。

2. 个性属性状况

（1）收入水平

居民收入的高低对文化消费水平的高低有正向的影响关系。众多针对收入与消费关系的研究表明，随着收入的增加，消费也呈线性趋势增长。就成都来说，文化消费的增长与收入水平的增长之间也存在非常明显的正相关关系。这种正相关关系，一方面体现在宏观数据的总量上，即城镇人均文教娱乐用品及服务支出与城镇人均可支配收入、农村人均文教娱乐服务支出与农村人均纯收入具有正相关关系（见图8）。

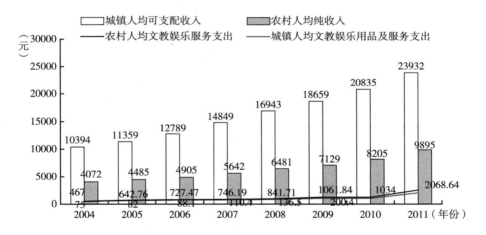

图8　成都城乡文化消费总量与收入水平的关系示意

另一方面，在居民个体收入与文化娱乐活动选择中也有体现。从对成都城乡居民个人收入与喜欢的文化娱乐活动的交叉分析可以看出，在1000元以内的低收入人群中，对文化娱乐活动选择占比最高的五项活动依次是：看电视（70.9%）、上网浏览信息（45.6%）、看书/报/杂志（29.1%）、外出旅游（27.4%）、上网游戏（26.5%）；选择占比最低的五项活动依次是：艺术品收藏（0.6%）、参加商业付费型文艺培训（0.6%）、去电子游艺厅

（1.7%）、参加付费性质的室内陶艺/绘画/手工艺品制作（1.7%）、参加公益性文化艺术培训（3.6%）。而在15000～30000元的高收入人群中，文化娱乐活动选择占比明显上升的有外出旅游（54.5%）、去电影院观看付费电影（45.5%）、去KTV/歌舞厅/酒吧（36.4%）、去健身房付费锻炼（27.3%）；选择占比明显下降的有看电视（45.5%）、观看公益性文艺表演（9.1%）、听广播（0%）、看坝坝电影（9.1%）、社区公共健身（18.2%）。从中可以看出，居民收入水平直接影响其文化消费层次。低收入阶层的文化消费首选是公益性强、付费少的文化活动；而高收入阶层的文化消费首选付费高、商业性强的文化活动，对文化活动与服务层次的要求更高。

（2）个体年龄和文化程度

年龄和文化程度的差异是居民做出不同文化消费选择的重要影响因素。这与前面对文化消费行为选择的分析结论完全一致。

对居民文化娱乐活动和年龄的交叉分析发现，部分活动如看电视、听广播、观看公益性文艺表演、看坝坝电影、参加文艺体育活动、社区健身活动等倾向于传统型、免费或低消费的文化消费选择，与年龄表现出完全的正相关性，年龄越大的群体选择的比例越高；而部分活动如上网浏览信息、上网游戏、去网吧、去主题公园、健身房锻炼、参加商业型艺术培训等新兴、有偿的文化消费选择，则与年龄表现出明显的负相关性；而部分活动如看书/报/杂志等中性的文化消费选择，与年龄没有太大关系。

文化程度对居民文化消费的选择也有较大影响。由于文化消费具有一个独特之处，即消费对象的价值"来源于消费者从文化消费品中得到的精神层面的感受"，[1] 而这个感受因人而异，消费者的文化素养越高，对文化消费的要求越高，调研印证了这一点。根据对居民最愿意花时间的文化娱乐活动和文化程度的交叉分析，文化程度的高低与文化消费活动的文化层次成正

---

[1] 吕炜等：《中国文化消费报告（2015）》，社会科学文献出版社，2016，第77页。

比。学历较高的人学习能力和求知欲望较强，更偏向于拓宽视野、增加知识的教育型文化消费，如参观公益性展览、参观博物馆/纪念馆/烈士陵园、参加公益性文化艺术培训（含讲座）；而学历较低的人更偏向于选择轻松愉快的娱乐型文化消费，如看电视、玩棋牌（见图9）。

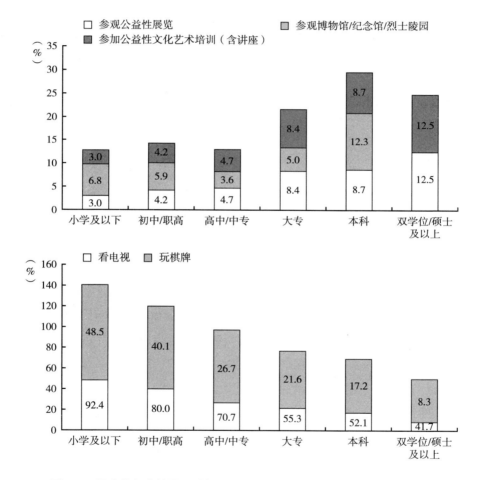

**图9 不同文化程度的居民对教育型文化消费和娱乐型文化消费类型对比**

（3）消费意识

文化消费意识，是消费者进行或准备进行文化消费活动时对消费对象、过程、行为方式的认识评价和价值判断。文化消费意识直接影响消费者的文化消费支出及消费行为选择。调研中，有11.8%的受调查者表示不了解文化产品/服务的内容或意义，有9.8%的人直接表示没有兴趣。这部分居民的文化消费意识极为淡薄，其选择的文化消费活动很少，往往是被动参与或者是选择文化内涵不高的消费活动。而那些对文化消费的价值判断越高的群体，文化消费越高，其文化消费支出越多、参与文化消费活动更加积极主动；反之亦然。目前，从纵向上，成都城乡人均每年的文化消费支出在持续增长；从横向上看，成都城镇居民人均文化消费支出占消费性支出比重在10%左右，农村居民人均文化消费支出占比相对更低，与北京、上海等地存在较大差距。这表明，成都整体文化消费意识虽有所提升，但还存在很大的发展空间。

## （二）供给因素

### 1. 文化设施建设

文化设施是文化建设的硬件部分，是文化环境形成的物质基础。国内的一些学者已采用数据和模型实证检验了文化设施建设对城镇居民文化消费的影响，得出结论：公共文化设施建设确实对城镇居民的文化消费起到了促进作用。[①] 针对成都城乡居民的实地调研也印证了这一论点。虽然成都近年来在公共文化基础设施建设方面投入了较多的财力、物力和人力，公共文化基础设施较之过去得到很大程度的改善，但是调研中仍约有1/4的居民觉得周边没有什么特别合适的文化设施。部分中心城区和偏远农村居民的反映尤为强烈，前者（部分中心城区）主要反映公共设施陈旧、面积狭小、配套落后等问题，一些老旧城区开展文化娱乐活动甚至只能通过租借场地进行，对文化消费质量的提升造成了很大困扰；而后者（偏远农村）主要是反映距离文化设施远，且较多文化设施落后、难以满足需求，对文化消费的积极性造成较大的影响。

---

① 樊兴菊、李海涛、陈通：《公共文化设施建设对居民文化消费的影响——基于城市面板数据》，《消费经济》2016年第2期。

2. 文化产品或服务的价格

文化产品价格是影响文化产品消费的关键因素之一。针对成都居民的问卷调查显示，价格或费用在所有影响文化消费的因素中排在第二位，约有46.5%的人认为"生活压力大，文化消费过于昂贵"。这表明文化产品或服务的价格对居民文化消费的影响至关重要。很多受调查者也表示，如果文化产品或服务的价格严重超出个人预期，一般都会选择放弃。此外，部分受调查者对家庭支出的不确定性和文化产品服务费用支出的叠加表示忧虑，反映近年来经济社会结构调整转型的深入，以及医疗、教育、养老、住房负担的加重，给家庭的经济生活带来了很多不确定的因素，家庭更难以承受昂贵的文化产品或服务，文化消费倾向有所下降。

3. 文化供需信息的对称性

文化供需信息的对称直接关联文化供给和文化需求两端，对文化消费产生了较大的影响。针对成都居民的问卷调查显示，约有7.7%的居民表示没有及时地获得文化产品和服务供给的相关信息。专题座谈中，谈及文化管理部门、机构发布的文化产品和服务供给信息时，也有相当部分的居民完全不清楚信息发布的渠道，更谈不上对相关信息的了解；而文化管理部门、机构在提供相关文化产品或服务过程中，也没有建立畅通的文化需求信息了解渠道。文化供给与需求之间信息渠道的不畅通、信息内容了解的不对称，导致供需双方的脱节，消费者不能及时获取相关文化产品或服务信息，并进而产生文化消费行为，而文化供给者也不明确消费需求，提供的文化产品和服务与居民需求不符合。

4. 文化市场管理

文化市场管理是文化消费发展的间接影响因素。它主要通过对文化消费软环境的塑造来提振居民消费信心，从而促进文化消费发展。调研发现，当前很多居民对文化消费市场的不规范存在担忧，反映文化产品盗版现象猖獗，电子游戏、歌舞娱乐、网吧等行业管理混乱，相关文化管理部门"该管的不管，不该控制的控制"，存在缺位、越位的现象。文化消费市场的不规范对居民文化消费带来很大的负面影响。统计约有9.8%的居民表示"文化市场管理混乱，无法放心消费"。

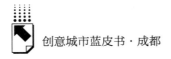
# 三　成都促进文化消费的优势及面临问题

居民文化消费意识的提升和消费方式的明显改变，给扩大和促进文化消费带来了新的机遇和挑战。就成都而言，总的来讲，当前既拥有经济持续增长、文化产业和公共文化事业加快发展，以及居民消费能力较强等发展优势，又面临文化消费整体水平偏低、供给结构性短缺、文化消费市场支撑不足、政策系统性协同性不强等问题。

## （一）成都促进文化消费的既有优势

**1. 经济持续增长，重点行业加快发展，具备提升文化消费的实力和竞争力**

截至 2016 年，成都 GDP 达到 12170.2 亿元，人均 GDP 达 76960 元（突破 10000 美元）。根据相关研究，如果一个国家或地区人均 GDP 达到 9000 美元，文化产业将进入大发展时期。显然，成都的整体经济水平表明其已经进入了文化产业大发展阶段。目前，成都文化产业发展势头强劲，在旅游观光、动漫产业、会展广告、出版传媒、电子娱乐、文物博物等行业都显示出独特的行业竞争力和发展潜力，文化产业正在逐步成为国民经济的支柱性产业。文化产业的快速发展将大大增强文化产品的市场化供给，从而提升文化消费的实力和竞争力。

**2. 公共文化服务体系建设成效明显，文化硬件设施有较大改善，具备扩大文化消费的现实基础**

近几年成都致力于"公共文化服务体系示范区"的创建和规范，加快了覆盖城乡的"四级"公共文化服务体系建设。特别是在基层公共文化设施的标准化建设方面投入了大量的物力、财力，公共文化服务设施网络较过去有了很大改善，公共文化产品和服务的供给内容也在不断丰富。2014 年，成都又获批公共文化服务标准化建设、基层综合性文化服务中心建设国家级试点，开始分阶段、定标准、以点带面地推进基层综合性文化服务中心建设，基层公共文化服务体系的各个要素和功能配置日趋强化。在调查中，约有73%的居民表示享有"15分钟公共文化服务圈"。公共文化硬件设施的改善和服务内容的丰富，为文化消费提供了强大的物质现实基础，必将有力地保障和推进城乡居民参与文化消费。

3. 城乡居民潜在的文化消费能力较强，具备促进文化消费升级的民众基础

如前所述，调研表明，成都城市和农村居民的文化消费预期都明显超过实际消费支出，体现出城乡居民的文化消费意识具有一定的超前性。而且城乡居民闲暇时间较为充足，约40.5%的成都居民平均每天的闲暇时间在3~5个小时，说明城乡居民普遍具有较为充足的用于文化消费的时间，反映出城乡居民具有较强的潜在的文化消费能力。这无疑为扩大和促进文化消费提供了较强的民众基础，一旦居民群众参与文化消费的积极性得到有效激发，将极大地推进文化消费的提档升级。

## （二）成都促进文化消费面临的问题

### 1. 文化消费整体水平仍然偏低

一是文化消费总量增长慢。虽然近年来成都文化消费总量持续增长，但是统计数据显示，成都文化消费总量年均增速仍低于全国平均水平。与全国直辖市和副省级城市比较，成都城镇居民文化消费人均值及增速均相对滞后。根据统计数据，2013~2015年，成都城镇人均教育文化娱乐支出占消费支出比重逐年下降，到2015年占城镇居民消费支出的比重为9.96%，比全国水平低1.18个百分点；农村人均教育文化娱乐支出比重虽然整体呈上升趋势，到2015年占农村居民生活消费支出的比重为8.76%，同样远低于全国10.51%的平均水平（见图10）。

二是文化消费层次不高。从调查来看，虽然成都城乡居民的文化消费已有多元化和逐步高层次化的倾向。但是总体上看，居民对文化产品的十大偏好分别是旅游、电视、电影、棋牌、卡拉OK、上网、逛公园、书报杂志、游戏和健身活动，基本上处于改善生活环境、休闲减压的初级阶段。除旅游、上网、游戏等新兴热点文化消费项目外，传统休闲消遣性文化娱乐活动仍然是居民文化消费的主要内容，这些活动的消费范围和环境局限性大，消

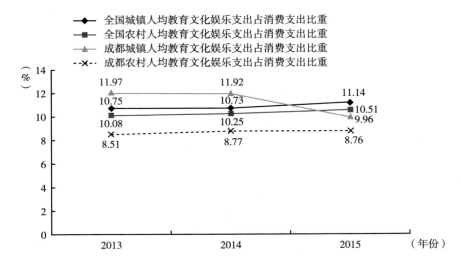

图10　成都与全国城镇、农村人均教育文化娱乐支出占比比较

费层次低。在享受型文化消费中，参加明星演唱会、卡拉 OK 等娱乐消费不断升温，而智力型、艺术享受型文化消费相对滞后，戏剧、音乐、艺术等高层次的精神消费比例偏低。

2. 公共文化供给存在结构性短缺

一是公共文化设施还需完善。成都自 2006 年开始"两馆一站一室一点"基层公共文化服务设施体系建设，基层公共文化服务设施体系基本建成，但与北京、上海等城市相比，公共文化设施无论是在数量上还是功能上，还存在一定差距。多数村（社区）的综合文化活动室面积较小，设施配置标准低，只能满足读书、看电视、会议等需要，群众性文化活动多在户外广场开展。全市具有一定规模的演艺场所仅 18 家，能开展常态展演的场馆严重不足，市京剧研究院、市非遗艺术研究院、成都艺术剧院有限责任公司等国有专业文艺院团只能通过租赁场地排练和演出。从市民对公共图书馆、博物馆、文化馆、科技馆、美术馆、展览馆、体育馆、纪念馆等公共文化设施建设情况评价来看，59% 的市民认为设施一般，17% 认为设施不足，5.1% 认为设施严重不足，群众满意度不高。

二是农村公共文化服务供需存在一定程度脱节。全市常年开展的群众文化活动有"成都文化四季风""成都百姓故事会""金沙讲坛""周末音乐会""公益电影进影院""书香成都"等，但参与者主要集中在中心城区，主要面向城市居民的文化消费需求。二、三圈层乡镇公共文化服务队伍薄弱，文化站长（站主任）由乡镇（街道）党委委员兼任，每个村（社区）只有1名兼职的宣传文化辅导员，无力组织高水平的文化活动，群众享有的惠民文化服务主要依靠市县两级送下乡。城乡群众文化消费需求的差异性，导致一些送到农村的文化服务不受欢迎，有时还需政府组织村民参与。大量村（社区）农家书屋利用率低，图书长期闲置。

3. 城乡居民文化消费两极分化

一是城乡文化消费水平差距明显。根据问卷调查，全市城市居民家庭人均文化消费支出约为2168元，文化消费占支出比重为16.2%；而农村家庭年人均文化消费支出为632元，文化消费占比9.5%。城乡居民文化消费类型差异较大，商业性文化消费在市区、郊区和偏远农村地区，呈现消费递减倾向。市区居民参与各种商业性文化消费较多，郊区和偏远农村地区的居民消费能力不高，对商业性文化产品消费相对较少，文化消费主要来源于政府提供的免费文化产品和服务。

二是农村居民文化消费支出水平偏低。虽然根据统计数据分析，近十年成都农村居民文化消费增长很快，其人均教育文化娱乐支出的年均增速为26%，远高于城镇居民人均教育文化娱乐支出的年均增速（6.6%），但不可否认，城乡居民文化消费差距仍然很大。2006~2015年，城乡文化消费差距由4倍缩小到2倍，① 城镇居民人均可支配收入和农村居民人均纯收入比从2.61下降到1.89，人均文化消费支出差距仍然大于人均收入差距（见图11）。农村居民文化消费亟待进一步提高。

4. 文化产业发展缺少文化消费市场支撑

在消费能力和消费意愿既定的情况下，文化消费的发展主要取决于供给。从目前的情况来看，成都文化产业虽然稳步发展，但文化产品和服务在

---

① 根据历年统计年鉴公布的城镇和农民人均娱乐教育文化服务支出额计算。

图11　2006～2015年成都城乡居民人均文化消费支出比和收入比

资料来源：根据《成都统计年鉴》（2007～2016）相关数据演算。

数量和质量上与消费者的实际需要和期待存在脱节。从统计数据来看，成都文化产业增加值占 GDP 的比重与城镇居民文化消费总量占 GDP 的比重两项比值的相关系数为 0.48，即在 48% 的程度上形成正向互动关系。但是从增长变动曲线看，2009～2012 年，两项指标增长差距出现"倒置"并逐渐加大，文化产业与文化消费表现出反向互动趋势。这表明成都文化产品和服务进入本地文化消费市场的比例偏小，文化产业和文化消费市场之间协调性有待改善，文化产品供给对文化消费需求的引导促进作用有待增强，文化产品和服务可能存在无效供给或低效供给。如果这种状况长期持续，要实现推动文化产业成为城市经济支柱性产业的战略目标，将缺乏本地文化消费需求的市场支撑。

5. 多元化公共文化服务供给体系尚未有效形成

总体上看，成都市现有公共文化产品和服务仍由政府主导生产，公共文化服务的承接主体主要是文化类事业单位和改制后的国有艺术院团，向社会力量购买公共文化服务的比例不高，市场组织、社会组织的作用未能很好发挥。这种公共文化服务供给模式的弊端日益明显，由于文化供给的社会活力没有激发，政府一元主导的供给面临服务范围窄、供需缺口大的巨大压力，很多时候只能保障最基本的公共文化内容和数量的供给。而且，政府从上而下的单一的权威性供给，也很容易导致各区域的公共文化产品呈现高度同质化特点，缺少富有地方文化特质的、针对不同消费群体的差异化文化产品与服务。服务供给辐射的人群比较狭窄，需求收集和反馈机制缺乏，公共文化服务效能亟待提升。目前，全市部分优秀文艺作品叫好不叫座的主要成因就源于此。

# 四　促进成都市居民文化消费的对策建议

文化消费的增加标志着生活质量的提高，文化消费比重的提高标志着消费结构的升级。创造有利条件，引导居民增加文化消费，不仅对于提升居民生活质量、提高居民文化素质至关重要，甚至对整个经济发展都起着举足轻重的作用。成都市应以满足人民群众日益增长的多样化、多层次文化消费需求为切入点，充分发挥市场在文化资源配置中的积极作用，更好地发挥政府的促进推动作用，大力促进文化消费，培育文化市场，为文化产业和文化事业快速发展增加内生动力，加快推动"文化之都"建设。

## （一）更好发挥政府推动作用，充分释放文化消费需求

1. 制定成都市政府促进文化消费的意见，以"政府之手"促进推动文化消费

明确成都市促进文化消费的基本原则、主要目标、重点任务和扶持政策，建立健全文化消费引导促进机制，加强统筹协调和督促落实；加强顶层设计，以《中共成都市委关于深化文化体制改革加快建设文化强市的意见》为统领，构建包含促进文化消费政策在内的"1 + N"政策体系，促进文化产业、文化事业和文化消费的协调发展。

2. 发行成都"文化惠民卡"，深度挖掘文化消费市场潜力

北京、上海等地在推动文化消费中，通过发行"文化惠民卡"将文化

惠民和培育文化市场有机结合起来，起到了四两拨千斤、有效推动文化消费的作用。据测算，如果每消费100元，政府财政补贴1元，可以产生19倍的乘数效应。建议将"文化惠民卡"作为成都推动文化消费的核心举措，建立健全加强文化产品供给与促进文化消费并重的政府扶持机制，创新财政资金支持方式和途径，建立适度竞争、消费挂钩、择优扶持的新机制，由直接补贴文化经营单位向补贴居民文化消费转变，把文化产品和服务的选择权交给消费者，培育和壮大文化市场，满足城乡群众多样化文化需求。

3. 加强宣传引导，培育健康向上的文化消费观念

在《成都商报》《成都晚报》等报刊媒体和成都全搜索、大成网等网络媒体上安排固定版面，在成都电视台、成都广播电台安排固定时间，开展文化消费公益宣传，引导大众文化消费观念向健康、高雅升级，由消遣娱乐向开阔眼界、陶冶性情转变，营造乐意文化消费、享受文化消费、得益于文化消费的良好氛围。

### （二）创新供给方式，提升公共文化服务效能

1. 建立公共文化需求收集和反馈机制

依托村委会和社区居委会、乡镇（街道）综合文化站、区（市）县文化馆、市群众艺术馆，建立由下至上的城乡居民文化消费需求收集和反馈体系，摸清群众文化消费需求，据此制定市县两级政府公共文化产品和服务清单。居民文化消费需求由市场提供的，向社会公开发布，为企业、社会组织提供需求信息；将公共文化产品和服务需求纳入村委会、社区居委会议事日程，形成意见相对集中的公共文化需求表达，以便组织供给。

2. 探索建立"以需定供、按需配送"的公共文化服务供给体系

明确公共文化服务供给体系的责任主体和购买主体，由责任主体整合政府部门、群团组织提供的公共服务，根据群众需求面向社会采购公共文化服务产品和项目，构建市县两级公共文化服务产品和项目库，村（社区）、乡镇（街道）群众从公共文化产品和项目库中按需"点菜"；构建专业化的公共文化配送体系，如图书物流配送、师资人员配送、产品配送等。通过配送

体系将公共文化服务送到村（社区）、乡镇（街道），提高公共资源、资金、人力资源的使用效率，提升公共文化服务均等化水平；乡镇（街道）综合文化站、村（社区）的综合文化活动室的主要职能应从办文化向收集、反馈本区域群众文化需求，承接公共文化产品和服务转变。市群众艺术馆、区（市）县文化馆将承担整合公共文化服务需求、统筹产品和项目的职能，配合文化主管部门做好公共文化服务效能的评价和监督，以提升公共文化服务效能。

### （三）加大财政投入，加快文化设施规划建设

1. 加大财政对公共文化服务的投入力度

建议市级财政每年安排不少于3000万元公共文化服务经费，区（市）县财政每年安排不少于300万元公共文化服务经费，由文化部门统筹安排，主要用于政府购买公共文化服务。

2. 加快公共文化设施升级

在2015年完成全市210个基层综合性文化服务中心示范点建设的基础上，将全域基层综合性文化服务中心建设纳入"十三五"规划。基层综合性文化服务中心空间布局应根据区域人口数量确定，以解决结构性短缺问题；将川剧艺术中心三期、成都大剧院、音乐厅、成都图书馆新馆、成都美术馆等重要公共文化设施建设纳入"十三五"规划；积极推进区（市）县展览、演艺类文化基础设施建设，增强二、三圈层公共文化服务功能。

### （四）支持文化消费项目建设，丰富文化消费业态

1. 支持社会资本参与文化消费项目建设

建立健全社会资本参与机制，改进和完善政府投入方式，多渠道、多层次加大对文化消费项目建设的投入力度。对于社会资本投资新建剧场、实体书店的，根据项目规模和功能，给予固定资产投资补贴；在城市综合体开设剧场、实体书店的，根据运营情况，给予运营补贴；支持以划拨方式取得土地的单位利用存量房产、原有土地兴办文化创意和设计服务，在符合城乡规

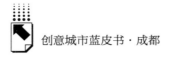

划的前提下土地用途和使用权人可暂不变更。

2. 促进文化消费和金融科技的对接

力争在"十三五"期间，建立完善的成都"文化惠民卡"消费系统。成都"文化惠民卡"以高科技接触卡为媒介，集合消费支付、结算管理和服务评估功能。消费者储值后，可以在市域内文化景观、影院剧场、书城书店、教育培训、旅游度假、体育健身等领域刷卡消费；以"文化惠民卡"为依托，收集市民文化消费的种类、数量、满意度等大数据，免费向社会公布，激励文化企业加大研发力度，创新商业模式，推动文化类电子商务平台与互联网金融开发新型文化消费金融支持服务模式；积极推动文化和金融融合，设立文化产业融资风险补偿资金池和利差补贴资金池，推动银行以基准利率和优惠价格，为成都市文化小微企业提供贷款；借鉴盈创动力模式，搭建文化企业投融资服务平台，推动成都市文化和金融的合作。

3. 用节事活动搭建文化大卖场

在继续办好成都美食文化节、成都大庙会、国际非物质文化遗产节、成都创意设计周等品牌大型节会的同时，深挖以"文化"为主题的节会活动，积极举办彰显成都文化特色节会活动，如艺术节、戏剧节、音乐节、读书节、电影节、摄影节等文艺类节会活动；引进国外知名节会，让市民不出国门便可领略异域之旅；举办展示现代时尚成都的展会活动，如动漫游戏嘉年华、创意消费嘉年华，举办 COSPLAY 秀、动漫游戏角色体验 SHOW、DIY 创意制作体验、动漫主题音乐鉴赏、真人游戏任务体验等活动；将各类节事打包形成文化消费季，用常态化、多样化的节事活动，激活群众消费需求，搭建成都文化大卖场。

# B.8
# 成都实施"天府大熊猫"品牌战略研究

曾登地　梅春艳*

**摘　要：** 成都市第十三次党代会提出，要建设全面体现新发展理念的国家中心城市。传承巴蜀文明，发展天府文化，努力建设世界文化名城，是成都文化建设的重要任务。成都是世界上唯一既有圈养大熊猫又有野放大熊猫资源的特大城市，作为全国大熊猫的重要栖息地之一，具有丰富的大熊猫资源。大熊猫是我国的"外交大使"，深受世界人民喜爱。精心做好大熊猫保护繁殖和品牌营销，创新发展大熊猫文化，是传承发展巴蜀文明，让天府文化走向世界的重要途径，是成都将来成为世界文化名城的显著标志之一。本报告研究分析了成都市推进大熊猫品牌建设的资源现状和存在问题，提出了相关对策与建议。

**关键词：** 天府文化　大熊猫　品牌营销

　　成都是世界上唯一既有圈养大熊猫又有野放大熊猫资源的特大城市，作为全国大熊猫的重要栖息地之一，具有丰富的大熊猫资源。大熊猫是我国的"外交大使"，深受世界人民喜爱，精心做好大熊猫保护繁殖和品

---

* 曾登地，中共成都市委宣传部文化产业发展处处长，中共四川省委党校经济学研究生，研究领域为产业经济、文化艺术；梅春艳，中共成都市委宣传部文化产业发展处研究助理，四川大学文学硕士，研究领域为新闻传媒、文创产业。

牌营销，创新发展大熊猫文化，是传承发展巴蜀文明，让天府文化走向世界的重要途径，是成都将来成为世界文化名城的显著标志之一。成都实施天府大熊猫品牌战略，应统筹系统推进，凝聚国有和民营机构、社会团体、热爱大熊猫的民间人士的智慧，形成大熊猫品牌建设合力，对大熊猫文化挖掘、品牌运营进行治理。要制定专项政策，鼓励研发天府大熊猫文创产品、影视文艺作品、旅游纪念品等衍生产品，有效促进天府大熊猫品牌建设。

# 一 "天府大熊猫"品牌建设现状分析

## （一）取得的成绩

一是塑造大熊猫成为国际交流的城市推广大使。"成都熊猫守护使全球招募"、"大熊猫全球恳亲之旅"、"联合国开发计划署熊猫使者"全球招募、"熊猫亦艺术"大熊猫科普文化艺术全球巡展、"成都国际友城周大熊猫城市配对"等一系列国际活动扩大了成都的世界知名度。二是以大熊猫为主题打造风格多样的城市文化形象。全球首个以大熊猫为主题的"熊猫邮局"、以原创大熊猫形象开发的"熊猫屋"系列文创产品、张戈的原创童话《熊猫王》三部曲、好莱坞"梦工厂"动漫电影《功夫熊猫》系列等成为成都发挥创意打造大熊猫品牌的精彩文化形式。三是以大熊猫为主题发展国际旅游产品。以大熊猫为载体，成都向全球推广"世界大熊猫家园"的国际旅游城市形象，2016 年成都市实现旅游总收入 2502.28 亿元，接待游客 20028 万人次，其中参观大熊猫的境外游客占全市境外游客的 26% 以上。四是形成了全球性的大熊猫粉丝群。据不完全统计，仅大熊猫中文社交媒体在全球的大熊猫粉丝就超过了 1000 万人，包括央视网熊猫频道网络粉丝 800 万人、成都熊猫基地网络粉丝 150 万人、熊猫派 PANDAPIA 网络粉丝 50 万人，构成大熊猫品牌的重要传播渠道。

## （二）存在的不足

一是品牌作用发挥不充分。目前，成都市对大熊猫文化的挖掘利用主要集中在对实体大熊猫的繁育、展示、交流上，在城市地标、景区景点、创意产业、文艺作品等方面，对大熊猫文化元素的利用零散、杂乱，缺乏系统性和整体性，缺少国际化的大熊猫品牌城市形象、核心产品，大熊猫品牌作用发挥不够。二是缺乏系统统筹。目前，在市级层面尚未建立起统筹协调、高效权威的工作机制，加上各相关职能部门和企业职能分割、资源分散、各自为政，导致大熊猫品牌建设工作成效不明显。由于缺乏专业的大熊猫品牌建设运营管理机构，品牌转化工作未能形成合力，不适应品牌体系化建设和产业运营的需要，影响了大熊猫品牌战略的有效实施。三是大熊猫产业链不长。对大熊猫品牌的核心价值缺乏提炼，缺乏能广泛传播的优质内容知识产权（IP），大熊猫产业开发能力弱，企业竞争力不强，产业链不长，对大熊猫文化品牌以及衍生产业深入研究和深度开发较少。

# 二 加强"天府大熊猫"核心 IP 建设

## （一）整合大熊猫资源

进一步整合大熊猫资源，主题定位要"高"，即要以全球视野建设"世界知名、全球唯一"的大熊猫科研保护和国际旅游目的地。各级政府要统筹协调，整合大熊猫资源，通过市场化运作，引导社会资源，统一研究和打造天府大熊猫城市品牌和自主知识保护系统。以品牌保护与服务、品牌营销与管理、品牌与公共文化服务等工作的统筹规划为切入点，负责城市品牌的动态管理和长期运营，探索创新知识产权运营模式。

## （二）创建大熊猫品牌

全方位呈现大熊猫文化与品牌的思想理念和精神内涵，准确定位以

"天府大熊猫"为标志的城市品牌形象,推动天府大熊猫品牌建设成为成都市文化品牌建设的重要内容,构建大熊猫文化全产业链,助推全国重要的文创中心和世界文化名城建设。将"天府大熊猫"与"成都"互为形象、理念、行为固化,形成紧密联系,达成共识,以"天府大熊猫"为标志对成都城市形象、文化、精神等进行系统的、全方位的策划、推广与建设,全面提升成都市大熊猫品牌的软实力和硬实力。

### (三)推进产权交易

加大支持、指导天府大熊猫原创文化作品的力度,以版权为先导,不断创新,构建以版权、商标权、专利权等一系列知识产权为核心的自主知识产权体系,为大熊猫作品登记知识产权,建立信息库,保护大熊猫作品的版权,树立大熊猫超级内容 IP。充分发挥市场配置资源的决定性作用,积极推进天府大熊猫原创作品及其衍生作品的产权交易,有效促进天府大熊猫相关成果转化为生产力。

## 三 打造"天府大熊猫"重点品牌

### (一)公共标志品牌

通过在城市建筑、公共空间、旅游景点、产业园区的设计和建设上融入大熊猫主题或元素,在硬件设施上形成品牌影响力,全面提升天府大熊猫品牌硬实力。建议修造五星级的天府大熊猫主题酒店,雕刻天府大熊猫主题雕塑,增开地铁"盼达号""熊猫的士""熊猫巴士",推出"天府熊猫号"航线,打造大熊猫候机室、大熊猫特色道路、大熊猫特色交通指示牌,在城市花园、公园等公共休闲场所,打造具有大熊猫特色的标志性景观。

### (二)旅游度假品牌

加快建设"成都大熊猫保护科研和国际旅游目的地"项目,以"科研带动生态、生态促进产业、产业繁荣城市"的总体思路，构建大熊猫国际生态新城（基地片区）和大熊猫国际生态休闲度假区（野放中心片区），在全球范围内树立独一无二的物种保护与文化旅游产业可持续融合发展的典范和品牌标杆。启动"大熊猫国际旅学度假区"项目建设，形成实体大熊猫科研繁育与虚拟熊猫旅学体验相互融合的格局，创造"标志性、世界级、唯一性"的新型生态旅学度假产品。

### （三）国际合作品牌

积极引进"东方梦工场"等国际顶尖资源，开展成都与《功夫熊猫》的合作宣传，并规划建设一个集观光、度假、康养为一体的天府大熊猫文化主题乐园，为中国及全球消费者打造世界一流、多元创新的国际旅游度假区。积极支持成都大熊猫繁育研究基地与国际组织合作拍摄大熊猫纪录电影。

### （四）精品演艺品牌

共享大熊猫文化资源，打造大熊猫文化演艺创意平台。充分发挥市场配置资源的决定性作用，以政府引导、企业主体、社会资本参与的方式，打造一个具有国际水准的"大熊猫 show"艺术表演项目，以大熊猫为主题，结合高超马戏技艺等富有艺术感染力的舞台剧元素，打造规模宏大、视觉震撼、内容奇幻的中国地区独有的顶级秀演。

### （五）创意设计品牌

鼓励和支持与大熊猫有关的"成都设计"品牌原创产品，充分发挥文化创意在影视、美术、音乐、动漫、艺术衍生品、图书出版、电子游戏、视觉艺术、熊猫旅游纪念品、城市伴手礼、农产品等大熊猫品牌全产业链文旅、文创产品的作用，推动天府大熊猫品牌与产业、市场、资本的对接，及时转化为现实生产力。

### （六）节会奖项品牌

以大熊猫为载体，筹备国际性的大熊猫文化主题节会，策划和开展各类国际性的保护科研、文化旅游、展览节会、合作交流等品牌活动，形成天府大熊猫品牌与成都城市发展相融合的发展路径。筹划和举办"大熊猫国际旅游文化节"、天府大熊猫国际电影节、森林国际音乐节、国际动漫节、国际文化艺术节，设立"金熊猫"艺术奖和文学奖等系列奖项，打造奖项品牌。提档升级"成都国际熊猫灯会"，鼓励灯会"走出去"，在欧美主要城市、"一带一路"重要节点城市、友城等地举办，将其打造成为展示体验优秀传统天府文化的国际化平台。

## 四 强化"天府大熊猫"品牌营销

### （一）用好国家平台

高度重视新兴媒体和传播技术在传播天府大熊猫文化、建设天府大熊猫品牌、提升成都城市形象上的重要作用，以天府大熊猫为核心展示元素，借助年度国家级重大对外交流活动，策划实施主题境外营销宣传活动，进行"成都特色"城市品牌营销，借助城市形象宣传片、户外广告、电影等外宣平台资源积极展示推广，提升成都在全球的影响力和知名度。

### （二）用好友城平台

利用天府大熊猫这块"金子品牌"，积极推进区域之间、城市之间的文化交流，加强"友城"开放与合作，持续开展好"PANDA成都"走进友城、"一带一路"国家品牌活动，将成都的传统文化、民俗、技艺等内容以大熊猫为载体带到全世界。设立以天府大熊猫为主题的境外成都旅游体验中心，从大熊猫VI体系、形象标志上固化对成都的认知。

### （三）用好外宣平台

加大与全国各类、各级知名网站的合作力度，借助其传播渠道、载体和丰富的网络营销经验，积极利用网络及移动互联网、VR等最新的传播技术在手机、微博、微信公众号等客户端上有效推介天府大熊猫文化品牌。建立天府大熊猫全球新媒体社交平台，运用国际网络社交平台及时推出以天府大熊猫为主题的信息与动态。与国外权威媒体建立联络机制，提高天府大熊猫品牌在国外主流媒体上的曝光率，对天府大熊猫文化重点品牌活动进行专题策划和报道，推动大熊猫文化"走出去"，提高天府大熊猫品牌国际传播能力。

### （四）用好内宣平台

充分整合电视媒体、平面媒体等资源，开展天府大熊猫品牌文化阵地宣传工作，组织主题品牌宣传策划，助推城市营销推广。积极挖掘大熊猫文化、大熊猫品牌的新闻源，做好成都各大主流媒体对天府大熊猫文化及品牌主题的深度宣传，制作推出体现天府大熊猫文化精神的国际特色品牌栏目，全程参与天府大熊猫品牌建设的策划、宣传和推广，将天府大熊猫文化传播和品牌建设作为本土主流媒体常设的报道议程。

## 五　实施"天府大熊猫"品牌建设行动计划

### （一）三年树立认知品牌

建议利用三年时间，引入以天府大熊猫为主题的 VI（Visual Identity，视觉识别）、MI（Mind Identity，理念识别）、BI（Behavior Identity，行为识别）综合系统建设，打造天府大熊猫主题城市新地标，举办特色鲜明的天府大熊猫主题节会、国际高端论坛，初步打造富有天府大熊猫文化特色的公共交通系统，建设大熊猫生活馆，通过大熊猫电影、海外活动、媒体事件整合营销等形式全面开展天府大熊猫品牌全球营销推广工程，打造天府大熊猫品牌形象，提升天府大熊猫文化及品牌在全球的认知度。

### （二）五年建成全球顶级

进一步强化和巩固天府大熊猫品牌建设，形成常态性、系列化天府大熊猫国际节会、论坛，将成都打造成为世界大熊猫文化节会中心；形成具有全球影响力和世界知名度的大熊猫文化产业园区与公共艺术空间，培育聚集一批植根成都、覆盖全国、辐射国际的大熊猫文创领军企业，建成"全球顶级、世界唯一"的天府大熊猫国际旅游目的地。

### （三）十年打造产业链条

利用十年时间，全面完成天府大熊猫品牌建设工作。天府大熊猫城市品牌形象建设工作全面完成，实现成都大熊猫城市软硬件形象的全方位提升，继续推进大熊猫文化的市场化发展，全面形成大熊猫文创产业链体系，参观成都大熊猫年游客量突破 800 万人（次），大熊猫文创旅游产业产值达到千亿元。

# B.9
# "互联网+"视域下成都三国文化创意产业发展策略研究

李单晶*

**摘　要：** 本报告就"互联网+"视域下成都三国文化创意产业发展的现状进行阐述，分析了"互联网+"视域下成都三国文化创意产业发展的成果、问题以及面临的机遇和挑战，最后提出了"互联网+"视域下成都三国文化创意产业发展的对策建议，包括加强成都三国文化创意产业发展的引导；拓宽成都三国文化旅游业的网络宣传渠道；进一步深度挖掘成都三国历史文化；充分借鉴国内外"互联网+"文化产业发展经验等，以求实现互联网与三国文化的深度融合，让成都成为名副其实的三国历史文化名都、创意之都。

**关键词：** 城市文化　三国文化　文化创意产业

成都市城市文化的内涵深厚丰富，有着鲜明的特色，可供发展的文化创意产业极具个性。以武侯祠为依托的古街——锦里，是成都市第一批"全国文化产业示范基地"，也是三国文化产业发展的重要代表。在互联网日渐发达的今天，网络社会和网络文化不断发展，但是成都三国文化创意产业与互联网的融合度还不够高，发展潜力还没有得到充分挖

---

＊ 李单晶，法学博士，成都市社会科学院历史与文化所助理研究员。

掘，亟须通过"互联网+"提升成都三国文化创意产业内部的升级换代。

# 一 "互联网+"视域下成都三国文化创意产业发展的必要性与可能性

## （一）"互联网+"视域下成都三国文化创意产业发展的必要性

"十三五"时期是我国全面建成小康社会的决胜期，同样是助推文化产业成为国民经济支柱性产业的决定性阶段。让文化产业成为"十三五"时期我国经济发展的支柱性产业，与文化创意产业的带动和引领不可分割。当今世界，文化创意产业以每天5%的惊人增速发展，创造220亿美元的价值"。[①]

最近几年，成都市的文化创意产业发展势头良好。创意设计与传统产业相结合，让传统产业变得更具时代感、创意感。2016年，成都市文化创意产业法人单位约为1.5万个，相关从业人员约为46.4万人，实现文创收入2614.2亿元，创造增加值633.6亿元，占成都市GDP的5.2%，可见，文化创意经济已然成为成都新的经济增长点。但是，互联网的日渐发达和网络社会与网络文化的不断发展对其提出了更高要求。目前，成都市三国文化创意产业的整体规模还不够大，原创力还不足，结构布局还须进一步优化，文化创意产品和服务的有效供给还不足，高端人才相对短缺，政策和市场环境有待完善。

## （二）"互联网+"视域下成都三国文化创意产业发展的可能性

### 1. 成都三国历史文化资源深厚丰富

据成都市武侯祠博物馆资料，四川省内各个地市县的三国遗迹超过211

---

① Howkins J. *The Creative Economy：How People Make Money from Ideas*（AllenLane：The Penguin Press，2001）：201 – 205.

处。成都作为三国时期蜀汉政权所在地，是三国"故事"的中心地，拥有三国文化遗址 46 处，这些遗址遗迹广泛分布在 16 个区（市）县及天府新区。成都因武侯祠这一三国文化核心资源，享有"三国圣地"之美誉。同时，成都还连接川内众多著名三国文化资源，如三国文化重地、国家自然和文化双遗产剑门关，位于剑阁县境内的翠云沿途的三国遗迹，凉山五月渡泸处、西昌诸葛城、雷波诸葛亮点将台、昭觉蜀汉军屯遗址、越西诸葛忠武侯祠；绵阳诸葛双忠祠、涪水诸葛营、三堆子、饮马缸、诸葛寨、卧龙山、孔明泉；广元明月峡古栈道、筹笔驿、武侯桥遗址、龙华古镇武侯祠遗址；宜宾丞相祠、点将台、观斗山；内江隆昌武侯祠遗址、合江武侯祠遗址；乐山夹江诸葛亮点将台；等等。足见成都三国历史文化资源的深厚丰富，这些资源都是历史演进和文明传承的重要载体。

2. 大众对三国文化的兴趣浓厚

在我国上下五千年的历史中，三国时期十分短暂，但《三国演义》这部小说将三国时期英雄人物的故事普及大众，如今三国时期已为全球华人所熟知。大众痴迷于三国文化，我国及周边国家乃至全球的华侨、华裔对三国故事、三国人物无人不知、无人不晓。三国文化是中国传统文化的一部分，对中国传统文化产生了广泛而深刻的影响。《三国演义》虚构了许多英雄人物的传奇故事，深受大众的喜爱。以刘备、诸葛亮、关羽为代表的蜀汉英雄最受后世好评，他们的纪念祠庙遍布全国各地。备受大众喜爱的诸葛亮甚至成为中国传统文化中忠臣与智者的代表，他的形象已深入人们的文化意识与日常生活。成都人太爱诸葛亮，以至于古迹只要与他沾边就跟他姓。诸葛亮已经成为具有代表性的城市文化名人之一，形成了一种蕴意丰富的三国文化现象。

然而，今天大众倾心的三国文化早已不完全是《三国演义》这样的经典名著，而是通过百家讲坛中教授的精彩讲述，巨资打造出来的电影、连续剧等多媒体表现出来的。大众对三国英雄的崇拜已逐渐转化为娱乐消费，由于三国题材受众广泛，其热度几乎是其他所有题材之和。三国文化的娱乐性逐渐增强，完成了从古典到现代的过渡。三国文化的娱乐体验不经意间就可以激起大众心中的英雄梦想，成为大众精神上难以缺少的一部分。

## 二 "互联网 + "视域下成都三国文化创意产业发展现状分析

### （一）"互联网 + "视域下成都三国文化创意产业发展的成果

1. 成都三国文化旅游业的互联网宣传

旅游是三国文化在当代的重要开发方式，旅游业能够有效将三国文化资源逐渐转化为文化产业和经济优势。互联网时代的到来使我国传统的旅游业格局不断地改变。成都三国文化旅游业通过互联网的宣传使传统三国文化旅游业与三国历史文化、人文思想有效嫁接，实现了传统旅游及文化产业业态的转型升级。

2. 互联网与三国文化相融合的成果

百度搜索"三国文化产品"得到的大部分三国文化产品为三国演义图书及相关研究的专著，三国人物摆件、手办、公仔、彩绘工艺品等。以三国文化为题材的游戏最出名的是《三国群英传》系列，从 1998 年发行第一部到现在共 7 部作品，还推出两款网游。还有以卡牌为形式，融合了西方类似游戏特点的《三国杀 Online》等，这些游戏同时售卖曹操、貂蝉、吕布、关羽等三国历史名人动漫形象的周边产品。还有近几年最火爆的腾讯天美出品的《王者荣耀》手游，玩家可以在游戏中扮演三国英雄人物进行 5V5 实时对战，在 App 下载榜单上蝉联多周冠军，算是成都本地相当成功的三国文化与互联网相结合的成果。

三国网游小说已经成为三国文化产业的一个重要分支，读者多为喜欢三国历史及三国游戏的年轻群体。很多年轻人喜欢玩三国类型的网游，又喜欢读网络小说，双重兴趣下产生了一大批喜欢三国网游小说的读者群。目前三国网游小说的创作量惊人，以每年上千部的速度递增，主要在各大原创文学网站上刊出，如起点、17K、红袖添香、纵横等原创中文网站。百度有428部与三国相关的网络小说，形成了三国网络文化产业。

## （二）"互联网＋"视域下成都三国文化创意产业发展的问题

成都市三国文化资源没能得到很好的挖掘、整理和利用，三国文化创意产业的发展与所拥有的三国文化资源不相匹配。宏观上看，成都三国文化创意产业发展的问题有如下几个方面。

1. 三国文化创意产业链条破碎

成都市三国创意产业及其上下游产业很不成熟，既有经纪、交易平台等上游产业的缺位，也有配套服务、作品包装等下游产业的缺失，致使成都市三国文化创意产业无法形成完整产业链，无法最大程度发挥聚集产业的优势。

2. 三国文化创意产业盈利模式单一

文化产品是成都三国文化创意产业的主要盈利源，但当前成都市场上最主要的文化产品是旅游及其纪念品。这种形式单一的盈利模式无法承担三国文化创意产业园区的新人包装、平台搭建等众多职能。

3. 三国文化创意产业交易平台缺失

"有人才，无市场"是成都三国文化创意产业的主要缺陷之一，交易平台的缺失使本土艺术家将其作品的交易地点放在了北京、上海等发达城市，也使经济拮据的青年艺术家无法发挥市场价值。

4. 三国文化产品"创意"性仍然不足

成都市武侯祠文创中心销售的产品大致包括：三国人物摆件、钥匙扣、笔筒、书签、脸谱面具及面具挂饰、公仔、玩具、酒具、行李牌、鹅毛扇、装饰盘、书包、帽子、冰箱贴、扑克牌、打火机、小竹刻、镇纸、蜀锦等。这些基本没有摆脱"旅游纪念品"的概念，没有更具特色创意的产品，比较生硬刻板。成都市武侯祠文创中心、锦里等的三国文化相关产品精美度差强人意，很大部分产品的质量还不够高。

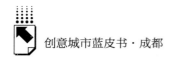

5. 三国文化创意产业与互联网融合度还不够高

成都市三国文化创意产业与互联网的融合度还不够高，只是将互联网作为其产品的销售途径。更多的融合方式有待开发，例如微信支付、虚拟产品、公众微博，等等。通过"互联网＋"，成都市三国文化创意产业内部的升级换代也能够突破。

# 三 "互联网＋"视域下成都三国文化创意产业发展的机遇与挑战

## （一）"互联网＋"视域下成都三国文化创意产业发展的机遇

1. 中央关于"互联网＋"和文化产业发展相关政策的支持

2017 年，中央政府陆续出台了《文化部"十三五"时期文化发展改革规划》《国家"十三五"时期文化发展改革规划纲要》一系列关于文化领域的"十三五"规划、动漫游戏产业专项资金扶持项目等的政策文件，其中特别强调了鼓励文化内容与网络技术结合，不断创新文化业态，开发文化创意产品。

2. 我国文化消费市场的需求不断增加

我国文化消费市场的不断扩大为成都市三国文化创意产业的发展提供了新机遇。目前我国已经成为仅次于美国的全球第二大消费市场，但是第三产业的消费占比与发达国家相比还有较大差距，特别是文化消费。随着我国人民物质生活水平不断提高，成都旅游、三国文化的热度进一步提升，必将使潜在的三国文化消费大市场拓展更大空间，推动三国文化创意产业的大发展。

3. 网络技术的进步和互联网的广泛应用

成都市三国文化创意产业是以知识和创意为主要资源的新兴产业，网络技术的进步和互联网的广泛应用为三国文化创意产业创新提供了便捷、多渠道、低成本的技术平台，有利于对传统信息传播方式进行深度改造，从根本上推动三国文化创意产业实现高层次的集约化经营、科学化管理和专业化发展。

## （二）"互联网＋"视域下成都三国文化创意产业发展的挑战

随着全球化进程加快，世界文化、网络文化的多元化发展，人们对文化产品质量的要求日益提高。与其他文化产业相比，三国文化产业的市场竞争异常激烈。譬如唐文化是中国封建社会文化的高峰，如今以唐文化为主题发展起来的、以满足人们精神文化消费需求为目的而提供文化产品或文化服务的大规模商业活动的集合，是陕西文化与文化产业建设的重要组成部分。又如宋文化，宋城集团将杭州的传统与历史浓缩为舞台剧——《宋城千古情》，至今已有2000余万人次观看，创造直接经济效益15亿元，累计已经创造数十亿元产值。与唐、宋的盛世文化相比，历史短暂的三国文化的文化价值和意义愈加不够凸显。

同时，三国文化在全国范围内已有多方开发。20世纪90年代中期，湖北就建立了以三国文化为主的博物馆；襄阳、赤壁、荆州、许昌等地利用本地独有的三国文化资源建设文化景点，不断开发三国文化资源，其中比较成功的是荆州、许昌，如今的成都三国文化创意产业要出彩不易。

## 四 "互联网＋"视域下成都三国文化创意产业发展的策略探索

### （一）加强对成都三国文化创意产业发展的引导

成都市《政府工作报告》明确指出，2017年要大力发展文创产业。文创产业将成为成都市特色鲜明的产业之一，力争成为成都建设西部文创中心的重要极核。成都市政府要为三国文化创意产业的发展提供政策支持和制度保障。鼓励深入发掘三国文化，弘扬以爱国主义为核心的民族精神和以改革创新为核心的时代精神，培育精品意识，推出一批思想性、艺术性、观赏性相统一，体现三国文化精髓、反映中国人审美追求、传播当代中国价值观念、符合世界进步潮流的三国文化创意精品。

## （二）拓宽成都三国文化旅游业的网络宣传渠道

进一步拓宽成都三国文化旅游业的宣传渠道，加大旅游客源市场，让游客快捷、详细、全面地了解成都市三国文化的旅游信息，必须充分利用互联网的优势。为此，可以采取以下几方面措施：一是通过网站不断扩大成都市三国文化旅游的宣传面；二是加强与成都市政府网及旅行社网的友情衔接。在旅行社网首页全年发布成都三国人物网络形象通栏广告、软文宣传稿件、网络图文现场直播、旅游负责人的高端访谈栏目、成都三国文化旅游形象宣传片、旅游业手机报新闻稿等内容，对成都市三国文化丰富的旅游资源和深厚的历史文化予以全面展示；三是通过四川旅游局信息中心、全国各大旅游论坛和知名网站等平台，及时发布成都市三国文化旅游资源与精品线路。

## （三）进一步深度挖掘成都三国历史文化

2016年8月16日，四川三国文化研究中心在成都市武侯祠挂牌建立。该中心通过合理利用现有的三国文化资源，将分两个阶段开展三国文化遗存四川地区调查研究项目：首先将开展三国文化遗址、遗迹的实地调查与收集。在这些调查的基础上，将开展三国文化遗存历史、艺术、科学价值的挖掘、研究、展示及利用，实现传统文化与现代文明的有机结合，从大文化的角度，推动文化产业的发展，做到对省内三国文化遗存资源的有序搜集、记录、保护和开发。同时，成都武侯祠官方网站三国历史文化信息平台上线，通过数字文献，与全球观众分享、交流三国文化研究成果。进一步深度挖掘成都三国历史文化，做到三国文化创意产业的产品有史可稽。

## （四）充分借鉴国内外"互联网＋"文化产业发展经验

1.借鉴故宫网销经验，摆脱传统严肃的文化产业模式

截至2014年8月，北京故宫共设计研发文化产品6746种。故宫的营销

一直紧密结合互联网，卖得了萌、玩得了创新，微博、微信、淘宝、微表情等纷纷涉足，而且还都很成功。故宫的文创创作人员以"90后"为主，其周边产品形式多样丰富，受到年轻人的追捧；这群创意人员最大的成功就是将"故宫淘宝"的相关产品做得接地气。借鉴故宫的网销经验，成都市三国文化创意产业要摆脱传统三国英雄人物严肃的形象，要接地气、娱乐化而不庸俗化，实现线上线下相结合。设立公众号，打造集微博、微信、淘宝、微表情、App 等于一体类的营销渠道。培养一批固定的消费群体、形成集动画、影视、文具、玩具、乐园于一体的三国文化产业链。做到极具蜀汉三国英雄特色、口碑、经济利益、品牌形象等，卖得了萌，才能受到大众的青睐。

2. 借鉴日本熊本县经验，推动三国文化创意产业与城市特色相结合

日本是亚洲文化创意产业最发达的国家，文化创意产业是日本经济发展的重要支柱产业。日本十分注重文化创意产业发展与城市文化特色发展相结合。

熊本熊（kumamon）是近几年日本文化创意产业发展最成功的例子之一。熊本县政府对熊本熊启动了一系列的营销计划。一个虚构的吉祥物所带来的宣传效益相当于花费 9000 万美元做广告和宣传工作所能起到的效果，历史上真实存在的三国蜀汉英雄理应得到更好的开发和利用。借鉴日本熊本县的经验，成都市三国文化创意产业要打破常规，以简单易记的内容形象进行城市吉祥物线下线上相结合的营销。好好地利用社交媒体，发布成都三国蜀汉英雄人物的新消息，用这些英雄在《三国演义》电视剧里面的语气词来与广大粉丝进行互动。

要有长远眼光和魄力，以真实的三国蜀汉英雄为吉祥物为"天府文化"代言。将三国蜀汉英雄人物和各类相关配套产品相互衔接，做足相应的营销推广，创造成倍的品牌效应和经济效应。实现互联网与三国文化的深度融合，使成都成为全国最为高端、集中的集文化展示、研究、创新和商品贸易、休闲娱乐等于一体的三国文化综合体城市，让三国文化创意产业成为成都市"十三五"时期经济发展的闪耀明珠，实现城市文化、城市品位、旅游品相升级，让成都成为名副其实的三国历史文化名都、创意之都。

# B.10
# 文化创意产业发展的国际经验借鉴

**摘 要：** 文化创意产业源自经济社会发展带来的文化消费需求的增长，其快速发展与各国促进产业发展的政策体系和发展模式密切相关。英国、美国、日本、澳大利亚等国在文化创意产业发展中推行的创意核心、版权保护、优势带动及创意社区等发展战略和举措，有效推动了各自文化创意产业的快速发展。这些国家有效的发展战略、规划及具体实施措施为成都提供可借鉴的经验：第一，明确文化创意产业的概念界定；第二，建立细化的统计分类，明确文化创意产业的发展导向；第三，重点关注内容产业及文化与技术的融合发展；第四，加强文化创意产业要素体系与环境建设。

**关键词：** 文化创意产业 国际经验 融合发展

文化产业的兴起源于三方面原因：一是经济文化化、文化经济化的趋势；二是人类进入审美经济时代；三是文化城市的兴盛等。美国、日本等国的学者自20世纪四五十年代开始，根据当时的生产能力和收入水平，从生产和消费两个不同角度得出：只要有5%的生产能力和10%的收入就能基本满足人们生活需要和消费，且当经济发展到一定程度的时候，人们生产和消费的90%都是文化。可以说，人们的消费都是根植于不同的文化价值体系，

---

\* 邱果，成都大学发展规划处副处长；汪令江，成都市情研究中心主任，成都大学图书馆馆长。

在时尚旗帜引领下掀起的一轮一轮的文化消费。伴随着人们精神文化追求的无止境增长，文化创意产业不断发展并会无边界渗透和辐射，呈现行业无边界、多样性的发展态势。国际上如美国、日本、英国、澳大利亚等国家即强化文化与其他产业融合发展的典范。

# 一  我国文化创意产业发展进入新阶段

各国对文化创意产业的定义及统计范围有所不同。中国统计局对文化及相关产业的定义为"为社会公众提供文化产品和文化相关产品的生产活动的集合"。在名称上，除了中国和法国使用的"文化产业"概念之外，还有英国的"创意产业"、日本的"文化创意产业"、美国的"版权产业"、韩国和欧盟的"内容产业"等名称，其外延或重叠或交叉，各有差别和侧重，但所指内容基本类似。在我国许多研究以及部分省市的产业经济等领域为了突出创意的内涵，也常常使用"文化创意产业"的概念，但就内涵来看具有很大的重合性。由于文化及其产业的多样性和主要内容的重叠性，本报告对文化产业和文化创意产业两个概念如不做特别说明则不做严格区分。在实际操作中，各国以及中国各省对文化产业的分类也是不一样的。例如英国分为十三类；分类最多的是韩国，有十七类；最少的是日本、新加坡等，只有内容产业、休闲产业、时尚产业等三类。

北京社会科学研究院郭万超的比较研究表明，文化产业或文化创意产业应该具有以下三个主要特征："一是用文化这个元素来做产业；二是要体现版权，要体现知识产权或者个人创造；三是要采用商业化或者市场化的手段来发展。"随着经济发展进入新常态，供给侧结构性改革不断深入，文化创意产业发展也进入了快车道，成为当今经济社会发展新动力。据国家统计局公布的统计数据，中国 2016 年文化产业增加值为 30254 亿元，占 GDP 的比重达到 4.07%，文化产业总量和占比分别首次突破 3 万亿元和 4%，实现"双突破"的目标。就文化创意产业本身而言，随着"互联网＋文化"整合深化和形态成熟，文化产品的创作、生产和消费形态逐步趋于数字化、网络化，以数字创意为代表的新兴文化产业，催生一系列文化新业态——IP 转换与泛娱乐文化业态，二次元文化业态，VR、AR、MR 等虚拟文化业态，粉丝经济文化业态，视频直播业态，影音文化业态等。

## 二 发展文化创意产业的国际经验

### （一）英国经验

英国在世界上首次提出"创意产业"的概念，并通过实施一系列公共政策来推动创意产业发展，使创意产业成为仅次于英国金融服务业的第二大产业。由此，推动英国实现了由以制造业为主的"世界工厂"向以创意产业为主的"世界创意中心"的转型。

20 世纪 90 年代以来，英国创意产业增加值占 GDP 的比重超过 7%，增长速度高于 5%。特别是从 1997 年开始，英国创意产业的年增长率均超过 9%，是传统工业增长幅度 2.8% 的三倍以上。据英国文化、媒体与体育部 2014 年的数据，英国的创意产业每年带来 714 亿英镑的收益，相当于平均每小时 800 万英镑入账。

创意产业已经成为英国经济发展的重要推动力，并在增强国家文化软实力、提高国际影响力等方面发挥着重要作用，其成功经验主要在于独到的发展模式。英国创意产业发展模式是典型的政府主导型模式——通过发挥政府主导作用来激发创意产业市场主体的积极性。政府主导主要通过确立发展战略，制定产业政策，实施相关的人才、税收、公共服务等优惠措施来实现。在政府主导下，借助特定区域的资源禀赋及文化积淀，促进该地区创意产业的迅速形成，并由此带动创意产业跨越式发展。

第一，明确创意产业对国家的重要性。英国是世界上最早以政府名义提出文化战略的国家。根据国际经济数据，人均 GDP 达到 5000 美元后，国家经济的增长就会主要依靠创新产业驱动。20 世纪 90 年代英国人均 GDP 已超过 10000 美元，居民消费水平的提高带来人们在文化方面的需求不断增长，文化消费需求提高成为创意产业迅速发展新动能。与此同时，1998 年的经济危机和创意产业在全球范围内的兴起，为英国创意产业发展提供了难得的机遇。布莱尔任英国工党领袖时，于 1994 年开展了"新英国"计划，开启了英国文化的复兴之路，1997 年布莱尔出任首相后，成立了"创意产业专责小组"（Creative Industry Task Force），发布了《创意产业勘察报告》。

第二，在政府主导下逐渐建立了架构完整的英国创意产业政策体系。自 20 世纪 90 年代起，逐步形成的政策体系包括创意出口推广、协助企业融资、税务和规章监管、保护智慧财产、教育及技能培训和地方推动自主权等六个方面。在融资和税收政策方面，伦敦政府设立了文化战略委员会，基于其文化、人才以及金融服务等方面的优势，先后出台《创意产业融资地图》《融资一点通》等政策，减小了投融资间接成本，更加鼓励对创意产业直接投融资。2003 年，伦敦市政府出台了《伦敦文化资本——市长文化战略草案》，这一关于伦敦创意产业的发展战略提出了创新、卓越、参与、价值的新世纪创意产业发展策略，并制定了扶持创意产业发展的一系列举措。2008 年，伦敦市公布了《文化大都市——伦敦市长 2009 ~ 2012 年的文化重点》。健全的文化法规体系为创意产业的发展提供了良好的市场环境和公平的竞争机制。

第三，建立完备的知识产权保护体系。伦敦是世界上知识产权保护体系最完善的地区之一。政府为了从法律层面为创意产业提供保护，于 1996 年颁布了《广播电视法》，之后逐步出台《电影法》、《著作权法》和《英国艺术组织的戏剧政策》等法规。近年来，随着创意产业融合发展的深入，在英国创意产业领域的知识产权保护中还催生了一些新业态，如实现专利商标事务所与一般法律事务所的跨领域合作，降低知识价格水平，加快信息流动，加强技术和应用的结合，实现知识的总收入最大化等。

第四，政府出台政策措施为满足创意产业发展的资金需求提供了许多便利。如用公共基金来弥补私人投资的不足，来自政府部门的资金支持甚至可以达到七成以上。伦敦市政府每年投入 3 亿多英镑支持文化创意产业的发展，建设了大量博物馆和艺术画廊。2004 年，启动了由伦敦发展署管理的以政府和企业合作的方式运作，以促使伦敦成为世界最重要的创意中心为目标的"创意伦敦"计划。伦敦市政府为激发人们的创意潜力，建立各种扶持基金资助从事文化创意产业的人员开展创意工作。例如，为有才华的企业家提供资本和商业支持，于 2005 年设立了"创意优势基金"。在税收方面，伦敦不对图书、期刊、报纸等出版物征收增值税。同时，从 2006 年开始制作成本在 2000 万英镑以上的电影作品可获得成本 16% 的税收优惠，制作成本低于 2000 万英镑的电影可获得成本 20% 税收优惠。

第五，政府致力于打造创意产业聚集区来促进创意产业的发展。在创意产业集聚区内，形成了创意要素聚集与共享并激发创新创意的良好环境，实现企业之间信息传播快、人才交流便捷、要素互动互补性强，有效地降低了企业成本，刺激企业不断创新发展。政府根据伦敦市旧城区文化创意产业发展的实际状况，规划了创意空间载体及适宜发展的产业类型，并按其所需提供相应的软件和硬件设施等支持，不断改善发展环境。创意空间环境的完善和产业区规模的不断扩大，吸引了大量的创意人才和机构聚焦在创意空间，改变了旧城区的原有功能与面貌，且演变成集生产、居住和时尚消费于一体的产城一体化新区域。同时，英国政府还积极营造文化创意产业发展氛围，伦敦市政府通过教育培训积极推介公民的创意活动，为公民创造更多接触创意的机会，免费开放博物馆，公开数字化档案，设立伦敦电影节、时装节、设计节、游戏节等四大文化节日，对伦敦文化创意产业的发展起到很大的促进作用，成为伦敦文化创意产业发展模式的亮点之一。

## （二）美国经验

与文化创意相关的产业在美国被称为"版权产业"，以强调对版权的保护，美国对知识产权保护的重视由此可见一斑。黄耀文在《文化中国创意无限》一书中认为，"美国的版权产业分为四大类，即核心版权产业、交叉版权产业、部分版权产业及边缘版权产业"。核心版权产业是指受版权保护的作品或其他物品的创造、生产与制造、表演、宣传、传播、展示、分销和销售的产业，如出版与文学、音乐、电影与录影、广播电视、摄影、软件与数据库、视觉艺术与绘画艺术、广告服务、表演艺术、报纸、图书、杂志、旅游及会展等产业。交叉版权产业是指从事生产、制造和销售受版权保护产品的产业，其功能主要是促进版权作品制造、生产或使用其设备的产业，如电视机、录音机、电子游戏、电脑、打印机及其他相关设备的生产和销售等。部分版权产业主要是指部分产品为版权产品的产业，如服装、纺织品与鞋类、珠宝、家具、家用物品、玩具、建筑、室内设计、博物馆等产业。边缘版权产业则是指其他受版权保护的作品或其他物品的宣传、传播、分销或销售而又没有被归为核心版权产业的产业，如发行版权产品的一般批发与零售、大众运输服务、电信与网络服务等产业。

从 1977 年开始，美国版权产业持续增长，20 年间增长了 6 个百分点，比同期美国国民生产总值增长高出 3.3 个百分点。1996 年，美国核心版权产业的对外销售额和出口额居各行业之首，达到 601.8 亿美元，超过汽车及配件、航天业、计算机业、农产品等行业，成为美国出口份额最大的经济门类。

美国版权产业的持续发展无疑得益于良好的知识产权保护。知识产权保护立法奠定了美国文化创意产业蓬勃发展的坚实基础，既保护了文化创意生产者的经济利益，又保护了创意者的积极性。美国知识产权保护是文化创意产业发展的根本保证，其知识产权保护制度成为其他国家效仿的典范。早在 1790 年，美国就制定实施了《版权法》并根据音乐、戏剧和摄影作品的保护需要，相继对该法案做出过多次修订。1871 年的美国宪法就出现了保障出版自由权的条款，此后逐渐将著作权的保护条款扩展到其他文化创意产品的生产领域。2003 年，美国增补相关法律条款，并将著作权保护期限延长 20 年。

美国文化创意产业发展模式是市场主导型模式。美国实行自由企业制度，政府侧重于宏观指导和公共服务，反托拉斯法和保护中小企业法等政策法案限制文化产业垄断。版权产业的生产经营模式是开发、生产、销售三位一体的模式，建构起一条完整的产业链，整个产业环环相扣、相互制约。科技、人才及创新的相互作用进一步促成美国版权产业生态圈的形成。科技发展推动了文化消费观的变化，进而影响了消费方式，促进了文化创意产品的不断创新与迭代发展。互联网、数字化、通信卫星等信息技术在文化创意中的广泛应用直接推动了版权产业的发展。美国各大高校对市场具有较强的敏感性，应对版权产业市场的变化，纷纷开设与版权产业相关的专业及教学课程培养版权产业人才。在为版权产业快速发展提供雄厚的人才后备力量的同时，还充分发挥其吸引人才的优势，大量吸纳国际上的优秀文化创意人才。

美国版权产业发展与政府产业扶持政策密不可分。首先，政府为了鼓励多方资本的投入，设立版权基金会来吸引企业、社会团体及个人对版权产业的资助。除了国内资本的投入外，版权产业资金更多地来源于国际市场的文化资本。在国际贸易政策上，美国对版权产品进口课以重税，国际资本要进入美国版权产业市场，必须采用直接投资的方式，否则很难获取较高资本利润回报。美国政府秉持"文化即商品，商品即文化"的文化产品营销理念，在推动版权产品的出口获得高额利润的同时，又将潜在的美国所谓的普世文化观传播到出口国。其次，大力支持非营利性文化产业发展。美国先后成立的美国国家艺术拨款委员会（1965 年）、国家人文科学基金会（1965 年）和国家博物馆图书馆学会（1996 年）等机构，专门负责对博物馆、图书馆、美术馆等政府载体提供扶持，专门扶持资助非营利性文化产业的发展，并取得良好的成效。

## （三）日本经验

日本是世界上最大的动漫制作和输出国。由漫画、动画、游戏及其相关文化产业产生的利润超过了国际市场的 1/3。在全球播放的电视台动画片中日本原产动画片占 60% 以上；在欧洲，由日本制作的动画所占市场份额超过80%。日本动漫产业的总产值已达到 1 万亿日元，动漫艺术及相关产业规模已经超过汽车工业，成为日本第二大支柱产业，仅次于第一大支柱产业——旅游产业。日本输出的漫画等产品于 2008 年占世界市场 50% 以上。近年来，日本游戏大力向互联网领域延伸，移动互联网游戏领域发展迅速。

　　文化与经济结合是日本文化产业发展的重要策略，也是其快速发展的重要经验。基于资源状况，日本把发展附加值高、资源消耗低的文化产业作为产业发展的一项基本国策。自 20 世纪末期，经济长期低速徘徊等原因，促使了文化和经济相结合的经济发展模式的进一步完善。日本 1995 年确立 21 世纪的文化立国发展战略，2001 年确立知识产权立国战略，明确提出 10 年内建成全球第一知识产权国，2003 年制定了观光旅游立国战略，提出至 2010 年到日本旅游的外国客人达到 1000 万人，外国游客人数相比 2001 年翻一番。2016 年外国游客人数较 2015 年增长 21.8%，达到 2404 万人。

　　无论是发展战略还是法律法规体系，细致完备、操作性强是日本政府促进文化产业快速发展的重要经验。①宏观战略层面。日本根据本国所具有的动漫、技术及出口等产业优势，立足于"出口导向"和"文化立国"战略，结合高新技术发展，构建起以动漫产业为核心，会展、设计、时尚为平台的国际流行文化策源地。②中观规划层面。通过战略会议、审议会、幕僚会议、恳谈会等会议，研究具体的发展对策，逐一将文化产业发展战略落到实处。2000 年，文部省建立了文化产业年度统计制度。在创意产业园区的规划建设中，政府支持行业协会的运作，将部分政府职能下放到各个行业协会，形成集约化、规模化的文化产业发展模式。③微观措施层面。政府相关职能部门和行业协会与企业协同建立了有效的沟通机制，支持企业经营模式及具体项目运作模式的策划与实施，建立专项基金和激励机制，促进企业自主研发和创新能力提升，通过组织海外考察、国际论坛等交流形式保持创意企业领先的国际视野和情怀；通过中介服务的有效支撑，集中、及时有效地解决创意企业在成长中遇到的投融资、知识产权转让、对外服务贸易等问题，增强了日本创意企业的国际竞争力；形成政府、企业和研究机构协作模式，政府提供法律保障和规划引导，学术和研究机构提供市场预测和发展前景信息支持，支撑官产学有效协作谋求文化企业良性发展。在这一协作模式下，"市场＋引导"的发展战略为日本文化创意产业可持续发展提供了有力

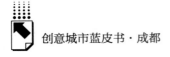

的保证。

健全的、可操作性的法律法规为日本文化创意产业发展提供了制度保障。最典型的《著作权法》（1970 年颁布），经过 20 余次修改后，于 2001 年更名为《著作权管理法》。近年来，日本又制定了《知识产权基本法》《IT 基本法》《著作权中介业务法》《文化艺术振兴基本法》等多部新的法律，以满足文化产业快速发展的需要，每部法律本身都具有很强的操作性。另外，出台了《关于文化艺术振兴的基本方针》《知识产权战略大纲》等更为具体的配套措施。

在文化产业相关领域配套发展模式上，日本以动漫产业为核心促进行业竞争力提升，以此带动文化产业整体发展。日本围绕动漫产业打造了世界上竞争力最强的文化产业链体系，动漫产业与设计产业、时尚产业、出版业、影视制作、多媒体技术的紧密结合和有效互动，把动漫作为各行各业创新展示形式的同时，将在动漫展示中受大众欢迎的创新构思快速转换成商品推向市场。这种由以动漫为核心的产业带动整个文化产业创新发展的模式，使日本的文化产业在全球具有了非常强的竞争力。

## （四）澳大利亚经验

近年来，澳大利亚创意产业年平均增长率达到 3.9%，高于其总体经济增长速度，创意产业对 GDP 的贡献超过农林渔业等传统产业和煤气、水、电、住宿与食品等服务行业。根据澳大利亚国家统计局 2011 年的统计数据，澳大利亚创意产业企业包括软件和交互内容、设计、建筑、广告和市场、影视和广播、视觉艺术、出版、音乐和表演艺术八大类，共有 12.2 万家，文化从业者约 53.1 万人。

澳大利亚政府倾力引导和扶持创意产业的发展。澳政府基于"文化政策也是一种经济政策，文化可以增值，可以创造财富"的认识，打破了传统单一的政策模式，建立了集文化政策同经济政策、产业政策和创新政策于一体的"多功能"政策模式，大幅度提升其导向性功效。

1998 年受英国创意产业的启发，由 QUT（昆士兰科技大学）、政府、产业界等不同的利益团体形成了创建一个都市村庄的意见，并决定在昆士兰州首府布里斯班建设集住房、购物、商业和大学于一体的新都市主义社区：创意社区。该项目被称为由澳大利亚政府主导建立的文化创意产业发展"昆士兰模式"。在国际文化创意产业界，布里斯班创意产业园（CIP）与英国伦敦创意产业园和美国苏荷创意产业园一起，被公认为世界三大创意产业园。而这些成就都与澳大利亚政府在法律、政策、人才培养、企业扶持等方面所采取的全面支持措施密不可分。

"昆士兰模式"的主要特点有以下几方面。第一，在创意产业聚集区内建立的澳大利亚创意企业服务公司（CEA）致力于对园区小型企业的孵化。CEA 的使命是整合大学、政府、产业界的创意资源，打造和培育创意产业内部不同行业之间各种连接形成的产业体系，促进创新性产品的商业化生产，成为高校、政府和创意企业之间相互连接的催化剂。第二，打破传统的学科体系壁垒，建立起艺术、传媒和信息技术交叉融合学科。为了打破传统的学科界限，开展跨学科式教育、培养创意产业所需的复合型人才，于2001 年建立了昆士兰科技大学创意产业学院，作为 CIP 的重要组成部分，创新性地将表演艺术专业同传媒、电脑和互动媒体彼此没有关联的三个学科以新的方式结合起来，培养交叉学科艺术家和创意产业工作者。第三，推动研究机构的跨学科转型。建立澳大利亚研究委员会创意产业与创新研究中心，澳大利亚创意产业创新研究中心和互动设计合作研究中心等创新研究机构，设立跨学科互动互助研究模式，突破了传统的人文学科与社会科学及自然科学各学科之间各自独立的研究领域，以学科研究的交叉与交流促进不同学科从各自独特的以及交叉综合的视角来开展研究，并深入研究文化创意产业对经济社会的贡献和自然科学对文化创意产业的发展所起到的不可忽视的推动作用。

## 三　国际经验对成都的启示

上述对国际上几个主要国家的文化创意产业和我国文化创意产业情况的

分析，对于促进成都市文化创意产业的发展有如下启示。

第一，明确文化创意产业的概念界定。国家《文化及相关产业分类（2012）》对文化产业进行了概念界定和行业划分，将文化创意产业归为文化产业中的一类，但未进一步对文化创意产业的概念进行界定和细分。近年来，为了促进文化产业发展国家制定了相关政策文件。在此框架下，成都市可以借鉴文化创意产业发展较好的北京、上海、深圳等城市的经验，突出文化与创意两个要素的特点，界定文化创意产业的内涵，制订行业分类及统计核算标准，以引导成都市文化创意产业发展。

第二，建立细化的统计分类，明确文化创意产业的发展导向。文化创意产业细化行业分类往往受文化产业政策影响。日本实施"文化立国"发展战略，以及具体落实政策，带动了日本动漫业、游戏以及音乐等产业的繁荣，成为亚洲第一创意大国。美国政府对知识产权的高度保护，形成了以版权保护为核心特征的文化创意产业，并极大地促进了美国文化创意产业的蓬勃发展，造就了其文化产业强国地位。20世纪末期，英国政府提出用创意产业振兴英国经济的发展思路，明确突出了创意特色的创意产业界定和广泛分类，鼓励个人创造、表现个人才艺并用于文化创意产品的生产，也因此成就了英国创意产业在世界上的重要地位。

第三，重点关注内容产业及文化与技术的融合发展。我国文化创意产业在新阶段呈现新业态的同时，也出现了新的问题。目前，从世界发达国家情况来看，英国占全球音乐市场的15%以及全球视频游戏市场的16%；美国数字创意产业占全球影视票房的1/3；日本动漫制作占全球60%的份额。根据《2016中国数字创意产业发展报告》，2015年我国数字创意产业规模已达到5939亿元，同比增长22.9%，但占GDP的比重仅为0.7%左右，仍有巨大的提升空间。同时，文化产品本身就是价值观传播的有效载体，看电影、看电视、上网娱乐、旅游休闲无不与文化内容和价值观紧密相关。尤其是在当今经济全球化、文化产业多样性发展的形势下，在一定价值观导引下的文化产业形态，必须要加强社会主义核心价值观引导下的文化创意产品的生产，这也要求在抓住产业新形态发展的同时，更要重视内容产业。这不仅是产业经济发展的要求，也是文化发展、大国发展战略的需要。另外，可以借鉴"昆士兰模式"，促进文化与技术交叉融合，由政府主导创建新型的创意学院和多学科交叉融合的研究机构，培养多学科交叉融合的创意与设计人才，强化文化与科技融合的研究，提高可产业化的效率和效益，促进文化、艺术与科技的融合带给文化创意产业更加充满想象的无止境和无边界的发展。

第四，加强文化创意产业要素体系与环境建设。文化创意产业主要要素是创意、知识、文化、信息和科技等无形资本。文化创意产品从创意到形成市场价值有其自身的特点和难点。工业制造经济主要是以有形资产为主，文化创意产业资产形态主要表现为无形资产，包括文化价值、企业创新、个人创意、品牌价值、知识与技术等形式。因此，文化创意产业发展要有针对性地强化其无形要素体系和发展环境的建设。一要强化文化创意产业法律环境。文化创意产业发展同时具有文化和商业的双重属性，其发展在遵循市场规律的同时，还需要政府的有效主导。二要加强知识产权保护。创意产业的内核是创新，创新人才是创意产业得以发展的第一要务，而知识产权有力保护则是对创新人才的最好保护。同时，文化创意产品或服务通过初始的投入生产出来之后，就会降低对有形资源的依赖，可以较低甚至零成本无限复制，直至满足市场需求。正是文化创意产业的非稀缺性，特别需要知识产权法律的保护。三要具有包容性创意产业扶持政策。文化创意产业具有无形资产的特征、创意产品投入的高风险性和市场价值的"爆发性"等特点，特别需要政府提供具有较大包容性的扶持政策支持。在文化创意产业领域，大型企业、中小微企业、政府、非营利组织和个人并存，为文化创意产业发展做出各自贡献。与大型企业相比，中小微企业更是市场先锋与活力的来源，但是这类企业往往受规模、资本、信息、人力、商业经验等局限而成长受阻，他们更需要政策的扶持。因此在政策制定中，必须注重政策关怀面向的多样化。

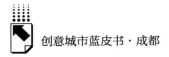

## 参考文献

马志福、陈玉杰：《发达国家和发展中国家文化产业发展特点分析》，《中央民族大学学报》（哲学社会科学版）2013 年第 2 期。

熊澄宇：《英国创意产业发展的启示》，《求是》2012 年第 7 期。

宣烨、宣思源：《国外文化创意产业发展的典型模式及启示》，《市场周刊》2013 年第 1 期。

张玉玲：《文化产业如何适应新常态》，《光明日报》2014 年 12 月 18 日。

金元浦：《文化创意产业的多种概念辨析》，《同济大学学报》（社会科学版）2009 年第 2 期。

雷丙寅、赵凯：《论科技与文化创意产业发展的关系》，《求索》2012 年第 3 期。

刘开云：《文化价值的实现与文化创意产业统计测算》，《求索》2012 年第 5 期。

郭万超：《当前我国文化创意产业的发展现状和问题》，http：//www. 360doc. com/content/15/0813/09/6206853_ 491332732. shtml。

张欣、高长春：《中日创意产业发展比较分析》，《现代日本经济》2010 年第 3 期。

# 产业发展篇

## Industrial Development

**B.11**

# 成都市文化产业发展"十三五"规划解读

成都市文化体制改革和文化产业发展领导小组办公室*

摘　要：　2017年5月16日，《成都市文化产业发展"十三五"规划》
　　　　　正式出台，从主要目标、空间布局、重点任务、保障措施等
　　　　　方面对成都"十三五"时期文化产业的发展进行顶层设计。
　　　　　本报告对《成都市文化产业发展"十三五"规划》的重点内
　　　　　容进行了提炼和解读。

关键词：　成都市　文化产业发展　十三五规划

---

* 执笔人：曾登地，中共成都市委宣传部文化产业发展处处长，中共四川省委党校经济学硕士，
　研究领域为产业经济、文化艺术；梅春艳，中共成都市委宣传部文化产业发展处研究助理，
　四川大学新闻与传播硕士，研究领域为新闻传媒、文创产业。

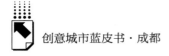
《成都市文化产业发展"十三五"规划》根据《中共成都市委关于制定国民经济和社会发展第十三个五年规划的建议》和成都市十六届人大第四次会议通过的《成都市国民经济和社会发展第十三个五年规划纲要》编制，是统领成都市文化产业发展的纲领性文件，主要明确了未来五年成都市文化产业发展的主要目标、空间布局、重点任务和保障措施，对于成都市做大做强文化产业，提升与国家中心城市建设相适应的软实力、文化产业实力和文化品牌国际影响力，具有十分重要的作用。

# 一 "十三五"期间成都文化产业发展目标和空间布局

"十三五"时期，将以建设全面体现新发展理念的城市为目标，构建现代文创产业体系，全面提升城市文化影响力和文化产业竞争力，为全国重要的文创中心和世界文化名城建设提供产业支撑。到2020年，文化产业增加值占GDP比重超过5%，文化产业成为成都市国民经济新兴支柱产业。

根据成都市各区域产业发展基础与资源优势，按照全域统筹、区域协调、城乡一体的要求，坚持突出重点、适度交叉、协调推进、错位发展的原则，规划成都市文化产业"双核、两带"的空间布局，以成都中心城区、天府新区为核心，围绕龙门山、龙泉山带，形成各具特色的功能区域，实现文化产业合理布局、集约发展、融合发展。

# 二 "十三五"时期文化产业发展重点：九大产业

## （一）信息产业

重点发展信息服务、咨询服务、网络游戏、动漫动画、电子竞技五个重点行业。鼓励企业加快自主创新软件产品研发，集中力量研发关乎社会民生的软件产品，并开展多元化增值业务，以信息资源开发利用带动公共信息、社会信息以及其他领域信息资源的开发利用。

重点发展各类智库、商务咨询、科技咨询、社会科学咨询等咨询服务，探索建立中国西部咨询策划产业合作信息平台。到 2020 年，将成都建设成为国际一流、中国西部第一的咨询策划服务中心。

丰富和完善网络游戏产业链，鼓励研发体现成都文化特色、具有自主知识产权的网络游戏，支持原创民族网络游戏产品出口，引进网络游戏领军企业和人才，使成都成为中国网络游戏资源的集聚地。

鼓励创作、制作和开发优秀动漫动画作品及其相关软硬件，并加快成果转化，增强全市动漫产业的核心竞争力。推进动漫动画衍生产品的研发和生产，打造动漫动画节会品牌，完善、拓展动漫动画产业链。

整合电子竞技数字文化产业链各级资源，推动以"电竞＋"为核心的电竞产业链模式，将成都建设成为具有国际影响力的国际电竞之都和中国电竞第一城。到 2020 年，完成"一中心、六大核心功能区"建设，电子竞技收入达 50 亿元，电竞产业产值突破 260 亿元。

### （二）传媒产业

重点推动广播影视、新闻媒体、数字出版行业的改革、创新、发展。

全面深化广电文化体制改革，推进电视播出高清化和"三网融合"，加强行业领域内新技术的应用研发，拓展跨区域数字内容产业空间，构建虚拟消费市场格局。鼓励各种所有制主体进入广播影视行业，打造电影"川军"品牌。推进重点镇多功能数字影院建设，增加票房收入。

以成都传媒集团为"龙头"，推进传统媒体全方位改革和创新，推进传统媒体与新兴媒体深度融合，传媒业与高新科技深度融合，传媒业与文化地产、音乐、旅游、体育等关联产业融合发展，构建以传媒为核心的全产业链传播体系。

促进传统出版企业向数字出版转型，促进民营数字出版企业做大做强。重点支持研发数字出版原创内容产品，推动建立大型数字出版数据库，建立

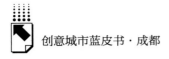

完整的电子书产业链。建设数字出版发行平台，打造中国西部文化产业园（中国西部文化城项目）数字出版基地。

### （三）会展产业

鼓励申办知名国际会展活动，争取更多项目落户成都，重点提升成都在专业会议、展览会与博览会、大型节事赛事活动等领域的服务水平和服务能级，推进成都会展业向国际化、专业化、品牌化、信息化发展。统筹区（市）县会展资源，努力形成全市布局合理、各区（市）县优势互补、错位发展的格局，培育一批本市品牌会展项目。到2020年，把成都建设成为全国名列前茅的国际会展中心城市之一。

### （四）创意设计产业

重点推进工业设计、城市规划及建筑设计行业的发展。

综合利用工业设计、品牌策划、营销推广等文化创意手段，加快将文化元素融入制造业研发、设计等价值链高端环节，提升制造业的文化附加值，加快高端装备制造业产品的外观、结构和功能设计，实现"成都制造"向"成都创造"转变。鼓励大型企业集团建立工业设计中心，促进专业设计企业发展壮大。

重点发展房屋建设工程设计和道路、隧道、桥梁等工程设计，注重绿化居民小区、现代商业街区、商业中心、市政工程规划设计等重点领域，融特色文化创意、特色文化符号于建筑设计之中，凸显成都独具魅力的城市文化形象，赋予传统文化新活力。

### （五）音乐产业

重点在于打造国家音乐产业高地，培育音乐领军企业，完善音乐产业链。

到2020年，音乐产业年产值超过500亿元。加快建设国家音乐产业基地、成都城市音乐厅等重点项目，培育一批根植成都、覆盖全国、辐射国际的音乐人才、音乐企业、产业园区，将成都建设成为领先全国的音乐生产地、乐器及音乐设施设备集散地、版权交易地、演出聚集地。

重点发展原创音乐、数字音乐、音乐演出、音乐产品交易等业态,推动音乐与旅游、体育、动漫游戏、影视等产业融合发展,一方面大力吸引全球和国内的领军音乐企业、音乐工作室、重点项目等落户成都,另一方面大力培育本土音乐人才、音乐创客,建设音乐产业领军城市和中国音乐之都。

全力发展音乐创作生产、数字音乐制作传播、音乐演艺、音乐游乐活动、音乐教育等,探索建立渗透全音乐产业链的版权保护、评估、质押、投融资、孵化和交易机制,发展音乐版权交易。着力发展乐器和音乐设施设备专业市场,支持川派古琴生产。支持开发衍生品,促进音乐与旅游、体育、动漫游戏、影视等融合发展。

## (六)艺术品原创及演艺产业

充分发挥国有和民营各类市场主体的推动力,重点鼓励和支持原创作品,引导和激励在蓉作家以及外地作家创作具有巴蜀文化特色的文学艺术作品,打造优秀文艺作品的重要原创基地。支持和引导有影响力的文学网站健康发展,鼓励文学评论与文学创作相互促进。

加大对市级重点院团的扶持力度,鼓励各类国有、民营文艺院团或企业开发有成都特色的舞台艺术原创作品,争取形成一批具有"市场效益、长演不衰"的原创剧目,培养和造就一批具有四川文化特色的表演艺术"领军人物",振兴川剧。积极吸引国内外优秀演出剧目汇聚成都,建设中国西部演艺交流中心。

## (七)非物质文化遗产生产性保护

推动对非物质文化遗产的合理利用和产业化发展,打造国际非遗产品贸易集散中心。办好中国(成都)国际非物质文化遗产节,组织、支持和鼓励非遗代表性传承人和企业走出去。实施非遗产品创意创新孵化工程,培育非遗创意产业集聚区,孵化一批非遗产业重点项目、培育非遗龙头骨干企业。培育壮大艺术品拍卖机构和文化产权创新交易平台,开展国际文化交流和国际贸易。

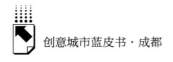

## （八）广告产业

加快广告行业的结构调整升级，构筑以强势媒体集团、高水平高效益广告公司为主力的行业中坚，打造一批具有全国影响力的新媒体广告企业。拓展培育基于移动通信、数字视频、互联网的新型广告发布媒介，拓宽广告企业融资渠道。推进国家级广告产业园区和行业信用管理体系建设，将成都建设成为西部地区的广告创意设计中心、广告延伸服务中心、广告科技创新高地和广告企业总部基地。

## （九）文化设备用品及服务产业

加强产业结构调整，瞄准产业高端，促进印刷专用设备、广播电视电影专用设备以及其他文化专用设备的制造。大力发展文化领域的生产性服务业，加强知识产权的版权服务、印刷复制服务、文化经纪代理服务、文化贸易代理与拍卖服务、文化出租服务。

# 三 "十三五"时期文化产业发展主要路径：融合发展、文化"走出去"

## （一）"互联网＋""文化＋"模式促进文化产业融合发展

充分利用现代信息技术，创建"互联网＋文化创意"产业发展新模式及新业态，推动文化与科技、文化与金融、文化与旅游等融合发展。

深入实施国家文化科技创新工程，推动成都国家级文化和科技融合示范基地建设，促进传统文化产业的优化和升级，提升文化企业科技创新能力。推进互联网、物联网、云计算、大数据、数字虚拟等新一代信息技术应用于传媒、文博旅游、创意设计、影音娱乐、动漫游戏等文化产业领域，加快高新技术成果在文化领域的转化应用。

进一步转变和创新财政资金对文化产业的投入方式，扩大社会资本对文化产业的投资。鼓励和支持文化创意企业开展无形资产评估、在股份转让系统等挂牌交易。大力培育消费信贷市场，创新消费金融产品，提升金融对文化消费的保障服务能力，满足产业多层次的文化消费信贷需求。

创建国家级旅游度假区，推进文化旅游度假聚集区建设，打造城市文化旅游新名片。推进巴蜀文化与旅游景区景点融合，推进金沙、三国、大熊猫、中医药等旅游资源创意成为特殊文化符号，开发旅游文化互动体验式特色产品。延长文化与旅游融合产业链并向价值链高端发展。

### （二）拓展对外文化贸易

加强国际交流合作，扩大对外文化传播，建设西部对外文化交流中心。推进实施成都创意设计周、三国文化创意、大熊猫品牌营销等重点文化项目，开发具有国际竞争力的名牌文化产品。吸引国外知名企业和机构来蓉发展文化创意产业，鼓励成都文化创意企业不断开拓海外市场。

加快文化保税区建设，争取国家对外文化贸易基地落户成都，搭建对外文化贸易平台。建设具有成都特色的文化创意产品出口平台，鼓励和引导境内外文化企业和机构入驻成都。稳步推进服务外包文化企业发展。加强知识产权维权援助平台建设。

推动文化企业"走出去"。鼓励文化企业在境外收购文化企业、演出剧场和文化项目实体，支持文化企业投资兴办海外文化出口贸易基地，支持文化企业参加境内外国际性知名展会和对接洽谈活动，实施成都优秀文化产品和服务对外推广工程，逐步形成多渠道、多层次的国际市场营销网络。

## 四 "十三五"时期文化产业发展五项保障措施

### （一）推进体制机制创新

推进文化体制改革，建立完善"管人、管事、管资产、管导向"四统一的国有文化资产管理体制。推进国有文化企业分类改革，推进供给侧结构

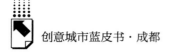

性改革，深化文化市场综合执法改革，建立文化产业公共服务平台，加强文化产业统计工作。

推动国有文化企业建立现代企业制度，实行股份制改造，改革薪酬体系制度，提升国有文化企业经营活力。梳理整合体系类行业资源，缩短层级管理。

鼓励文化产业集聚发展、培育壮大文化市场主体。加快培育大中型骨干文化企业，积极培育、壮大小微文化企业，支持民营企业发展。

### （二）推动产业转型升级

用好用活国家政策，推动符合条件的文化创意企业上市融资。强化商标、品牌的管理和培育意识，评选、推介、保护、扶持本市文化领域著名商标和品牌，打造成都文化产业领域市场主体的品牌形象。

加强对全市文化产业园区及创意产业集聚区的规划建设，促进园区深化内涵、提升功能、做强产业。支持建设公共服务平台和企业孵化器，提升园区综合服务能力。定期评定示范园区、集聚区，并从多方面优先给予扶持，形成激励和示范机制。

### （三）打造文化产业品牌

围绕"大熊猫文化""金沙文化""三国文化""诗歌文化"等特色文化打造文化及产业品牌，推进以杜甫千诗碑、成都城市音乐厅等为代表的标志性文化地标建设，着力打造3~5个国内外知名的文化企业品牌，培育1~3个具有国际影响力的自主品牌赛事。

创新知识产权保护和服务体系，完善知识产权评估体系，鼓励知识产权评估机构发展，建立健全知识产权信用保证机制。鼓励版权交易，促进版权授权体系发展，指导和鼓励文化产业园区和创意产业集聚区、基地建立知识产权保护组织。加大知识产权宣传力度，营造有利于推进文化产业知识产权保护的舆论环境。

### （四）强化人才队伍建社

充分发挥市级文化产业发展专项资金引领作用，引进文化产业高端人才，培育文化产业领军人才。深化产学研合作，鼓励高等院校、科研机构与文化企业、园区等加强对接与合作，培养文化创意人才。完善、健全海内外高层次文化创意人才引进的配套政策和工作体系，不断优化文化创意人才引进机制。

加强各类文化创意专业培训机构建设，鼓励文化创意企业完善内部培训体制，不断深化社会化培训机制；建设"文化创意产业专家信息库"和行业人才信息库，促进文化创意人才的有序流动。

### （五）推进规划组织实施

强化整体联动。各级政府及相关部门要不断强化文化产业推进工作机制的建设，引导区（市）县形成有利于文化产业发展的推进责任机制。

强化评估考核。各部门、各区（市）县结合自身职责分工，建立健全推进本规划落实的目标分解、考核评价和奖惩机制。本规划在实施过程中将进行中期评估，根据形势变化适时修订，并按规定审批后组织实施。

# B.12
# 成都市音乐产业发展报告

**摘　　要：** 自 2016 年成都提出大力发展音乐产业以来，全市抢占机遇、立足优势，以建设国际音乐之都为重要目标，以市场培育、品牌塑造、平台搭建等方面为着力点，产业能级快速提升，产业生态不断优化，产业活力不断释放。同时，成都清晰认识发展短板，明确发展思路，不断做优做强产业质量水平，提升城市音乐文化软实力和品牌城市美誉度。本报告主要分析了成都市推进音乐产业发展的主要情况、成都发展音乐产业的优势与短板，提出成都音乐产业发展的对策与建议。

**关键词：** 音乐产业　音乐之都　产业生态　音乐品牌

为贯彻落实省市关于发展音乐产业的决策部署，自 2016 年 8 月以来，成都市出台《关于支持音乐产业发展的意见》，提出建设国际音乐之都的重大目标，成立和完善成都市推进音乐产业发展的组织领导机构，以抓龙头品牌、项目招引、载体建设、人才作品和产业链完善为主攻方向，大力推进音乐产业发展。截至 2017 年底，成都市音乐产业获得较快发展，市场总收入突破 320 亿元，较 2016 年增长 18.4%。

---

\* 执笔人：龙湄云，成都市文化广电新闻出版局音乐产业发展处副主任科员。

# 一 成都市推进音乐产业发展主要情况

## （一）推进重点企业和重点项目，产业能级快速提升

一是骨干企业从一到多。全市音乐企业达 400 余家，骨干企业从咪咕音乐一家，发展到目前有摩登天空、广州锐丰、爱奇艺等注册落地，腾讯音乐、滚石音乐等正进行选址，阿里音乐、百度音乐、索尼音乐等 40 余家国内外知名音乐企业正积极洽谈；2016 年以来，已累计开展各类音乐产业招商推介活动近 20 次。二是国内领军人物从无到有。由全国知名音乐领军人物注册的音乐企业、机构达 10 余个，著名音乐人许晓峰的工作室、张靓颖的"少城时代"、谭维维的"草台回声"、李宇春的"黄色石头"等注册落地，并开展项目运作。三是重大项目稳步推进。成都演艺中心（大魔方）、云端音乐厅等建成投用，成都城市音乐厅、成都露天音乐广场等有序推进，运营管理方案不断完善，锐丰国际音乐演艺创意产业园、香港艺能亚欧文创科技娱乐总部、格莱美音乐主题基地等签约项目不断取得突破性进展；咪咕音乐 30 亿元"音乐新生态计划"已与 1600 余家版权供应商建立合作，拥有超过 1000 万首正版音乐，行业排名超过百度音乐、虾米音乐；五个音乐小镇积极规划打造，一批优质音乐产业资源已经落地，如中法古典音乐节、尼斯国际钢琴比赛落地彭州白鹿镇，川西民歌村、川西民俗歌舞剧《幺妹情》落地崇州街子镇，春浪音乐节、独立音乐公社落地龙泉洛带镇，国际音乐艺术风情节等落地大邑安仁镇。2016 年以来全市累计扶持音乐产业项目 65 个，支持金额突破 1 亿元，其中，2017 年音乐产业项目申报 87 个，扶持 40 个，金额为 4971 万元；据初步统计，2017 年全市音乐产业市场总收入预计突破 320 亿元，较 2016 年增长 18.4%。在蓉举办的 2017 中国音乐产业发展峰会上发布的《2017 中国音乐产业发展指数报告（城市篇）》指出，成都城市音乐企业指标和音乐产业行政支持度指标位居第一，城市音乐产业发展综合指标位居第二。

## （二）培育音乐品牌和音乐氛围，产业生态不断优化

一是整合政府主导品牌。整合"蓉城之秋"和"音乐诗歌季"的"蓉城之秋·成都国际音乐季"，9月启动，持续两个半月，由民族音乐周、时尚音乐周、交响音乐周三大主题板块组成，共500余场音乐主题活动，来自英国、法国、美国等国家的31支国外演出团队加盟，国内300余位知名音乐人参与，吸引观众超过500万人次，政府投入千万元，拉动市场投入近1.5亿元，带动音乐及周边消费超过7亿元；其间，中国音乐家协会主席叶小纲领衔，大力打造"金芙蓉"音乐比赛，搭建国内最大的原创音乐比赛平台，共有来自中国专业音乐院校原创音乐发展联盟各成员单位、在蓉艺术院校、全国音乐创意人才扶持项目、独立音乐公社、咪咕音乐排行榜、文轩音乐校园发光计划、天籁之音客户端等推荐的上千部作品参赛，做到"全城皆音乐、全域推人才"；经过初赛、复赛和决赛，共评出民族唱法组、美声唱法组、流行唱法组、原创作品演唱组、原创作品五个类别的金芙蓉金奖15名、银奖30名、铜奖45名、优秀奖23名；开展"玩音乐·漂成都"等街头音乐示范点演出940余场，城市音乐氛围和品牌辨识度有力提升。二是培育市场主导品牌。成功举办由政府支持、市场主导、企业主办的首届成都国际音乐（演艺）设施设备博览会，汇集国内外互联网音乐、教育培训、乐器音响、灯光设备等参展商285家，观展人员近3万人次，成交金额超过50亿元，同期现场签约音乐产业项目10个，签约金额突破270亿元，较2016年增加120亿元；草莓音乐节、日落春浪电子音乐节、乐杜鹃音乐节等市场化、产业化音乐节会、演唱会在蓉举办90余场，音乐演艺票房突破4亿元。三是"跨出家门"推介招商。赴京参加2017"音乐中国"博览会，现场表明投资意向的音乐企业300余家；赴广州开展招商推介，促进总投资约80亿元的演艺设施设备项目落地；赴美参加第五届"音乐之都"城市大会，2019年第七届大会有望来蓉举办，赴德国、法国、奥地利、波兰等国演出和推介成都音乐文化百余场。

## （三）搭建行业平台和产业平台，产业活力不断释放

一是发起"一个联盟"。市政府与四川音乐学院联合发起成立了"中国专业音乐院校原创音乐发展联盟"，全国 11 所专业音乐院校加入，签订《支持成都音乐产业发展协议》，汇集全国 47000 名在校音乐人才和 6000 余名专业师资力量支持成都音乐产业发展。二是成立"一个基金"。推动成立了全国首支支持音乐文化产业发展的专项基金——成都音乐文化产业基金，基金总规模 50 亿元，一期规模为 8 亿元。三是实施"三大计划"。实施文化部"音乐创意人才扶持项目计划"，该计划是文化部、财政部针对创意人才实施的扶持计划之一，旨在挖掘原创音乐人才，第三届音乐创意人才扶持项目展演于 2017 年 12 月 9 日在蓉成功举办，并决出年度前三强；实施川籍音乐人"归巢计划"，支持廖昌永、李宇春、李丹阳、降央卓玛等近 10 名川籍音乐人回蓉举办新年音乐会；实施青年音乐人才工作室"遴选计划"，经征集评选，正式挂牌成都市青年音乐人才工作室 6 个，着力促进音乐制作、音乐演出、艺人经纪等领域的优秀青年音乐人才在成都聚集。四是布局"四大音乐园区和五个音乐小镇"。武侯区"城市音乐坊"打造音乐产业引领的中国西部文创中心示范区，青羊区"少城视井产业园区"以构建"音乐＋影视""音乐＋动漫"等新业态为主，成华区"东郊记忆"打造以音乐为核心的数字娱乐创意产业园区，龙泉驿区"梵木创艺区"形成藏羌彝音乐聚集、原创音乐生产、两岸音乐交流的业态。洛带、白鹿、街子、安仁、平乐五个音乐小镇结合自身特色加快规划打造。其中，洛带音乐小镇定位为通过"一带三区两组团"产业布局，建设集音乐、驿站、娱乐、休闲、旅游等功能于一体的"音乐古驿站·天府候机厅"；白鹿音乐小镇定位为打造集音乐教育、文化创意、艺术交流等于一体的国际音乐小镇，做"中国第一音乐玩乡"；街子音乐小镇以"音乐＋康养"为理念，打造"音乐＋康养"产业模型，建设"中国音乐·康养第一镇"；安仁音乐小镇坚守文博定位，规划"一中心、五馆、两街、三基地、一公园、一村落、三活动"的音乐产业空间体系，打造安仁音乐典藏小镇和国际音乐风情小镇；平乐音乐

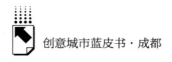
小镇常年举办"传唱千年古乐，演绎纯美情歌"活动，推动平乐这座"南丝绸之路小镇"旅游升级发展。

## 二 成都发展音乐产业的优势与短板

### （一）优势与基础

音乐产业是文创产业的重要组成部分，也是成都市发展文化创意产业、打造全国领先文创中心的重要支撑之一。成都发展音乐产业具有良好优势和基础。一是音乐土壤深厚。早在唐和五代时期，成都就已成为多元音乐文化聚集之地，传承积累了丰富的音乐素材，杜甫曾用"锦城丝管日纷纷，半入江风半入云。此曲只应天上有，人间能得几回闻"的诗句来描述成都这座古代"东方音乐之都"；永陵发掘出五代十国的"二十四伎乐"在中国音乐史上也具有重要地位。二是音乐资源丰富。成都是四个国家级音乐产业基地所在城市之一，市域内有四川音乐学院、四川艺术职业学院等十多所音乐或设有音乐专业的院校，每年培养音乐及相关专业人才 3 万余人；成都本土先后涌现了一大批优秀音乐艺术人才，如李宇春、张靓颖、谭维维、张杰、王铮亮等众多音乐明星，廖昌永、范竞马等歌唱家，高为杰、何训田等作曲家，钢琴教育家但昭义，小提琴演奏家宁峰等；近两年受到广泛关注的民谣歌手赵雷、长期名扬中外的"钢琴王子"李云迪，他们都曾在成都学习、积淀过。三是音乐市场广阔。成都具有较强的市场支撑，国内外音乐界人士纷纷来成都举办演唱会，看好成都的音乐市场；近年来成都演唱会票房稳居全国前三，诞生了很多音乐票房奇迹，如陈奕迅巡演全国最高票房、格莱美殿堂级音乐人玛丽亚·凯莉中国巡演最高票房等。

### （二）短板与不足

成都市音乐产业发展已经取得了一些成绩，但是随着社会经济的发展和市民消费水平的提高，人们一般性的物质和文化需求正在转变为更加迫切的追求美好生活的需要，成都音乐产业在全国的大趋势、大环境下仍然有很大潜力可挖；同时，面对逐渐激烈的产业市场竞争和多元化的品牌文化冲击，成都市音乐产业同样还存在一些短板。一是音乐产业链条还不完备，还没有形成完善的音乐产业生态体系。成都作为"选秀之城"，拥有众多优秀歌手，演艺票房也排在全国前列，在音乐人才和市场两端具有较大优势，然而配套的音乐制作、包装、经纪、推广等环节却比较薄弱。二是音乐产业规模还不大，龙头力量支撑不够，缺乏骨干企业和产业集群。目前，成都音乐产业市场规模达 300 多亿元，与上海、北京相比还有较大差距，除咪咕音乐外，全市知名音乐品牌企业和知名音乐人领衔的音乐工作室还屈指可数，在蓉注册设立区域总部或地区总部的品牌音乐企业还较少，重点打造的几个音乐园区和音乐小镇特色还不够鲜明，聚集效应还未完全显现。三是原创能力还不强，音乐人才流失严重，缺乏原创音乐精品。从全国大环境来看，受侵权盗版危害和音乐真人秀节目持续火爆的影响，单纯专注于音乐创作的企业和音乐人的利益不同程度受损，整个音乐行业缺乏创作动力，出现了原创音乐精品严重匮乏的状况；就成都而言，全国顶尖的音乐制作人、经纪人以及词曲作者原有很大一部分是成都籍人士，但目前多选择留在北京、上海、广州、深圳等地发展，成都留住音乐人才的市场土壤和整体城市音乐氛围与发达地区还有较大差距，有待培育；具有较强辐射力和盈利能力的畅销原创音乐精品仍然较少，代表性音乐作品供给不足、发掘不够。四是音乐产业平台搭建还不充分，缺乏一流的大型音乐演艺载体和影响力较大的音乐品牌，现有演艺场馆规模较小，设施相对陈旧，除成都演艺中心（大魔方）于 2017 年建成投用外，成都城市音乐厅、凤凰山音乐广场等规模性的演出场地建成仍需时日，与一流场馆设施配套的运营管理模式和专业演艺团队组建需要加快；"蓉城之秋"成都国际音乐季、"金芙蓉"音乐比赛、成都国际音乐（演艺）设施设备博览会等尚属品牌打造初期，社会辨识度和国际影响力相对有限；音乐产业政策支持平台对市场主体的激励作用发挥还不充分，一些支持项目的经济效益还有待提升。

总体上，经过近年来工作的推进，成都市音乐产业竞争力逐渐增强，市场规模正稳步增长；音乐产业影响力逐渐扩大，一些音乐品牌正逐步形成；音乐产业吸引力逐渐提高，一批音乐企业和人才正加快聚集；音乐产业创造力逐渐拓展，音乐和金融、旅游、科技等跨界融合呈现良好发展态势。面向未来，成都必须依托良好的条件和基础，把握当前发展面临的机遇，更加坚定抓好音乐产业的信心，进一步推动和实现成都音乐产业加快发展、跨越发展、领先发展。

# 三 成都市音乐产业发展的对策与建议

成都市将围绕贯彻十九大和市委十三届三次全会精神及加快建设世界文化名城的部署要求，结合"国际音乐之都"的建设目标，积极完善现代音乐产业链，力争音乐产业产值增长达20%以上。

## （一）优化音乐产业生态

一是优化发展环境。编制成都市音乐产业发展规划，进一步找准问题，明晰今后发展方向、重点及举措；搭建政策宣传、信息公开、项目发布、企业互动的服务平台——"成都音乐网"。二是培养市场主体。落实好支持音乐产业发展的政策，重点利用支持音乐产业发展的文化产业资金，创新音乐企业及音乐人孵化机制。三是培育重点项目。推动成都音乐文化产业基金正式运行，投资一批重点音乐产业项目。四是营造音乐氛围。创新开展街头艺术表演活动，营造良好音乐氛围。

## （二）提升音乐产业能级

一是吸引企业和人才。重点梳理和锁定一批音乐产业内容制造商、互联网渠道知名平台和音乐产业上下游企业，通过联合招商、敲门招商、以会留商等多种方式开展音乐企业招商引贸工作；做好阿里音乐、百度音乐、索尼音乐等在谈企业跟进洽谈、项目对接等落地服务工作；继续实施人才培育

"三大计划";依托中国专业音乐院校原创音乐发展联盟,加强人才招募、培训就业等方面的校企合作。二是推进重点载体建设。推进凤凰山露天音乐公园等重点设施建设和运营,重点推进成都城市音乐厅建设,创新建立运营管理机制和团队,做到艺术水平和管理水平与建设"国际音乐之都"的城市品位相匹配。三是推动重点项目。着力推进国际音乐装备文化创意产业园、成都城市音乐坊、东郊记忆音乐公园、少城视井产业园、梵木创艺区、西部音乐灯光乐园等产业园区,及洛带、白鹿、街子、安仁、平乐等音乐小镇的建设打造,逐步形成现代音乐产业体系。

### (三)打造城市音乐品牌

一是支持打造主导品牌。持续举办"蓉城之秋"成都国际音乐季活动,着力扩大"蓉城之秋"的品牌影响;认真谋划第二届"金芙蓉"音乐比赛,进一步完善赛事机制,打造成都原创颁奖类音乐赛事品牌,扩大音乐比赛在选拔本土音乐人才、繁荣音乐文化市场等方面的重要作用;常态化举办"乐动蓉城""乐动地铁""玩音乐·漂成都"等音乐示范点演出,丰富演出地点、形式和内容,提升城市空间音乐氛围;积极依托电视媒体,围绕制作、包装、经纪、推广,打造主流品牌音乐节目,搭建城市音乐宣传推介平台。二是丰富市场化节会活动。指导举办第二届成都国际音乐(演艺)设施设备博览会,逐步打造具有国际影响力的专业化音乐产业展示交易平台;支持举办西部音乐节、乐杜鹃音乐节、草莓音乐节、汽车音乐节、日落春浪电音节及音乐明星演唱会等节会活动,并进一步整合市场品牌,形成"成都2018年音乐活动演出日历",做到集中化、差异化宣传营销,繁荣音乐演艺市场;支持市场主体采用"线上线下"相结合的方式,打造独立音乐公社、咪咕音乐排行榜、MET原创音乐榜等音乐发榜及展演活动。三是鼓励品牌剧目交流展演。依托成都城市音乐厅、成都演艺中心(大魔方)、云端音乐厅和特仑苏音乐厅等演艺场馆,着力引进国内外经典剧目演出;鼓励组建城市音乐厅交响乐团、本土社会演艺团体,在常态化演出基础上,赴国内外音乐城市交流

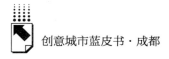
演出，宣传天府文化和音乐成都。

新时代赋予新使命，新征程呼唤新担当。当前，成都正加快建设世界文化名城，打造"国际音乐之都"，成都音乐产业将在新形势、新机遇下，坚持大眼光、大气魄，争取大作为、大贡献，不断做优做强产业质量，不断提升城市音乐文化软实力和品牌城市美誉度。

# B.13
# 成都市文化旅游产业发展报告

成都市旅游局

摘　要：　2016 年是"十三五"开局之年，也是国家推进供给侧结构性改革的关键一年和旅游业推进全域旅游建设的深化之年。在经济新常态背景下，成都旅游产业发展迎来新一轮政策红利，成为稳增长、调结构、惠民生的重要力量。本报告全面梳理了 2016~2017 年成都旅游产业发展概况，总结了成都推进旅游产业发展的重点工作，提出了成都进一步发展旅游产业的基本思路和发展战略，结合认真贯彻落实市第十三次党代会精神，为加快推进世界旅游名城建设、全面提升旅游业发展水平提出对策与建议。

关键词：　旅游产业　结构优化　发展方向

2016~2017 年成都市旅游市场主体规模、整体档次不断迈上新台阶，旅游产业要素逐步完善，运营能力进一步提升。两年来，成都景区运行状况良好，各项指标实现较快增长。全市旅游行业认真贯彻落实市第十三次党代会精神，紧紧围绕市委、市政府建设全面体现新发展理念的城市战略部署，以旅游业"十三五"发展规划为统揽，坚持全球视野、国际标准，创新驱动旅游转型升级，深入开展国际交流合作，加快推进世界旅游名城建设，全面提升成都市旅游业发展水平。

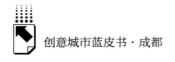

# 一 成都旅游产业发展概况

2016年，在全国和成都经济社会基本面继续向好的情况下，成都旅游业紧紧围绕全市建设世界名城发展目标，加快转型升级，深化改革创新，强化配套建设，优化旅游服务，净化旅游环境，国内旅游市场和入境旅游市场齐头并进，发展速度在全国15个副省级城市中继续保持领先，旅游业发展呈现快速发展、提质升位的良好态势。入选全球"2017年21个必去旅游目的地城市"（由美国《国家地理旅游者》评选），据最新"万事达卡全球旅游目的地城市指数"，在国际旅游（游客）增长最具活力榜单中，成都市以年增长率20.14%排位全球第二，仅次于日本大阪。

## （一）旅游业规模效益稳步增长

2016年，成都市接待国内外游客总人数突破2亿人次，达2.003亿人次，同比增长4.68%。其中，接待国内游客1.98亿人次，同比增长4.52%；接待入境游客232.31万人次，同比增长17.78%。旅游总收入突破2500亿元大关，达2502.25亿元，同比增长22.65%。其中，国内旅游收入2425.58亿元，同比增长22.10%；旅游外汇收入12.42亿美元，同比增长15.77%。

## （二）旅游业要素逐步完善

据统计，成都市共有A级景区87个。其中，纳入收报统计的77个景区全年实现主营业务收入157.92亿元，同比增长24.38%。其中，门票收入13.34亿元，同比增长3.36%。全市国际品牌酒店68家。共有星级饭店113家，其中，五星级旅游饭店18家，四星级旅游饭店34家。纳入收报统计的128家住宿设施（其中包括部分社会旅馆）全年实现主营业务收入80.84亿元，同比增长2.37%；主营业务税金及附加4.86亿元，同比增长3.34%；主营业务利润29.81亿元，同比增长8.72%。2016年，成都旅行社总体上保持了较高的运营水平。据统计，成都市共有旅行社466家，较2015年增加60家。其中，纳入收报统计的旅行社全年共实现主营业务收入90.02亿元，同比增长11.42%。

## （三）旅游市场结构进一步优化

一是在游客结构方面。从国内客源地分布情况看，纳入四川统计管理平台的旅行社接待数据显示：接待四川省内的游客最多，全年接待人数达194.85万人次，同比增长20.04%。除了四川省内游客，旅行社接待国内游客数排名前十位的省市分别是上海、北京、重庆、云南、广东、天津、海南、浙江、江苏，其中，与上年相比国内游客数增幅最大的是江苏省。从接待入境游客构成来看，成都市入境游客排名前五位的国家（地区）分别是中国香港（34.27万人次）、美国（31.65万人次）、中国台湾（29.17万人次）、英国（19.43万人次）和日本（17.79万人次），较2015年分别增长14.06%、17.65%、14.99%、17.37%、22.94%。二是在游客花费结构方面。成都游客花费呈高速增长态势，游客花费增幅为近五年最高。国内游客人均花费为1227.7元，同比增长16.81%；入境游客人均花费为456美元，同比增长20.32%。调查数据显示，成都市旅游消费升级明显，游客消费比较理性，游客散客化、自驾（助）游等成为旅游发展新趋势，游客花费投向交通（26.2%）、住宿（21.3%）、购物（19.1%）、和餐饮（17.6%）的比例相对较高。

## （四）旅游业影响力不断扩大

一是成都旅游业对全省旅游发展带动作用明显。2016年，全年实现旅游总收入、接待游客总人数占全省的比重约1/3，分别为32.47%、31.64%。其中，入境旅游占全省绝对比重，接待入境游客人次占全省的88.19%，旅游外汇收入占全省的78.6%。成都旅游业在四川省旅游业中举足轻重，对促进全省旅游总收入迈上七千亿元台阶做出了积极贡献。二是在副省级城市中旅游发展优势显著。在接待总人数方面，2016年成都接待境内外游客人次数在15个副省级城市中排名第二位，是总人数首先突破2亿人次的西部副省级城市。在旅游总收入方面，成都全年实现旅游总收入2502.25亿元，位居副省级城市第三，仅次于广州市和杭州市，同比增幅达22.65%，与第二位杭州的差距由2015年的160.48亿元缩小为69.59亿元。在接待入境游客方面，2016年成都市接待入境游人数272.31万人次，在15个副省级城市中排名第5位，同比增幅为17.78%，增幅在所有副省级城市中排名第1位。在旅游外汇收入方面，全市旅游外汇收入为12.42亿万美元，在15个副省级城市中排名第6位，同比增幅15.77%，增幅在所有副省级城市中排名第2位，显示出成都市入境旅游快速增长的态势。

### （五）旅游产业带动作用进一步提升

一是旅游业支柱地位进一步增强。成都旅游业充分发挥了综合带动现代服务业的功能，2016年，成都旅游业实现增加值1169.44亿元，同比增长18.98%，比上年提高7.48个百分点；占全市GDP的比重为9.61%，比上年提高0.51个百分点；占全市第三产业增加值的比重为18.09%，比上年提高0.86个百分点；旅游业对GDP的直接贡献率为13.63%，比上年提高0.02个百分点。二是旅游业综合带动效应更加突出。2016年，成都旅游业对全市投资、税收和就业拉动作用明显。全市在建项目共81个，其中2亿元以下的项目11个，20亿元以上的项目16个，集旅游、度假、休闲、娱乐于一体的大型综合性旅游项目共23个。全年实现旅游直接投资273.3亿元，占全市全年投资计划的140.15%。旅游业拉动投资563.35亿元，同比增长14.25%；带动税收198.56亿元，同比增长41.65%；带动直接和间接就业102.42万人，同比增长4.77%，充分体现了旅游产业在投资拉动、富民强国、改善民生等方面的积极作用。

## 二 开展的重点工作

### （一）科学编制旅游业发展规划

按照"创新、协调、绿色、开放、共享"五大发展理念，编制完成了成都市旅游业发展 2025 规划纲要和"十三五"规划。同时，积极争取国家旅游局支持，在国家区域旅游空间上谋求占位。在国务院印发的《"十三五"旅游业发展规划》中，成都被纳入国家"成渝旅游城市群"新型旅游功能区发展规划，并定位为"建设自然与文化遗产国际精品旅游区，打造西部旅游辐射中心"。

### （二）大力推进旅游业改革创新

一是推动制度供给。修订施行《成都市旅游业促进条例》，从规划开发、产业发展、乡村旅游、服务保障和法律责任等 49 个方面，为加快推进世界旅游目的地城市建设提供有力保障。制定出台《成都市促进旅游业改革发展若干政策措施》，明确设立旅游基金，支持打造世界级、国家级旅游资源品牌，支持乡村旅游转型升级，促进旅游消费、加强旅游市场诚信体系建设等 20 条政策措施。二是试行导游自由执业改革。成都作为国家旅游局确定的全国导游自由执业试点城市，先后制定出台《导游服务报酬标准》《自由执业导游服务合同》及导游执业记录、以游客满意度为导向的社会评价体系等系列管理制度，建立健全导游自由执业相关的岗前培训、咨询调解、投诉处理、应急处理等配套机制，实现了"成都市导游服务平台系统"和移动终端 App 同时上线并正常运行，线上、线下畅通导游执业渠道，有效满足了大众旅游多样化、个性化、网约化的需求。三是推进全域旅游示范区建设。积极争取国家旅游局支持，都江堰市、温江区、邛崃市和锦江区、崇州市、新津县、蒲江县先后被国家旅游局确定为"国家全域旅游示范区"创建单位。四是创新旅游人才培训模式。组织 100 名成都乡村旅游经营业主赴台湾开展乡村旅游实训，采取专家授课、实地考察、交流研讨、DIY 体验等多种方式，强化了旅游经营管理者的文创意识、对标国际意识和精细化服务意识，示范带动效果明显。

### （三）加快推动旅游精品建设

一是坚持项目带动，推动旅游产业发展。2016 年，纳入全市旅游项目库在建项目 82 个。成功引进华侨城"安仁项目、天回项目、黄龙溪项目"、三郎国际、安缇缦等一批重大旅游项目，累计签约金额逾千亿元。二是坚持精品战略，铸造旅游品牌形象。安仁古镇、平乐古镇·天台山创建国家 5A 级旅游景区已通过国家旅游局资源评估，大青城、西岭雪山—花水湾创建国家级旅游度假区已通过省检。三是坚持融合发展，促进乡村旅游提挡升级。充分发挥乡村旅游在精准扶贫、就业、农民增收中的重要带动作用，成功创建省级旅游度假区 4 家、省级生态旅游示范区 4 家、省级乡村旅游特色乡镇 9 个、省级乡村旅游精品村寨 13 个、省级创客示范基地 8 个。

### （四）持续加大国际旅游营销

一是借助"2016 中美旅游年"契机，在美国纽约繁华地段开展了以"天府成都·熊猫故乡"为主题的成都花车大巡游活动，赢得了现场 350 余万观众的喝彩和 6000 余万电视直播观众的点赞，同时博得了全球主流媒体和美国社会各界的热切关注。会同市商务委在美国旧金山开展"成都美食文化节"旅游宣传推广、成都美食走进硅谷系列宣传活动，彰显了成都世界旅游目的地城市的魅力。二是结合"中韩旅游年""中俄旅游年"，先后在首尔举行"成都街"美食、文化、特色旅游商品展示宣传活动，在莫斯科开展路演、嘉年华、旅游推介会活动，在旧金山、首尔、莫斯科、香港设立成都旅游体验中心，有效推广了成都丰厚的文化旅游资源和国际化大都市的城市形象。三是创新营销方式，大力拓展国际旅游市场。依托国际直航航线、成都中外合作园区、蓉欧快铁等开展国际营销，加强与携程、Google、Facebook 网站的合作，运用互联网新媒体，开展线上线下旅游产品宣传营销，举办国内规模最大的"双百"文化旅游创意活动。四是借助国际性展会，加大城市旅游宣传。借力第 22 届世界航线发展大会、2016 全球旅行者大会、中欧项目合作推介会、联合国国际行政科学学会等平台资源，开展旅游推广宣传活动，向世界充分展示成都旅游天堂的魅力。五是深化区域旅游合作发展。积极推进成都—阿坝、成都—甘孜区域旅游合作行动计划，加大成都—资阳、成都—德阳旅游一体化合作力度，开展成都—青海、成都—雅安、成都—攀枝花南方丝绸之路合作，建立成渝西昆菱形经济圈旅游合作长效机制，联合开展旅游线路产品宣传促销。

## （五）大力规范旅游行业市场

一是推进依法治旅。加强《成都市旅游业促进条例》宣贯，修订《成都市旅游行政处罚自由裁量标准》，为依法治旅提供法制保障。二是加强旅游标准化建设。收集汇总国际、国内各类涉旅标准270余个，建立成都市旅游标准库；编制完成《导游人员自由执业服务规范》，出台《成都市旅行社接待服务规范》等3部地方标准。三是加强文明旅游诚信宣传。先后组织"文明旅游进社区"、"文明旅游公益大使"评选和"蓝丝带"擦亮天路文明等旅游公益活动，建立旅游企业约谈制度，推动行业协会与旅游企业签订"文明旅游承诺书"，并开展全市诚信旅游企业评比活动。2016年，对全市551家旅游企业开展诚信等级划分与评定，评出首批诚信旅游企业200家。四是加大联合执法力度。重拳整治"不合理低价游"乱象，持续开展"出境游""一日游""导游IC卡"专项检查活动，规范导游执业行为，完善全市旅游投诉统一受理机制，快速处理旅游投诉纠纷，进一步规范旅游市场环境。2016年，开展旅游执法日常检查30次、市场专项检查9次，与市级相关部门联合执法11次、与区（市）县执法部门联动执法20次、加大跨市州联合执法力度，依法对17家旅行社和59名从业人员的违法违规行为实施行政处罚，全市共受理旅游投诉1253件，结案1223件，结案率为97.6%，理赔率100%。五是全面加强旅游安全监管。建立旅游安全第三方巡检督查机制，将日常安全监管和节假日安全检查相结合，确保旅游安全稳定，全年无重大旅游安全责任事故，无群体性旅游投诉案件。六是积极繁荣假日旅游市场。"小长假""黄金周"期间，区（市）县政府和市级相关部门推出丰富多彩的节庆活动，繁荣全市假日旅游市场，保障假日旅游各项工作，实现了"安全、秩序、质量、效益"四统一的假日旅游工作目标。

随着大众旅游时代来临和新产品、新业态的不断涌现，旅游个性化需求呈现多元化发展趋势，对旅游发展提出了更高要求。目前成都市旅游产品体系仍处于以传统观光旅游为主导的发展阶段，旅游景区和乡村旅游的参与性、互动性、体验性及高科技应用较弱，公共配套服务体系国际化水平有待提高，行业的精细化管理水平仍须加强。我们将坚持问题导向，在今后的工作中统筹解决。

# 三　旅游产业发展总体思路

## （一）基本思路

成都旅游业要紧紧围绕"建设全面体现新发展理念的城市"这一总体目标，以全域旅游化、全产业链旅游化和全生产要素旅游化为理念，进一步优化旅游产品体系，完善公共服务设施，提升旅游管理与服务水平，提高旅游供给体系质量和效率，全面增强成都旅游的国际竞争力，增强旅游对消费、投资、扶贫、富民的促进作用，将旅游业打造为拉动经济发展、助推城乡一体化、促进生态景观化的战略性支柱产业和惠及全民的幸福导向型产业。

## （二）发展战略

当前，成都应顺应国家、省总体战略要求，结合发展的阶段性特征和旅游业发展现状，推动成都旅游业的战略转型。

1. 全局统筹

全面对接国家战略，抢抓"一带一路"、长江经济带、西部大开发、建设成渝城市群、系统推进全面创新改革试验区、规划建设天府国际机场等国家战略在成都汇聚的机遇，积极融入国家经济版图，重点利用好政策叠加效应的优势，着力构建适应经济发展新格局、新态势、新水平的新型旅游业，深入推进成都旅游开发和产业转型升级。

2. 全面创新

进一步解放思想，深化改革，以改革创新思路统领旅游业的提升发展，推进旅游机制创新，破除制约旅游业发展的机制体制障碍，将旅游发展目标与经济发展方式转变相结合，坚持以市场为导向，充分发挥市场配置资源的基础性作用，提高市场化运作水平，全面推动成都旅游业跨越发展。

3. 全域旅游

立足成都，辐射西部，连接亚太，形成空间全覆盖、产业大融合、四季皆可游的全域旅游发展新格局，实现全景空间旅游、全产业旅游、全要素旅游、全社区旅游。

# 四 成都市文化旅游产业发展的对策与建议

## （一）实施四大提升行动，做强世界旅游目的地城市支撑

### 1. 夯实基础，提升旅游公共配套设施

一是在成都东客站、双流国际机场启动建设"成都旅游咨询体验中心"，集信息咨询、VR（AR）体验、商品展示、产品推广等为一体，为游客提供人性化服务。二是在成都东客站、茶店子客运中心建设国家"一级城市旅游集散中心"，实现无缝换乘、景区直通、一站式旅游服务。三是深化"旅游厕所革命"。采取多种模式，推动旅游沿线、景区（点）实施旅游厕所建设、管理、文明提升三大行动，全年新建、改建旅游厕所71座。四是加快成都旅游数据中心建设。初步建成集旅游经济统计、数据存储仓库和数据分析与决策、产业发展引导等功能于一体的数据平台，为全市旅游经济发展提供决策保障和智力支持。

### 2. 打造精品，提升旅游核心竞争力

一是推进重大旅游项目建设。编制《龙泉山城市森林公园》旅游专项规划，积极推动中航航空大世界、三郎国际旅游度假区、天府红谷等重大旅游项目建设，全年完成招商引资270亿元、项目投资195亿元。二是深入推进旅游精品创建。推进青城山、西岭雪山·花水湾创建国家级旅游度假区和平乐古镇·天台山、安仁古镇创建国家5A级旅游景区，启动成都大熊猫繁

育研究基地创建国家 5A 级旅游景区工作。三是深入实施"旅游＋"战略。推进旅游与农业、工业、商贸、文化、科技、体育、金融、会展等产业融合发展，培育打造一批融合发展的项目精品。特别要大力发展工业旅游，组织开展工业之旅活动，着力推出一批工业旅游示范企业，完善一批工业旅游配套设施，打造一批工业旅游精品线路，满足游客多样化的旅游需求。四是加快乡村旅游提挡升级。按照"乡村田园秀丽、民俗风情多姿、生态五彩斑斓、功能现代时尚"的发展思路，制定《全市乡村旅游提档升级实施意见》，对标中国杭州、法国科尔马市、英国科茨沃尔德等地，以天府花溪谷等一批特色精品项目为抓手，推动乡村旅游特色化、文创化、品牌化、连片化发展。五是实施旅游商品品牌发展战略。举办 2017 年"成都有你，成都有礼"旅游商品大赛，会同相关部门制定"成都旅游商品购物店（点）"规范标准，引导企业在旅游特色街区建设"前店后厂"旅游商品工艺坊，开展特色商品进酒店、进景区活动，积极推广"互联网＋旅游商品"电商模式，推出一批独具成都特色、富有时代气息、融入传统工艺和先进技术的旅游商品生产企业，推进旅游商品企业标准化、国际化、品牌化建设。

3. 依法治旅，提升旅游服务质量

一是加强旅游法治建设。积极宣贯《成都市旅游业促进条例》《成都市旅游行政处罚自由裁量标准》，录制法治大讲堂专题节目，举办旅游行业旅游法律法规知识竞赛，形成行业学法、懂法、守法、用法的浓厚氛围。二是实施旅游标准化工程。对标上海提升旅游行业精细化管理服务水平，培育50 家运作规范、管理先进、服务优质的旅游示范企业。三是加大旅游市场综合监管。健全跨部门、跨区域执法协作长效机制，打造旅游公共服务监管平台，推动线上线下监管一体化，形成各司其职、多元共治的综合监管格局；持续开展旅游市场秩序整治，坚持"严查一批、重罚一批、取缔一批、曝光一批"的工作要求，重拳打击"不合理低价游"等违法违规行为，对诚信经营的企业扶持其做大做强，对违法违规的企业依法惩处，营造放心舒心的旅游消费环境。四是强化旅游安全应急管理。深化旅游安全监管，完善旅游安全应急和巡检督查制度，指导区（市）县、旅游企业开展安全防控、培训和应急演练等工作，持续开展旅游安全专项检查治理，确保全市旅游市场安全、稳定、有序。

4. 加强培训，提升行业队伍素质

创新旅游行业人才队伍培训模式，强力推进行业培训"百千万"工程，开展 100 名厨师进乡村"送厨下乡"活动，分批组织 100 名乡村旅游经营业主赴台湾开展乡村旅游文创实训，组织开展 1000 名住宿业、旅游景区、旅行社、农家乐（乡村酒店）业务骨干和 10000 名旅游从业人员培训计划，实施在蓉高校旅游学院与重点旅游城镇"一对一"就业实习和"挂、帮、包"行动，整体提升行业队伍素质。

### （二）实施四项重点营销，提升世界旅游目的地城市国际影响力

一是全力办好联合国世界旅游组织第 22 届全体大会。会同市级相关部门和区（市）县，加大以会促建力度，精心策划好相关活动，借势做好城市营销，高质量、高标准办好会议。二是开展境外营销推广活动。组织参加英国切尔西花展，利用这一世界级重大节事活动，开展成都旅游境外营销；积极引进"切尔西花展"品牌落户成都，提升"花重锦官城"国际影响力。以"中国—捷克旅游年"和"中国—瑞士旅游年"等为契机，加强与境外相关城市、旅游企业的合作交流，联合推广"一带一路"国际精品旅游线路。三是开展境内国际旅游展会活动。举办意大利（成都）国际旅游展、新加坡（成都）国际旅游展等展会活动，进一步开拓境内外旅游市场。整合线上线下旅游资源，与境内外知名 OTA 企业合作，推出线上营销、线下体验系列活动。四是开展区域旅游合作。加强与省内兄弟市州合作，实现旅游一体化发展；深化与青海、西藏以及重庆、西安、昆明等省份合作，打造"丝绸之路"精品旅游线路；加强与环渤海、长三角和珠三角等国内发达地区重要节点城市旅游合作，打造高端品质之旅线路产品，实现优势互补、客源共享、市场共拓。

### （三）深化四项改革，推动旅游业创新发展

一是完善产业发展制度供给。制定《促进旅游业改革发展若干政策措

施实施细则》，出台支持旅游业改革创新评定办法、艺家乐评定办法和对黑车、黑社、黑导、黑店等违规行为实行有奖举报的办法，促进旅游业创新发展。二是推进全域旅游创建工作。指导简阳市争创"国家级旅游业改革创新先行区"，支持都江堰市、温江区、邛崃市、锦江区、崇州市、新津县、蒲江县开展"国家全域旅游示范区"创建工作。推动重点旅游区（市）县设立旅游警察、旅游巡回法庭、工商旅游分局，促进旅游市场监管体制改革创新，提升科学化、便民化工作水平。三是深化导游自由执业改革。创新星级导游管理机制，建立健全导游评价制度，探索建立导游自由执业服务费第三方支付平台，落实导游薪酬和社会保险制度，建立导游职级、服务质量与报酬相一致的激励机制，不断优化导游队伍结构，提升导游服务质量。四是推进中国（四川）自由贸易试验区建设。鼓励外商投资旅游业，参与商业性旅游景区（景点）开发建设，按照相关要求允许注册设立外商投资旅行社从事除台湾地区以外的出境旅游业务，形成旅游产业对外开放发展新格局。

**参考文献**

胡静等主编《2016 中国旅游业发展报告》，中国旅游出版社，2016。
宋瑞主编《2015～2016 年中国旅游发展分析与预测》，社会科学文献出版社，2016。
中国旅游研究院：《中国旅游景区发展报告（2016）》，旅游教育出版社，2016。

# B.14
# 成都市广告产业发展报告

成都市工商行政管理局

**摘　要：** 成都市广告产业以建设全面体现新发展理念国家中心城市为统揽，深度融入全方位开放战略，坚持政府引导、市场运作、园区引领，以扩大产业规模、提升发展质量为中心，以创新驱动和融合发展为重点，深入推进广告战略实施，加大虚假、违法广告监管力度，为成都建设全国重要的文创中心做出了积极贡献，成都广告业保持稳定持续发展。本报告梳理了2016~2017年成都广告产业发展现状，分析了成都广告产业市场发展环境市场特征与亟待解决的问题，提出成都广告产业未来发展与规划。

**关键词：** 广告产业　市场特征　结构优化

广告产业作为现代服务业和文化产业的重要组成部分，为经济转型升级、引导扩大消费、促进经济增长、繁荣社会文化发挥了积极作用。2016年、2017年，成都市广告产业以建设全面体现新发展理念国家中心城市为统揽，深度融入全方位开放战略，坚持政府引导、市场运作、园区引领，以扩大产业规模，提升发展质量为中心，以创新驱动和融合发展为重点，深入推进广告战略实施，加大虚假、违法广告监管力度，为成都建设全国重要的文创中心做出了积极贡献。

# 一 成都广告产业发展现状

两年来，成都广告业保持稳定持续发展。2016 年全市广告经营单位 10972 户，广告经营额 99.56 亿元，从业人员 5.03 万人。2017 年全市广告经营单位 12089 户，广告经营额 108.9 亿元，全市广告经营额首次突破百亿元，从业人员 5.81 万人。其中 2016 年广告经营额的年增长率为 12.6%；比成都 GDP 7.5% 的增速高 5.1 个百分点，比全国广告产业 8.63% 的年增长率高 3.97 个百分点，比全省广告产业 11.8% 的年增长率高于 0.8 个百分点。广告产业双创工作取得新成效，2017 年 12 月，成都国家广告产业园区创业孵化器被国家工商总局评为首批、四川唯一的广告业创新创业示范基地。

表 1　2015～2017 年成都市广告产业相关统计数据

| 年份 | 广告经营主体（户） | 广告经营额（亿元） | 经营额年增长率（%） | 从业人员数（万） |
|---|---|---|---|---|
| 2015 | 8772 | 88.42 | 8.12 | 4.82 |
| 2016 | 11034 | 99.56 | 12.6 | 5.03 |
| 2017 | 12089 | 108.9 | 9.3 | 5.81 |

资料来源：成都市工商局统计数据。

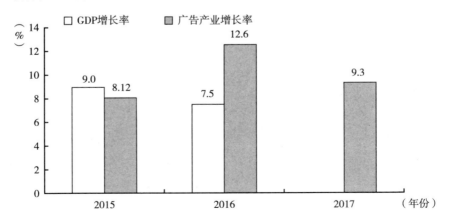

图 1　2015～2017 年成都市广告经营额与成都市 GDP 增速对比

资料来源：成都市工商局统计数据、成都国民经济与社会发展统计公报。

　　两年来，成都市继续深入推进广告战略实施联席会议制度，以成都市推进广告战略实施联席会议领导小组为平台，统筹、协调指导广告产业发展，规范整治广告市场秩序，固化了"政府统领、工商牵头、部门配合、园区带动、社会参与、良性互动"的工作格局。

　　两年来，成都广告产业承载能力不断增加，产业服务功能不断增强，产业规模不断扩大，行业影响力不断提升，成为带动成都市广告业发展的重要载体。2016～2017年，园区广告企业从406家增加到426家，广告关联企业从1848家增加到1905家，广告经营额从14.91亿元增长到15.06亿元，关联经营额从56.98亿元增长到58.12亿元。园区广告经营额已成为成都广告产业的重要支柱，为全市广告业集约化发展奠定了坚实的基础。2016年3月，园区积极响应省委关于发挥成都首位城市"引领带动示范"作用，在西昌建立了成都国家广告产业园区分园，积极扩大成都广告产业的影响，带动全省共同发展。

　　两年来，广告市场秩序更加规范。工商牵头，宣传、公安、卫计、文广新、食药监等部门共同配合、各司其职整治虚假违法广告，工作机制更加完善，出台了《成都市推进广告战略实施联席会议整治虚假违法广告工作制度》。工商部门每年元旦、春节期间开展的"红盾春雷"专项行动整治虚假

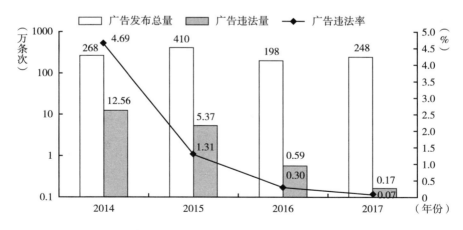

图2　2014～2017年主流媒体广告发布量、违法量及违法率对比

资料来源：成都市工商局统计数据。

违法广告子行动已连续开展四年，强化药品、医疗、保健食品、房地产等重点类别广告的规范整治，保护消费者合法权益，其"品牌"作用和社会影响力显著增强。成都市工商行政管理局广告监测系统完成升级改造，实现了以数据化手段对市、县二级主流媒体的全天候、全时段监测。全面贯彻落实新《广告法》，引导广告行业履行法律义务，大力整顿和规范广告市场秩序、强化违法广告信用约束，广告违法率从新法实施前的约5%下降到2017年的0.07%，广告市场秩序稳定可控。

## 二 成都广告产业市场发展环境

### （一）完善顶层设计

国家工商总局《广告产业发展"十三五"规划》明确指出"广告业作为我国现代服务业和文化产业的重要组成部分，在服务推进我国经济转型升级、引导扩大消费、促进经济增长、繁荣社会文化中将继续发挥积极作用"。《成都国民经济和社会发展"十三五"规划纲要》和成都市委十二届七次全会明确了成都建设国家中心城市、西部文创中心工作要求，制定下发了《建设西部文创中心行动计划2017～2022年》。成都市出台了《成都广告产业发展十三五规划》，明确了到2020年，力争全市广告经营额和广告市场主体数量"双翻番"，全市广告经营额达到160亿元，广告市场主体达到16000家，培育产值过亿元广告企业10家，产值过5亿元广告企业3家的总目标；制订了以坚持创新驱动发展，构建公共服务体系，推动互联网＋广告产业形态演进，实施人才兴业战略，促进产业互动融合发展为方针的发展路径。

### （二）经济发展势头良好

广告在服务生产、引导消费、塑造品牌、推动创新、传播文明、构建和谐等方面，都能发挥积极的推动作用。成都具备支撑广告产业发展的经济基础。自 2012 年全市布局广告产业发展以来，广告产业以平均每年 1000 户、营业收入每年 15% 的增长，2016 年广告企业超过 10000 户大关，营业收入临近 100 亿元。从经济总量来看，成都市 2014 年经济总量迈上万亿元大关，2016 年地区生产总值 12170.2 亿元，同比增长 7.7%，增速高于全国平均水平 1 个百分点。同时，成都市社会消费品零售总额、全市限额以上企业通过公共网络实现商品零售额均实现年 10% 以上的增长。①广告产业发展对成都市各类型产业发展形成助力，在全市居民保持收入增长的同时，提高消费力、保持储蓄率稳定，保证经济发展的稳中求进，经济发展进入良性循环。

### （三）高新技术支持有力

随着科技发展，广告产业的转型也日渐加快，2014 年中国网络广告市场达到 1540 亿元，同比增长 40%。在大数据时代，广告公司竞争优势体现为其拥有的大数据资源，对数据资源的挖掘、分析和应用能力。而成都高新技术产业一直具有比较优势，特别是移动互联网、云计算、大数据、物联网等与现代制造业结合，促进电子商务、工业互联网和互联网金融健康发展，在发展"互联网＋"上有着较好的优势。随着广告业将营销预算更多向新媒体广告倾斜，数字广告公司成为当前大数据公司的主要客户。两者的良性互动使当今的广告产业与高新技术部门呈现与互联网高度融合、加速发展的态势。

### （四）产业聚集效应初现

积极指导广告业"大众创业、万众创新"，不断优化制度环境，促进市场活力不断释放，新动能不断集聚，推动广告业保持了良好的发展势头。成都国家广告产业园区作为西南首家国家级广告产业园区，具有先发优势。园区以"一廊两园""一园多点"的空间规划为基础，形成了"创意广告基地""数字广告基地""传媒广告基地"和"创意设计基地"的产业功能布局。园区充分依托产业基地和专业楼宇，通过招大引强，实现产业集聚。现

---

① 数据来源：四川统计局。

已初步形成了以博瑞广告、华希广告、华道佳、大贺传媒等为代表的综合类广告企业集群；以洛可可、浪尖、嘉兰图、丙火创意、磨石宽窄等为代表的创意设计企业集群；以潘多拉、天涯社区、锐凡互动、爱奇艺为代表的数字新媒体集群；以人民网、新华网、四川省广播电视台、四川日报报业集团和成都传媒集团等为代表的传媒企业集群。

### （五）区位优势突出

作为西部经济重镇的成都，发展广告产业具有独特的优势。作为占全省1/3经济总量、1/6人口和2/3广告经营额的省会城市，其是全省许多重大工作的重要主体，是成渝经济区的"双核"之一，是各种要素聚集的"洼地"，其产业发展基础良好，区位优势突出，不仅为四川建设内陆开放高地提供强有力的支撑，而且对整个中西部地区都具有较强的辐射和带动作用。

与此同时，深厚的文化底蕴为成都市广告产业发展提供沃土。成都作为国务院确定的全国首批历史文化名城，历史传承厚重，拥有500余处各级文物保护单位；还拥有"大熊猫"生态文化、"金沙"古蜀文化、都江堰水文化、三国文化等，得天独厚的文化资源宝库为成都市发展广告产业提供了丰富的文化底蕴和基础。

## 三 成都广告产业市场特征

### （一）广告产业稳步增长，产业规模不断扩大

成都广告产业在2016年、2017年的广告经营额数据表明成都广告产业正处于稳步增长期。2016年、2017年的产业规模较2014年、2015年大幅增长。

与全国部分副省级城市比较，以2016年为例，成都广告经营额除低于广告产业发展良好的广州外，均略高于全国同类城市。

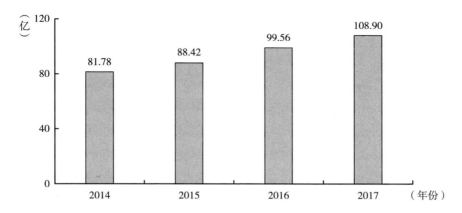

**图3　2014～2017年成都市广告经营额对比**

资料来源：成都市工商局统计数据。

表2　部分副省级城市2015～2016年广告经营主体与广告经营数据

| 城市 | 广告经营主体（户） | | 广告经营额（亿元） | | 从业人数 | |
|---|---|---|---|---|---|---|
| | 2015年 | 2016年 | 2015年 | 2016年 | 2015年 | 2016年 |
| 成都 | 8710 | 10972 | 88.42 | 99.56 | 48200 | 50300 |
| 广州 | 13349 | 21327 | 171.62 | 302.77 | 102167 | 118445 |
| 沈阳 | 4857 | 5382 | 32.02 | 39.06 | 20569 | 29016 |
| 南京 | 8511 | 11662 | 27.97 | 30.85 | 59667 | 84566 |
| 济南 | 18979 | 19920 | 28.4 | 52.7 | 72077 | 83290 |
| 西安 | 5340 | 4000 | 56 | 60 | — | 25000 |
| 青岛 | 10509 | 13077 | 45.15 | 46.6 | 62785 | 68841 |
| 厦门 | 2224 | 1880 | 14.04 | 13.37 | 15458 | 13461 |
| 大连 | 3151 | 3351 | 23.34 | 23.43 | 14502 | 15422 |

资料来源：各地数据统计。

## （二）广告产业结构优化，产业发展潜力巨大

从广告产业链来看，成都在广告发布环节的比较优势，呈现传统媒体发布优势不在，户外保持，互联网快速发展的势头。实施"广告+"行动，推动广告产业与制造业、生产加工业等产业融合发展。

### 1. 传统媒体

尽管《成都商报》、《华西都市报》等都市报的广告经营额全国领先，《成都商报》综合实力在全国都市类报纸中排名第 2 位、西部第 1 位，《每日经济新闻》综合实力居全国财经类日报前三名。2016 年，《成都商报》位列中国媒体广告"报刊经营价值排行榜"全国都市报第二。《每日经济新闻》移动新媒体用户数达 3000 多万，进入"全国报刊新媒体三十强"，并分别进入客户端类、微博类、微信订阅号类全国十强。但 2016 年、2017 年对传统媒体的监测数据显示，2016 年全市传统媒体广告发布条次为 198 万条次，2017 年为 230 万条次，与 2014 年、2015 年相比，两年广告发布条次下降 250 万条次。

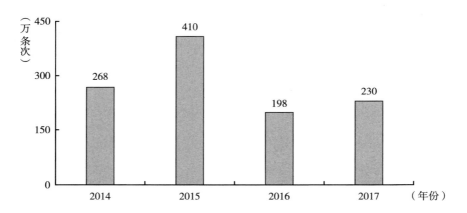

**图 4　2014～2017 年成都市主流媒体广告发布条次**

资料来源：成都市工商局统计数据。

### 2. 户外广告

随着成都城市建设的发展和人民出行方式、生活方式的改变，地铁、车站、候机楼等区域，以及写字楼、商厦等楼宇增加了户外广告载体的供给，以户外广告为代表的新兴广告行业异军突起，已发展成为类型丰富、体现模式多样、发展速度较快的广告模式，在户外电子屏广告、公交广告、地铁广告及楼宇广告等行业细分领域表现突出。全市以经营户外广告为主营业务的广告企业在专业广告代理公司中的比例接近70%，特别是小型广告企业的主营业务集中在经营招牌、灯箱等形式的户外广告，而综合性广告代理公司中户外广告业务量一般也占广告业务总量的30%左右。据统计，2017年成都户外广告单月投放金额最高达到近10亿元，户外广告已成为成都作为西南地区商业中心的显著标志。

推动广告业与本土优势产业互动融合发展。通过鼓励广告产业主体与其他行业实现跨行业、跨领域融合，涌现出一批跨界企业，如成都磨石创意设计公司"跨界"川菜制造业成立了成都宽窄美食有限公司，以"广告创意＋食品生产"模式，以巴蜀文化为支点，以创意设计为引领，增强产品艺术观赏性与创意趣味性，承载满足旅游者购物需求与传播成都城市形象的双重功能，很快占领了旅游食品的市场份额，其系列产品已形成有文化、有品牌、有价值的成都礼物，成为G20财长与央行行长成都峰会唯一指定伴手礼、联合国教科文组织"创意城市网络瑞典年会"成都礼物。

### （三）广告产业体量庞大，产业升级趋势明显

在2017年成都全市108.9亿元的广告经营额中，传统媒体（电视、电台、报纸）贡献了7.2亿元；而互联网、户外广告则分别贡献了27.14亿元和59.5亿元，其他15.06亿元，分别占比24.9%、54.6%和13.8%（见图5）。在传统媒体广告经营额下滑的同时，户外广告保持了良好的发展势头，互联网广告则发展迅速，大有成为广告产业领跑者之势。

### （四）搭建广告产业发展平台，积极服务广告企业

积极推进公共服务平台建设。搭建了运营管理、信息服务、技术研发、市场交易、人才培养"五位一体"的公共服务平台。按照市场化运作方式，建成了广告交易中心、西部创意人才培训中心（创客学院）、艺哈创新创业整合推广服务平台、新媒体驱动中心、广告创新研发中心、企业孵化器等14个公共服务平台。其中，艺哈创新创业整合推广平台（包括艺哈网、艺哈云社圈、艺哈新媒体、艺哈孵化器、源创动力众创空间、智能硬件孵化

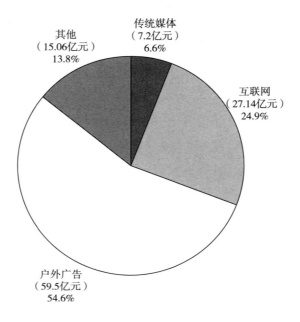

**图5　2017 年成都市广告经营额组成及占比**

资料来源：成都市工商局统计数据。

器、艺哈创客学院和线下创意体验基地）现已被纳入国家发改委"2015 年国家服务业发展引导资金专项储备项目"。截至目前，艺哈创新创业综合平台已收集线上聚集区、品牌创意机构 70 余家，艺哈创圈资源 270 余家及近1000 个创意产品，并分别在爱·盒子、白鹭湾公园、万达广场等地举办艺哈创意集市 14 次，吸引消费者 3 万余人次；艺哈创新创业孵化基地已入驻孵化小微企业 30 余家。

### （五）广告产业市场净化，产业环境稳定可控

良好的发展环境是产业快速、健康发展的前提，稳定的发展秩序是产业主体有序竞争的保障。

1. 协调联动，维护良好的广告市场秩序

发挥整治虚假违法广告联席会议制度的作用，进一步加强部门间的

协调沟通、信息共享和执法协作，构建整治虚假违法广告常态化工作模式。加大案件抄告和移交力度，对医疗、药品、医疗器械、农药、兽药和保健食品等广告案件，处罚后及时通报卫计委、食药监等相关广告审批职能部门依法处理；对广播电台、电视台、报刊音像出版单位发布虚假违法广告，处罚后及时通报新闻出版广电部门以及相关部门追究主管人员和相关责任人责任。加强与公安部门的协调配合，对涉嫌犯罪案件，依法移交公安机关追究刑事责任。2016 年全市查办违法广告 410 件，罚没入库 1179.65 万元；2017 年全市查办违法广告 427 件，罚没入库 1290.32 万元。

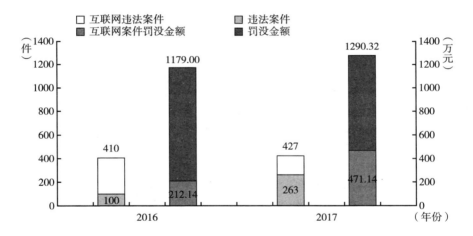

**图 6　2016～2017 年成都市查办违法广告及罚没金额对比**

资料来源：成都市工商局统计数据。

2. 突出重点行业和领域广告整治

持续保持广告严管高压态势，加大虚假违法广告案件查办力度，结合当地实际和重点任务，重点查处涉及广大人民群众重大利益和反映强烈的医疗、药品、保健食品、招商投资、收藏品、房地产、教育培训等重点领域违法广告。先后开展了"红盾春雷行动 2017"、治理家具行业虚假广告专项行动、治理"特供""专供"国家机关等内容广告专项行动、广播电视虚假违法广告和违规养生类节目专项治理、保健食品广告监管、经营性民办培训机构广告监管、金融类广告排查清理、老年特殊消费群体"会销"专项整治等专项整治行动，积极净化和规范成都市广告市场环境，群众满意度不断提升。强化属地监管职责，及时查办上级交办、有关部门移送、监测发现、群众举报的违法广告案件。

3. 强化媒体广告监测

依托数字化监测手段，强化对市级报刊、电视、广播广告和区（市）县电视、广播广告的监测，落实监测数据分派、处置、反馈、分析工作制度，确保全年媒体广告条次违法率和时长违法率均控制在 1% 以下。发挥监测通报预警、警示、考评作用，促进媒体主管部门、相关行业主管部门共同做好广告监管工作。

## 四　成都广告产业发展亟待解决的问题

随着商事制度改革，事中事后监管改革的持续推进，《广告产业发展"十三五"规划》的不断落实，成都广告产业市场也逐步完善，但广告产业的发展也逐步触遇到发展瓶颈。目前，成都广告产业很难通过企业自身发展实现进一步飞跃，目前成都政策落实情况也很难帮助广告产业突破瓶颈。目前的问题主要体现在以下几个方面。

1. 缺乏"龙头"企业，市场主体"小、散、弱"的局面还没根本得以改变

成都作为四川省广告产业发展核心，其产业发展呈中心发散式分布。现成都的广告公司以中小型民企为主，少数的大型公司影响力也有限。缺少"龙头企业"塑造产业形象，打响产业品牌。

2. 本土广告产业高端人才匮乏，专业人才的规模梯次仍在建设中

目前，成都广告市场的广告实用性人才资源丰富，但广告创意设计高端人才极为缺乏，从业人员专业服务技能有待提高，专业人才没有形成规模梯次，尤其是高端人才匮乏。

3. 市场主体创新能力不足，在产业发展路径上主要跟随"北上广深"

广告的核心在于创意、创新，客观上成都本地广告市场主体与北上广等城市相比，在创新能力上还有差距，在产业发展路径上存在简单复制、照搬广告产业发达城市经验的现象，还需继续探索适合本土产业发展的路径、方法。

4. 政策扶持力度不够、政府影响力尚未形成助力

面对产业发展瓶颈，成都市将广告产业纳入文化产业扶持对象，对广告产业的发展有所帮助，但尚未形成突破瓶颈的强大助力。主要表现于税收优惠、政府影响力投资基金、广告产业专项资金等金融财政方面政策尚不完善。

# 五 成都广告产业未来发展与规划

面对成都目前产业发展的现状和未来可能遇到的问题，为贯彻落实国家工商总局《广告产业发展"十三五"规划》，结合《成都国民经济和社会发展"十三五"规划纲要》和成都市建设国家中心城市的总体思路，从监管和产业发展两方面做如下规划。

## （一）完善行业标准，规范市场秩序

依托成都信用网，深化广告市场发展和监管的大数据运用，建立广告主、广告经营者、广告发布者信用披露体系，形成企业信用名片，实施企业信用临界管理，完善奖励、惩戒与退出淘汰机制，吸纳各方参与，倡导绿色广告、诚信广告，推进社会共治，规范广告市场秩序。发挥广告协会行业组织管理的作用，切实加强对行业组织政策和业务指导，拓展服务功能，提升服务能力。

## （二）提升发展能级，助力突破瓶颈

坚持政府引导、市场化运作的方式，对成都国家广告产业园区"艺哈线上线下整合推广平台"进行升级改造，将其打造成为包括广告展示、交

流、交易、孵化、研发、设计、制作、融资、评估、推广、培训、云计算、云存储等多种功能的广告业发展一体化的综合性服务平台，通过线上线下的整合推广，实现"互联网＋服务＋广告"服务模式。

推动传统媒体转型升级、融合发展，在广告代理制基础上创新与传播生态变化相适应的广告服务模式和经营方式，推动电视、广播、报纸期刊等传统广告媒体与网络、数字和新兴广告媒体的融合发展，加快媒体融合进程。

充分发挥成都国家广告产业园区的辐射带动作用，提升园区的影响力和服务水平，推动园区建成多形态的产业集群。

培育大型龙头广告企业。鼓励具有资本、高新技术等竞争优势的广告企业通过参股、控股、承包、兼并、收购、联盟等方式扩大市场份额。扶持小微广告企业。以成都国家广告产业园区广告企业创业孵化器为抓手，实施"互联网＋微创广告企业扶持计划"，通过定向扶持、联合培育等形式，培育孵化一批具有一定创新能力的互联网＋微创广告企业，帮助小微广告企业特色化、差异化发展，提升竞争力，形成成都广告企业持续发展的新生力量。

拓宽融资渠道，支持符合条件的广告企业上市融资，引导社会资金支持广告产业发展，搭建银企对接平台，加大对广告企业的金融支持力度。积极探索建立扶持广告创新型企业发展的金融融资服务模式。

# B.15
# 成都市非物质文化遗产生产性
# 保护发展报告

成都市文化广电新闻出版局 *

**摘　要：** 非遗生产性保护是非遗传承发展的重要方式，生产性保护的对象是传统工艺项目。本报告对成都传统工艺生产性保护体系、当前的政策措施进行了总结，指出成都在传统工艺产业集聚区的集聚力、品牌知名度、政策支持力度等方面存在不足，从政策资金支持、保护方式、平台搭建、品牌推广、跨界融合发展、传承人群传承实践能力增强、消费群体培育等方面提出了推进成都传统工艺产业发展的系列举措。

**关键词：** 非物质文化遗产　生产性保护　传统工艺

　　十九大报告提出，要"推动中华优秀传统文化创造性转化、创新性发展"，"建设知识型、技能型、创新型劳动者大军，弘扬劳模精神和工匠精神，营造劳动光荣的社会风尚和精益求精的敬业风气"，"实施乡村振兴战略"，"健全现代文化产业体系和市场体系，创新生产经营机制，完善文化经济政策，培育新型文化业态"。经调查，目前成都市拥有非物质文化遗产（简称"非遗"）项目 340 余项，其中 134 个项目被公布为市级非遗代表性项目。

---

　　* 执笔人：张擎，成都市文化广电新闻出版局非物质文化遗产处处长。

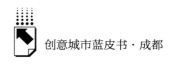
# 一 非遗生产性保护指导精神

## （一）非遗生产性保护定义

2012 年 2 月，文化部印发了《关于加强非物质文化遗产生产性保护的指导意见》（文非遗发〔2012〕4 号），其中对非遗生产性保护给予了明确定义："非遗生产性保护是指在具有生产性质的实践过程中，以保持非遗的真实性、整体性和传承性为核心，以有效传承非遗技艺为前提，借助生产、流通、销售等手段，将非遗及其资源转化为文化产品的保护方式。"

## （二）非遗生产性保护原则

认真贯彻"保护为主、抢救第一、合理利用、传承发展"的方针，在非遗生产性保护工作中，做到六个坚持：①坚持以人为本、活态传承原则；②坚持保护传统工艺流程的整体性和核心技艺的真实性原则；③坚持保护优先、开发服从保护原则；④坚持把社会效益放在首位，社会效益和经济效益有机统一原则；⑤坚持依法保护、科学保护原则；⑥坚持创造性转化、创新性发展原则。

## （三）非遗生产性保护适用范围

非遗生产性保护主要是在传统工艺项目（包括传统技艺、传统美术和传统医药炮制类，下同）中实施。

## （四）非遗生产性保护政策

十九大报告提出，要"推动中华优秀传统文化创造性转化、创新性发展"，"建设知识型、技能型、创新型劳动者大军，弘扬劳模精神和工匠精神，营造劳动光荣的社会风尚和精益求精的敬业风气"，"实施乡村振兴战略"，"健全现代文化产业体系和市场体系，创新生产经营机制，完善文化经济政策，培育新型文化业态"。

2011 年施行的《非物质文化遗产法》第三十七条规定："国家鼓励和支持发挥非物质文化遗产资源的特殊优势，在有效保护的基础上，合理利用非物质文化遗产代表性项目开发具有地方、民族特色和市场潜力的文化产品和文化服务。"

2012 年 2 月，文化部印发了《关于加强非物质文化遗产生产性保护的指导意见》（文非遗发〔2012〕4 号），明确了非遗生产性保护定义、原则、适用范围、内容和工作机制等。

2017 年 1 月，《关于实施中华优秀传统文化传承发展工程的意见》（中办发〔2017〕5 号）明确提出："实施非物质文化遗产传承发展工程，进一步完善非物质文化遗产保护制度。实施传统工艺振兴计划。""实施中华老字号保护发展工程，支持一批文化特色浓、品牌信誉高、有市场竞争力的中华老字号做精做强。""实施中华节庆礼仪服装服饰计划，设计制作展现中华民族独特文化魅力的系列服装服饰。""鼓励发展对外文化贸易，让更多体现中华文化特色、具有较强竞争力的文化产品走向国际市场。"

2017 年 3 月，国务院办公厅转发了文化部等部门《中国传统工艺振兴计划》（国办发〔2017〕25 号），明确了传统工艺振兴的总体目标、基本原则、主要任务和保障措施等，其中总体目标是"立足中华民族优秀传统文化，学习借鉴人类文明优秀成果，发掘和运用传统工艺所包含的文化元素和工艺理念，丰富传统工艺的题材和产品品种，提升设计与制作水平，提高产品品质，培育中国工匠和知名品牌，使传统工艺在现代生活中得到新的广泛应用，更好满足人民群众消费升级的需要。到 2020 年，传统工艺的传承和再创造能力、行业管理水平和市场竞争力、从业者收入以及对城乡就业的促进作用得到明显提升"。

2017 年 6 月通过的《四川省非物质文化遗产条例》第四十九条规定："对具有市场需求与开发潜力的传统技艺、美术、医药类等项目，鼓励和支

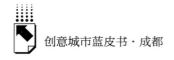

持发挥非物质文化遗产资源的特殊优势，进行合理开发利用，实行生产性保护。"

2017 年 4 月成都市第十三次党代会提出，"加强……非物质文化遗产的保护利用"，"打造'非遗之都'"，"集聚文创资源要素。优化文创产业空间布局，构建文创产业集聚区和文创产业带，打造一批重点文创产业园区和文创特色街区"；"实施文创企业培育工程。培育一批龙头文创企业、骨干文创企业、小微文创企业"。

2017 年 7 月成都市国家中心城市产业发展大会提出，"必须大力发展文化创意产业，增强西部文创中心功能"，指出"城市的竞争高度往往由城市文化的创造力传播力决定"，"要按照'集群发展、跨界融合、品牌引领'思路，推动天府文化创新性发展、创造性转化，大力提升文创的行业首位度、产业融合度、品牌美誉度和国际知名度"。

## 二 成都市非遗生产性保护现状

### （一）总体情况

经调查，目前成都市拥有非遗项目 340 余项，其中 134 个项目被公布为市级非遗代表性项目。在 134 个项目中，传统工艺项目共有 71 个，占比为53.0%；成都市级代表性传承人 269 人，传统工艺项目代表性传承人 185人，占比为 68.8%（见表 1）。71 个传统工艺项目可分为食品饮品、织造、竹木制作、金属制作、陶瓷制作、医药和其他制作等七类（见表 2）。

传统工艺产业年总产值约 200 亿元。其中，年产值上百亿元的传统工艺项目有 1 个，郫县豆瓣年产值 102 亿元，容纳就业人员 2 万余人；年产值上亿元的有水井坊酒、邛茶、花秋贡茶、川派盆景、怀远藤编、蜀绣、简阳羊肉汤、川西麻鸭传统腌卤制作、新繁泡菜等 9 个传统工艺项目，年总产值约40 亿元，容纳就业人员 5 万余人。

### 表1 传统工艺项目数量统计

单位：个，%

| 类别 | | 传统美术 | 传统技艺 | 传统医药 | 合计 | 占全市同类比例 |
|---|---|---|---|---|---|---|
| 项目数量 | 国家级 | 2 | 9 | 1 | 12 | 54.5 |
| | 省级 | 1 | 16 | 4 | 21 | 44.7 |
| | 市级 | 2 | 35 | 1 | 38 | 58.5 |
| | 合计 | 5 | 60 | 6 | 71 | 53.0 |
| | 占传统工艺项目比重 | 7.0 | 84.5 | 8.5 | 100 | |
| 代表性传承人数量 | 国家级 | 1 | 7 | | 8 | 61.5 |
| | 省级 | 10 | 39 | 5 | 54 | 64.3 |
| | 市级 | 27 | 87 | 9 | 123 | 71.5 |
| | 合计 | 38 | 133 | 14 | 185 | 68.8 |
| | 占传统工艺代表性传承人比重 | 20.5 | 71.9 | 7.6 | 100 | |

### 表2 传统工艺项目分类统计

单位：个，%

| 类别 | | 国家级 | 省级 | 市级 | 合计 | 占传统工艺项目比例 |
|---|---|---|---|---|---|---|
| 食品饮品类 | 食品类 | | 5 | 10 | 15 | 21.1 |
| | 食品辅助类 | 1 | 1 | 3 | 5 | 7.0 |
| | 其他食品类 | | 1 | 2 | 3 | 4.2 |
| | 酒类 | 1 | 2 | 1 | 4 | 5.6 |
| | 茶叶类 | | | 3 | 3 | 4.2 |
| | 合计 | 2 | 9 | 19 | 30 | 42.3 |
| | 占比 | 6.7 | 30.0 | 63.3 | | |
| 织造类 | 合计 | 2 | | 3 | 5 | 7.0 |
| | 占比 | 40 | | 60 | | |
| 竹木制作类 | 合计 | 5 | 5 | 8 | 18 | 25.4 |
| | 占比 | 27.8 | 27.8 | 44.4 | | |
| 金属制作类 | 合计 | 1 | | 1 | 2 | 2.8 |
| | 占比 | 50 | | 50 | | |
| 陶瓷制作类 | 合计 | | 2 | 1 | 3 | 4.2 |
| | 占比 | | 66.7 | 33.3 | | |
| 医药类 | 合计 | 1 | 4 | 1 | 6 | 8.5 |
| | 占比 | 16.7 | 66.6 | 16.7 | | |
| 其他制作类 | 合计 | 1 | 1 | 5 | 7 | 9.9 |
| | 占比 | 14.3 | 14.3 | 71.4 | | |

## （二）体系建设情况

### 1. 建立非遗生产性保护重点项目目录

共梳理了 24 个传统工艺重点项目，包括国家级 8 项、省级 6 项、市级 10 项（见表 3）。其中，成都的"银漆绣竹丝"（银花丝、成都漆艺、蜀绣、竹编、蜀锦）5 个项目，被称为成都的"五朵金花"，在国内外具有较高知名度，是成都传统工艺项目的代表，是推动非遗创新发展的重要源泉。

**表 3　成都市传统工艺重点项目振兴目录**

| 序号 | 类别 | 项目名称 | 保护单位 | 项目级别 |
|---|---|---|---|---|
| 1 | 织造技艺类 | 蜀绣 | 成都市非遗保护中心 | 国 |
| 2 | | 蜀锦织造技艺 | 蜀锦织绣有限责任公司 | 国 |
| 3 | | 川剧服饰制作技艺 | 长洲剧装场 | 市 |
| 4 | | 裘衣制作工艺 | 成华区文化馆 | 市 |
| 5 | | 唐昌布鞋传统制作技艺 | 郫都区文化艺术中心 | 市 |
| 6 | 竹木制作类 | 成都漆艺 | 成都市漆器工艺厂 | 国 |
| 7 | | 道明日用竹编技艺 | 崇州市文化馆 | 国 |
| 8 | | 竹编（瓷胎竹编） | 邛崃市瓷胎竹编协会 | 国 |
| 9 | | 竹编（古城竹鸟笼制作技艺） | 郫县文化馆 | 省 |
| 10 | | 藤编（怀远藤编） | 崇州市文化馆 | 省 |
| 11 | | 棕编（新繁棕编） | 新都区文化馆 | 国 |
| 12 | | 古城棕编 | 郫县文化馆 | 市 |
| 13 | | 草编（柏合草编） | 龙泉驿区文化馆 | 省 |
| 14 | | 盆景制作技艺（川派盆景技艺、安龙川派盆景制作技艺） | 四川省盆景协会 安龙镇逸景花木种植农民专业合作社 | 国 |
| 15 | | 川派盆景盘扎技艺 | 温江区文化馆 | 市 |
| 16 | | 张氏古琴制作技艺 | 简阳市文化馆 | 市 |
| 17 | | 阴沉木雕刻技艺 | 成都金沙乌木艺术馆 | 市 |
| 18 | | 竹雕（聚源竹雕） | 都江堰市文化馆 | 省 |
| 19 | 金属制作类 | 成都银花丝制作技艺 | 成都金银制品有限责任公司 | 国 |
| 20 | | 传统金铜制作技艺 | 都江堰市文化馆 | 市 |
| 21 | 陶瓷制作类 | 邛陶烧造技艺 | 邛崃市文化馆 | 省 |
| 22 | | 桂花土陶传统制作工艺 | 彭州市文化馆 | 省 |
| 23 | | 张氏土陶手工制作技艺 | 简阳市文化馆 | 市 |
| 24 | 其他 | 蒲砚制作技艺 | 成都市蒲砚文化发展有限公司 | 市 |

2.非遗生产性保护示范基地体系基本建立

成都市非遗生产性保护示范基地共 9 个，其中国家级 1 个、省级 4 个、市级 4 个（见表 4）。

表 4　生产性保护示范基地（9 个）

| 序号 | 单位名称 | 基地名称 | 级别 | 传承项目 | 类型 | 公布时间 |
|---|---|---|---|---|---|---|
| 1 | 四川省成都蜀锦织绣有限责任公司 | 国家非遗生产性保护示范基地 | 国家级 | 蜀锦织造技艺 | 传统技艺 | 2011 |
| 2 | 成都市漆器工艺厂 | 四川省成都漆艺生产性保护示范基地 | 省级 | 成都漆艺 | 传统技艺 | 2013 |
| 3 | 成都市志辉藤编有限公司 | 四川省藤编生产性保护示范基地 | 省级 | 怀远藤编 | 传统技艺 | 2013 |
| 4 | 成都荣龙帽业有限公司 | 四川省新繁棕编生产性保护示范基地 | 省级 | 新繁棕编 | 传统技艺 | 2014 |
| 5 | 成都三邑园艺绿化工程有限责任公司 | 四川省川派盆景制作技艺生产性保护示范基地 | 省级 | 川派盆景制作技艺 | 传统技艺 | 2014 |
| 6 | 四川省郫县豆瓣股份有限公司 | 成都市非遗生产性保护示范基地 | 市级 | 郫县豆瓣传统制作技艺 | 传统技艺 | 2017 |
| 7 | 成都蜀都绣娘刺绣专业合作社 | 成都市非遗生产性保护示范基地 | 市级 | 蜀绣 | 传统美术 | 2017 |
| 8 | 崇州市继军竹制品厂 | 成都市非遗生产性保护示范基地 | 市级 | 道明竹编 | 传统技艺 | 2017 |
| 9 | 彭州市桂花龙窑古陶文化有限公司 | 成都市非遗生产性保护示范基地 | 市级 | 桂花土陶传统制作技艺 | 传统技艺 | 2017 |

3.建立非遗生产性保护企业目录

2014 年，市文广新局（原市文化局）公布了 98 家非遗生产性保护企业（简称非遗企业，下同）目录，涵盖了 33 个非遗代表性项目。

4.传统工艺产业集聚区体系基本建立

目前，成都市传统工艺产业集聚区有 11 个，体系基本建立。其中，一圈层有 4 个（文殊坊非遗主题街区、武侯祠锦里、天府锦绣工场、国际非遗博览园）；二圈层有 3 个（郫县川菜产业园、郫都安靖蜀绣基地、新都锦门丝绸商贸旅游小镇）；三圈层有 4 个（成青路川派盆景产业带、崇州市怀远藤编一条街、崇州市道明竹艺村、蒲江县明月国际陶艺村）；形成一定规模和效益的集聚区有 6 个（郫县川菜产业园、成青路川派盆景产业带、怀远藤编一条街、明月国际陶艺村、文殊坊非遗主题街区、武侯祠锦里），其他 5 个集聚区（国际非遗博览园、天府锦绣工场、郫都安靖蜀绣基地、新都锦门丝绸商贸旅游小镇、崇州市道明竹艺村）还需要政府政策支持，吸引更多的非遗企业入驻，形成规模效应。

5. 非遗生产性保护龙头企业培育初见成效

拥有"一针一线"品牌的成都盛世文锦投资有限责任公司、"蜀江锦院"品牌的成都蜀锦织绣有限责任公司、"锦门"品牌的四川朗瑞丝绸有限公司、"志辉藤编"品牌的成都市志辉藤编有限公司、"郫县豆瓣"品牌的四川省郫县豆瓣股份有限公司和四川省丹丹调味品有限公司、传承川派盆景的成都三邑园艺绿化工程有限责任公司等龙头企业，在国内外有较大影响力，在非遗生产性保护方面起着示范引领作用。

## （三）当前工作举措

### 1. 争取专项资金支持

一是部分非遗企业获得中央、省级、市级文化产业专项资金支持。二是部分非遗企业获得市商务委的服务业发展引导资金、市经信委的成都市中小（微型）企业发展专项资金、蜀绣产业发展专项资金、成都市地方名优产品发展专项资金的支持。

### 2. 出台相关政策文件

2017 年 12 月向市政府报送了《成都市政府关于加强非物质文化遗产保护传承工作的意见（送审稿）》，明确提出实施传统工艺振兴行动，推进传统工艺产业集聚区发展，促进非遗与城市、旅游的融合发展。

### 3. 建立社会资源协作平台

文化部于 2018 年 10 月 22 日批复同意建立"中央美术学院驻四川成都传统工艺工作站"，搭建社会资源聚集平台，吸纳社会各方力量参与，推动非遗企业与创意设计、市场营销、金融投资等社会专业机构的创新融合发展，推动成都传统工艺振兴，助力成都世界文化名城和西部文创中心城市建设。

### 4. 提升与开阔传承人群的理念和视野

一是开展职业教育，培养有文化底蕴的传承人群。成都市特殊教育学校、四川文化艺术学院、四川华新现代职业学院、成都职业技术学院等职业院校开设了蜀绣、漆艺等专业，培养了 100 余名传统工艺传承者。

二是开展继续教育，提升传承人群的理论知识水平、开阔传承人的视野、提高传承人适应市场的能力。邀请非遗专家、代表性传承人、企业家、设计师等专业人士举办培训讲座，落实文化部传承人研修研习培训计划等。

### 5. 扩大非遗传承社会基础

目前，成都市中小学已广泛开展非遗传承教育，将非遗纳入学生选修课程，培育非遗的关注者、欣赏者和潜在从业者，扩大非遗传承的社会基础。2014 年、2016 年，市委宣传部、市文明办、市教育局、市文广新局四单位联合开展了两批"非遗传承基地学校"的申报评审工作，共公布了 20 所非遗传承基地学校，同时编辑了 8 本非遗教材，为非遗传承教育提供了示范引领。

### 6. 支持传统工艺产品创新

崇州市与中央美术学院合作设立实践基地，重点推进道明竹编产品的设计创意，取得了显著成效。成都蜀锦织绣有限责任公司与加拿大设计团队合作，开发了 SHU ART 新线系列产品，目前正在研发"锦绣大作"系列产品。

### 7. 推进传统工艺项目与旅游的融合发展

一是促进传统工艺产品销售与展示馆融合。成都蜀锦织绣有限责任公司将蜀锦织绣博物馆与蜀锦蜀绣产品展示、销售结合，既是旅游景点，又是传统工艺产品卖场。二是支持非遗特色小镇建设。2017 年 9 月市文广新局公布了第一批 10 个非遗特色小镇名单，支持小镇建设传统工艺产品销售街区，举办传统表演艺术展演活动，扩大当地民俗活动举办规模，打造个性魅力小镇，彰显地域特色，形成新的旅游品牌。三是促进非遗与美丽乡村建设融合发展。崇州市"道明竹艺村"依托国家级非遗代表性项目——道明竹编，以川西民居为肌理，建设集景区化村落、非遗村落、"双创"文化村落、康养休旅功能于一体的现代美丽乡村，现已基本建成了约 90 亩的竹艺生态空间，涵盖了 153 位竹编艺人。目前正在推进污水处理湿地、竹艺村基础设施、文创中心工作室、艺术家及匠人工作室、竹艺广场、竹艺村风貌及绿化工程等项目建设工作。推进竹艺村与白塔湖景点、长马沟生态农业观光区、国家级健身步道等周边旅游资源融合发展，拟建设竹艺村二期、三期项目。乡村旅游的服务节点项目"竹里"，现已完成占地约 13 亩的综合接待大厅一期项目建设，并于 2017 年 3 月投入运营；已成立旅游合作社，业态引入正在逐步推进中。

# 三　成都市非遗生产性保护存在的困难和问题

## （一）非遗传承人思想观念保守，缺乏行业领军人物

缺乏分工合作精神。传承人群整体文化水平偏低，往往单打独斗，严重制约非遗生产性保护的发展，必须提升传承人理念，改变企业运营模式，实现非遗技艺传承、产品生产与企业管理、市场营销、创意设计等的分工合作。传承人由董事长、总经理回归到生产负责人，潜心技艺研究和传承、产品生产；企业管理、市场营销、产品创意设计由专业人士或机构来做。

缺乏行业领军人物。非遗生产性保护缺乏既掌握技艺又有创新理念，既懂管理又有市场意识的行业领军人物。

传承人培养困难。长期以来，主要依靠师承制度相传；技艺难度大、要求高，需要一定的美术功底，培养时间长，在社会快速发展的今天，鲜有年轻人静心、潜心学习。

## （二）非遗企业普遍较"小"，缺乏龙头企业引领

成都市非遗企业普遍较"小"，主要表现在四个方面：一是规模小，绝大多数为小微企业或个体工商户；二是底子薄，资金少，财务不规范，资信水平不高，贷款融资难度大；三是生产方式传统，以家庭作坊式手工业生产

为主；四是经营模式传统，传承人既要传承技艺、搞生产，又要搞产品设计，还要进行市场营销，仅靠传承人一己之力，很难把企业做强做大；五是管理粗放，机构不健全。

### （三）非遗企业普遍较"散"，缺乏集聚力

成都市非遗企业普遍较"散"，主要表现在四个方面。一是布局散，非遗企业散布在城市、乡村、家庭，以手工作业、家庭作坊式生产为主，缺少聚集效应。二是已有的传统工艺产业集聚区影响力、辐射力、集聚力不够，如非遗博览园目前还没有非遗企业正式入驻；安靖蜀绣产业园缺乏集聚力；文殊坊非遗主题街区市场活力不够；锦门丝绸商贸小镇入驻企业较少，还未能形成丝绸商贸集聚市场。三是产业链不完整，比如蜀绣，虽声名在外，但其原材料本土供应链尚未形成，需从江苏、浙江、广东等地采购；展览展示、人才培养、技艺交流、物流营销、信息沟通等服务体系亦不完善。四是缺少集中展示窗口，非遗博览园虽有国内外非遗保护成果常态展览，年参观者数量较少；中心城区仅有一家非国有的蜀锦织绣博物馆；成都市目前还没有以非遗生产性保护为中心的非遗展示馆，民众缺少了解、关注非遗生产性保护的窗口。

### （四）品牌知名度不够，缺乏市场营销策略

成都市非遗企业市场营销力度不够，主要表现在六个方面：一是传统工艺产品"技"大于"艺"，跟不上时代发展和审美情趣的变化；二是缺乏知名品牌，在品牌推广上各行其是，自创品牌数量不少，非遗企业未能在地理标志产品这样的核心品牌的推广上形成合力；三是行业认知度不高，像蜀绣这样的知名品牌，实际上外界认知较少，蜀绣的突出特色基本不被公众了解；四是缺乏营销团队，有专门营销团队的非遗企业极少；五是传统工艺产品专业市场还未形成，市场热度不够，活力不强，如文殊坊非遗主题街区的人流量不高，锦门丝绸商贸小镇还未能形成丝绸产品的集聚效应；六是传统工艺产品对外贸易量小，文化交流多，贸易少，国际语言表达和满足国际标准量产产能的产品更少。

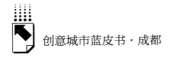

### （五）产品与市场结合度不足，缺乏创意设计能力

成都市非遗企业创意设计能力不足的问题，主要表现在四个方面。一是产品品类单一，主要生产传统产品，创新产品少，没有紧跟时代节奏，适应时代需求，无法满足市场多层次消费需求。二是非遗载体仍停留于传统形式，缺少新的载体，辅助运用现代材料、工艺、技术不够。三是市场调研较少，了解市场需求的意愿不强，意识不足。四是创新研发团队极度缺乏，没有专门的创新研发部门，创意设计人才匮乏。

### （六）非遗企业融资能力较差，缺乏投融资平台

成都市非遗企业融资能力较差，主要表现在四个方面。一是非遗企业资信水平不高，规模小，资金少，底子薄，财务管理不规范，贷款融资难度大。二是传统工艺产业未能形成品牌聚集效应，社会关注度不高，了解不多，造成贷款融资难度大。三是传统工艺行业市场前景尚未被广泛认可，银行贷款和风险投资难以进入。四是融资观念传统，绝大多数非遗企业希望政府给予现金补贴，而像贴息贷款这样的支持方式，非遗企业极少申请。

### （七）非遗企业扶持力度小，缺乏政策支持

成都市的"十三五"规划中提出，要建设成都国际传统工艺产品集散贸易中心，但没有相关具体政策落地。传统工艺产品创新、品牌推广、展览展销、产业集聚区发展、非遗特色小镇建设等的支持措施在相关部门的政策中不明确、不具体。

## 四　成都市非遗生产性保护的对策和建议

### （一）出台支持非遗生产性保护政策

依据《关于加强非物质文化遗产生产性保护的指导意见》《中国传统工艺振兴计划》，推动出台"成都市人民政府关于振兴传统工艺的实施意见"。

### （二）设立传统工艺振兴专项资金

设立成都传统工艺振兴专项资金，金额应在 1000 万元左右，支持非遗企业在产品创新、市场营销等方面的开拓进取。专项资金主要用于支持：产品创新、知识产权保护、市场推广、传统工艺产业集聚区发展、非遗特色小镇建设、传统工艺村落打造、天然原材料基地保护等。

### （三）建立非遗生产性保护分类体系

对适合生产性保护但处于濒危状态、传承困难的代表性项目，要优先抢救与扶持，记录、保存相关资料，尽快扶持恢复生产，传承技艺，督促开展相关工作。

对有市场潜力的代表性项目，支持采取"项目＋传承人＋基地""传承人＋协会""公司＋农户"等模式，结合发展文化旅游、民俗节庆活动等开展生产性保护，促进其良性发展。

对开展生产性保护效益较好的代表性项目，要引导传承人坚持用天然原材料生产，保持传统工艺流程的整体性和核心技艺的真实性，促进该项遗产的有序传承。

对开展生产性保护取得显著成绩的代表性项目，要及时总结，推广经验。

对忽视技艺保护和传承或者过度开发、破坏传统工艺流程和核心技艺的，要及时纠正偏差，落实整改措施，加强管理和规范。

### （四）搭建传统工艺企业与创意设计、市场营销、金融投资等社会专业机构的协作平台

发挥中央美术学院驻四川成都传统工艺工作站平台作用。聚集社会资源，搭建传统工艺企业与创意设计、市场营销、金融投资等社会专业机构的协作平台，促进传统工艺企业与市场的融合。

建设非遗创新融合网络平台。平台主要包括两个方面的内容：一是传统工艺企业需求；二是社会能够提供的资源，包括创意设计、市场营销、金融

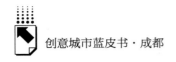

投资等社会专业机构能够提供的服务。

组织非遗创新融合的专场对接会。组织传统工艺企业与创意设计、市场营销、金融投资等社会专业机构现场合作交流对接会。

鼓励和支持传承人、传统工艺企业、科研机构在保持传统工艺流程和核心技艺的基础上对技艺的创新和发展；创作设计适应当代社会需求的产品，推动传统产品功能转型和审美价值提升。

### （五）搭建传统工艺产品展示交易平台

充分利用成都会展平台。成都国际非遗节、成都创意设计周等节会、展会平台，设立传统工艺产品展示展销专区。

构建传统工艺产品的国内外展示交流渠道。依托成都对外交流中心和市非遗中心，积极组织非遗企业和非遗代表性传承人参加国内外的展示、展销活动。

打造国际传统工艺产品贸易集散中心。以国际非遗博览园为基地，以成都国际非遗节为平台，努力打造国际传统工艺产品贸易集散中心。

壮大传统工艺产业集聚区。以成都市现有的 11 个传统工艺产业集聚区为基础，通过政策扶持，增强集聚区的影响力、辐射力、集聚力。

在大型商场和旅游景区（街区）设立传统工艺产品展销专区。

支持"非遗＋互联网"企业发展，融合线上互联网平台与线下非遗资源，促进非遗传播和传统工艺产品销售，推动非遗生产性保护。

### （六）实施品牌战略、保护知识产权

提高非遗传承人和非遗企业的知识产权保护意识。支持传统工艺产品的知识产权登记工作。搭建传统工艺产品知识产权交易平台。以成都版权交易中心为依托，搭建传统工艺产品知识产权交易平台；在成都国际非遗节、成都创意设计周活动中，开展知识产权授权活动。支持传统工艺产品本土品牌的市场推广活动。支持一批文化特色浓、品牌信誉高、有市场竞争力的传统工艺老字号做精做强。

### （七）保护传统工艺项目生产的原材料基地

要统筹规划，加强传统工艺项目的天然原材料的保护，争取市林业园林局的支持，建立"非物质文化遗产项目原材料保护基地"，并对基地提供政策和资金支持。

### （八）增强非遗传承人传承实践能力

提升传承人文化素养。以文化部开展的"非遗传承人群研修研习培训计划"为依托，开展传承人群的培训工作，提升传承人群的文化艺术修养、审美意识和创新创业能力。

培育传承人合作理念。着力改变非遗代表性传承人思想观念保守、单打独斗、缺乏分工合作精神的局面，促进行业健康良性发展。

塑造行业领军人物。塑造行业内既掌握技艺又有创新理念，既懂管理又有市场意识的行业领军人物。

### （九）培育传统工艺产品欣赏、消费群体

开展非遗普及教育。大力开展"非遗进校园"活动，培育非遗传承基地学校，支持编写非遗教材，出版非遗童书，将非遗纳入优秀传统文化教学课程，培育非遗关注者、欣赏者和潜在从业者。

开展非遗传播活动。一是各区（市）县文化主管部门要紧紧围绕"我们的节日"主题，深入开展"畅游成都·体验非遗"系列活动，并将该活动纳入公共文化服务项目予以保障。二是各区（市）县要着力提升当地民俗活动的举办规模和水平，打造民俗活动品牌。三是要把"成都非遗大讲堂"活动办成品牌活动。四是非遗项目保护单位和传承单位要定期开展非遗传习活动。五是支持非遗企业设立非遗展示设施、举办非遗展示推广活动。六是支持文化机构和单位制作播出宣传非遗的广播电视节目。

塑造城市非遗氛围。挖掘提炼非遗经典性元素和标志性符号，融入城市

文态建设，合理应用于城市雕塑、广场园林等公共空间文化，提升城市品质，营造传统文化感受氛围。

### （十）促进"＋传统工艺项目"的融合发展

促进传统工艺项目与旅游的融合发展。一是精心打造非遗特色小镇，使之成为民族艺术民间工艺传承发展的载体空间和特色旅游目的地。二是推进传统工艺产业集聚区发展，使之成为旅游、休闲、购物目的地。三是在历史文化古镇（街区）等旅游景区设立传统工艺产品展销专区，开展传统表演艺术专场演出活动，彰显地域文化特色。

促进传统工艺项目与美丽乡村建设的融合发展。一是依托传统工艺项目，以川西民居为肌理，建立非遗传习所、展示馆和体验馆，打造传统手工艺村落，推进村落景区化建设，丰富美丽乡村内涵。二是充分发挥传统工艺项目天然原材料基地环境美好要素，推进原材料基地与乡村休闲、农家乐的结合。

**B.16**

# 2016~2017年成都网络文学
# 原创与产业化发展报告

成都市互联网信息办公室*

摘　要：　成都网络文学虽具有写手众多、大神云集、题材丰富等既往优势，但面临建设世界文化名城的新形势，需要多措并举，再展雄风。第一，顺应当前的人才新政，创设"网络作家村"或工作室，尝试将网络文学创作纳入大学生"双创"资助范围，为网络文学创作人才营造良好环境；第二，推动网络文学延伸至图书、影视、游戏、动漫、演艺等文化领域，贯通阅读平台、线下出版、衍生品开发等环节，增进川籍网络作家的家园认同和创作回流，并吸引外地网络作家入驻蓉城；第三，建立网络文学作家、作品数据库，打造网络文学联盟，突出价值引领和创作导向，营造风清气朗的网络文学发展生态。

关键词：　网络文学　产业化发展　文学创作　人才队伍

## 一　成都网络文学发展态势

2016~2017年，随着四川省网络作家协会、成都网络文学联盟等社会

---

* 执笔人：高齐强，成都市互联网信息办公室网络评论处处长；陈海燕，博士，西南石油大学学报编辑部主任、编审，研究领域为网络文学及动漫产业。

组织的建立，成都市"人才新政"和支持文化产业发展等系列政策陆续出台，成都地区网络文学产业迎来了大好的发展机遇，成绩斐然。《琅琊榜》"江左梅郎"名动天下，《三生三世十里桃花》电影、电视剧、网剧、手游火热登场，《择天记》中的火锅"红浪鼎沸"，天蚕土豆再登网络作家财富排行榜首。当前，成都既有像天蚕土豆、唐七这些居于外地的知名网络作家，也有猫腻等曾在成都求学的大神，还有爱潜水的乌贼、海晏、林海听涛、月斜影清等大批现居本土的大咖。在 IP 方面，《大主宰》雄霸年度热搜榜首，《择天记》《一世之尊》《冠军之心》等入选年度中国网络小说排行榜，《琅琊榜》《三生三世十里桃花》《冒牌大英雄》《藏地密码》等 IP 成为热门。成都秉承璀璨瑰丽的古蜀文明、包容闲适的天府文化，已然成为中国网络文学发展的第三极，为无数网络文学产业从业者提供了施展才华的机会和舞台。

1. "人才新政新十条"等政策出台

成都始终致力于提供最有力度的政策保障来支持网络文艺的良性发展。2017 年 2 月，市委、市政府印发了《关于深入实施"创业天府"行动计划加快打造西部人才核心聚集区的若干政策》，简称"成都人才新政新十条"，这是历年来分量最重、含金量最高的人才政策，对高层次人才包括互联网行业在内优秀人才的扶持力度走在全国前列。

2017 年 4 月，中共成都市委出台《关于繁荣发展社会主义文艺的实施意见》，就包括网络文艺在内的文艺工作做出部署。支持网络文学、网络音乐、网络影视、网络演出、网络动漫等原创网络文艺健康有序发展。

2. "成都网络文学联盟"成立

2016 年 8 月，由成都市互联网文化协会、看书网、8 号平台联合举办了"成都市网络文学联盟启动仪式暨联盟 IP 对接转化会"，成都网络文学联盟宣告成立。其旨在团结网络文学作家，为作家和影视公司搭建线上线下最便捷的平台，让作家与影视公司面对面交流，做出更好的 IP（作品）。

3. 网络作家进入中国作协

2016 年，网络作家天蚕土豆（李虎）、月斜影清（吴玉敏）、七十二编（陈涛）继庹政之后，成为中国作家协会最新会员。

4. "金熊猫"网络文学奖助推本土创作

2016年，成都市互联网文化协会举办了首届"金熊猫"网络文学奖评选活动，旨在挖掘川籍潜力网络作家及作品。该活动历时6个月，征集有效作品65部。最终，月斜影清的《古蜀国密码》、宁航一的《超禁忌游戏》、花晓同的《囧婚》分别获得金、银、铜奖；刘采采的《蜀山云无月》获得最具影视改编价值奖、陨落星辰的《封魔战皇》获得最具游戏动漫改编价值奖、木浮生的《犹待昭阳》获得最具潜力拓展价值奖。2017年，第二届"金熊猫"奖在第一届的基础上设置了金银铜三个长篇、中短篇奖项，另增设最具创意价值、最具改编价值、最具天府文化魅力等三个单项奖，旨在打造具有全国影响力的网络文学评选活动。

# 二 成都网络文学原创情况

在2016年底召开的四川省作家协会第八次代表大会上，省作协党组书记侯志明在工作报告中，用了较长篇幅介绍"四川网络文学的异军突起，综合实力跃升至全国第三"的重大发展成果。成都浓郁休闲的城市氛围和瑰丽神秘的蜀地文化滋养了网络文学，二者共同助推成都发展成为网络文学的明星城市。成都的网络文学具有三大优势：人数众多、大神云集、题材丰富。

1. 写手众多，大神云集

成都闲适的生活环境为作家提供了充足的创作时间和空间，尤其适合兼职作家，如《琅琊榜》的作者海晏就在房地产公司工作。据不完全统计，目前四川网络文学写手约5万人，活跃在全国主要文学网站的四川作者有2500余人，其中很多优秀作者居住在成都。

成都网络文学行业不仅作者多，而且大神多，除了天蚕土豆、猫腻[①]这

---

① 鉴于猫腻曾在四川大学就读，他的多部作品都体现了蜀地文化的元素，故将其列为成都作家。

样数度蝉联作家富豪排行榜的大神之外，还涌现了一批重量级的作家，如何马、爱潜水的乌贼、郭敬明、海晏、月斜影清、唐七公子、林海听涛、裴椤双树等都是跻身作家财富排行榜的知名作家，具有相当的影响力。在2017年2月重庆网络作家协会协办的第二届"网文之王"评选中，天蚕土豆夺得"网文之王"宝座，猫腻、爱潜水的乌贼获"十二主神"，陨落星辰、卷土、七十二编等获得"百强大神"称号。

2. 题材丰富多样，别具特色

成都一直是网络文学的热土，大批网络作家不断涌现，其中题材的丰富多样和特色化最为显著。

探险小说中如何马的《藏地密码》以探险的方式讲述了"西藏隐秘的历史""消失的香格里拉"，号称"百科全书式的大型小说"，他将自己的冒险精神、生活态度以及对藏地文化的热爱，融于一书。月斜影清的《古蜀国密码》《烈艳江山》以金沙遗址中的珍贵文物为背景展开了与古蜀文明有关的言情故事。缪热的《遗族》描述了一个长着尾巴的族群，因为坚守精神性、远离物质性而拒绝进化，集惊悚、悬疑、推理于一体，特色十分鲜明。林海听涛坚持足球类题材创作14年，他的《冠军之心》《我踢球你在意吗》《我们是冠军》《冠军教父》系列足球小说，让他稳占"竞技类题材小说"第一人的宝座。庹政的新作《百合心》号称"致敬钱锺书，当代版《围城》"，表达了他对大师的敬重。卷土以自身强大的编故事的能力以及对粉丝的影响力，成为执笔韩国游戏《地下城与勇士》职业文学小说的最终人选。拥有北大博士学位的武侠小说作家步非烟，以其大气磅礴、汪洋恣肆、神奇诡谲的作品赢得了继古龙之后"新武侠宗师"的称号和批评界的高度赞誉。夜不语的悬疑恐怖小说《夜不语诡秘档案》系列，掀起海外华人圈的阅读狂潮。雁门关外的《天姿国色》号称热血的"不朽青春完美追忆"，正在连载的《我的白富美老师》则是以"美女老师"的淘宝内衣秀开场。天子的《寒门状元》写了穿越回大明落魄寒门的沈溪，在"万般皆下品唯有读书高"的年代努力改变命运的逆袭人生。唐箫的《修真强少在魔都》《修仙强少在校园》沿袭青春路线，梁七少的《逍遥狂兵》号称"帅的没我能打,能打的没我帅"。裟椤双树作为《漫客·小说绘》的当家花旦,文字华丽老练,动漫风十足,唯美浪漫的风格大受读者的欢迎。总体来看,2016 年以来,成都网络文学题材主要有玄幻、穿越、总裁、种田、修仙、都市、言情、异能等,基本涵盖了当前网络文学的所有类别,各类作品都屡现新作,各擅胜场,可谓百花齐放、争奇斗艳。

### 3. 古蜀文化元素创作与天府风貌书写

作为首批全国历史文化名城,成都拥有十分丰厚的文化资源。三星堆、金沙遗址、古蜀国、三国史、大熊猫等天府文化源远流长;同时,作为"创业之都、圆梦之都"的明星城市,成都创业典型、励志榜样、财富英雄等创新题材十分丰富。传统与现代两种文化在此地相融贯通,推动网络文化作品不断提升,屡创佳绩。

古蜀文明的出土文物精美宏大,让人叹为观止,更因史料的阙如使其蒙上了神秘瑰丽的色彩,成为网络文学创作的绝佳题材。月斜影清的《古蜀国密码》以古蜀国为背景,三星堆古城、大熊猫、蜀锦、蜀绣等四川文化元素被完美融合于言情小说之中。《拐个皇帝回现代》(原题《穿越沦为暴君的小妾》)将历史与现实巧妙穿插,四川话在文中的运用带来浓郁的四川味道,也增添了轻喜剧式的戏剧元素。一言的《锦绣河图》以蜀绣为素材展开故事。海晏在《琅琊榜》的章节之前,往往会和读者分享看桃花、逛街品美食等典型成都生活方式;梁七少甚至把成都的春熙路、龙舟路等写进小说。值得一提的是,曾就读于四川大学的猫腻,不仅创作过《映秀十年事》,以汶川地震之后的映秀为背景,同时还以"生者庆余年"命名《庆余年》,在他的新书《大道朝天》中屡现成都文化元素,如青山宗以青城山为原型,融入浓郁的道家文化,还有对火锅、竹椅、蜀地山水的描述等。

### 4. 丰富多彩的团体采风及交流活动

为推动宅在家的网络文学作家走出去,成都网络文学联盟积极组织开展了网络作家写作沙龙、网络文学作家校园行、路演等系列活动。2017 年,成都市互联网文化协会组织成都市网络文学联盟作家、成都文创企业代表分别赴彭州、都江堰、青城山、大熊猫繁育研究基地、东郊记忆文化创意园区

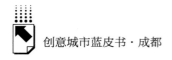

等地开展采风调研。网络作家走出来，参加交流活动，有助于了解蜀地的历史文化、名胜古迹和社会发展。

在"网络作家进校园"的活动中，组织作家到西南科技大学、四川传媒学院等地与大学生进行面对面的交流。网络作家进校园不仅可以加强作者与大学生群体的交流，以培育、提升网络作家的社会责任感和使命感，同时有助于在学生群体中培育新的网络文学写手、研究团队。

## 三 成都网络文学产业现状

1. 成都网络文学作品 IP 改编

当前，以"金熊猫"网络文学奖为代表，成都致力于将网络文学资源优势转化为文化产业优势，拉动整个网络文化产业链整合，助力成都加快建设西部文创中心、世界文化名城，推动天府文化走出四川、走向世界。本年度成都地区最值得关注的 IP 现象有《琅琊榜》《三生三世十里桃花》《拐个皇帝回现代》《择天记》《藏地密码》等，随着这些网络文学的走红，各大公司花式营销不断翻新，各类衍生品顺势走红，不断刷新纪录。

《琅琊榜》海宴凭借电视剧以 800 万元的编剧稿酬收入登第 10 届编剧作家榜收入第 7 名，同时获第 3 届亚洲彩虹奖、第 22 届上海电视节—白玉兰奖最佳编剧奖"提名奖"（提名），她亲任编剧的续集《琅琊榜之风起长林》于 2017 年 12 月播出。《三生三世十里桃花》本年度的电影、网剧、电视剧、游戏等同时上市，使得唐七的影响力达到新高度。月斜影清曾是新浪第一位 VIP 稿费年收入过百万的女作家，乐视网的热播网剧《拐个皇帝回现代》改编自她的《穿越沦为暴君的小妾》，开播两个月蝉联乐视网点击率第一，单月点击率更是高达两亿次，漫画点击高达五亿多次。猫腻《择天记》的影视剧和游戏也引起新一轮的热潮。有"最难啃的硬骨头"之称的《藏地密码》网剧由优酷首播，改编制作机构为阿里数字娱乐。

2. 微信导流阅读模式带来的作品细分

当前移动新媒体正改变着网络文学的传播模式，微信导流以其阅读流程简单、支付便捷的优势成为行业趋势。利用微信公众号吸引用户免费试读，读者如果对内容感兴趣，无须打开电脑注册验证就可以直接阅读收费章节。更重要的是，以前的内容提供者需要建设运维 App 的重大难题，在微信时代迎刃而解。只需要一个公众号或小程序就可以开启新的传播渠道，甚至无须团队，仅凭个人力量即可完成，技术的门槛、资金的投入被降到最低。同时，微信导流带来阅读模式的改变，使读者市场更加细分，阅读人群更加个性化，有效吸引更多读者成为网络作家更为重要的任务。

3. IP 热的冷思考：精品化、复合开发成为趋势

当前大部分成都网络作家还处于自然生长的状态。如月斜影清的作品《凤城飞帅》《婚姻支付宝》等作品风靡网络。但她大多数时间都是宅在家码字，每天至少 6000 字、全年无休。版权转让都是"守株待兔"的方式，坐等影视公司或网站主动买走版权，以一个单循环的方式出售。而成都市网络文学联盟的成立以及网络书城"柒月书城"的上线对于本地网络作家来说是件大好事，帮助网络作家与影视公司搭建面对面交流的平台，将更多优质作品推向市场，同时为网络作家提供更好的版权保护。

在整个泛娱乐文化产业链上，影视和游戏行业是变现成本最高同时也是收益最高的环节，但在经历了高速发展和近三年来行业的洗牌式重组之后，各大影视公司和游戏厂商对 IP 的态度更为谨慎，很多 IP 转让仅仅是协议，变现环节还有待于进一步的市场观察和测试。在 IP 变现的各个环节，更倾向于重视网络文学与漫画改编所处的孵化期和运营期，因为漫画改编成本低、介入早，更能够把控整体架构，明确对改编产品的预期，有效减少读者对于改编"颠覆原著""胡编滥造""改即是毁"的批评。同时，互联网企业在经历了粗放开发的阶段之后，做新产品时更趋向于复合型产品和长线产品，更看重同一 IP 的复合开发、深度挖掘，在多个领域发力，以期产品能够更全方位的吸纳粉丝、覆盖用户，获得更好的经济效益。

当前在 IP 变现方面，成都的数家公司各辟蹊径。众筹文学网尝试通过结合 AR 来打造系列 IP，力求精耕细作；看书网尝试通过深度挖掘 IP，小步

试错，快速推进渠道，以此推动 IP 的全体链条复合开发；涵泊万里则更看重以小说与漫画相互结合的方式实现 IP 的专业变现。

4. 传播正能量是成都作家的共同追求

当前，中国文学作品的消费主体呈现低龄化趋势，青春文学大行其道，网络文学拥有大量的学生读者。由于网络文学的读者以青少年群体为主，这对价值观的书写和传播提出了更高更多的要求。

成都作家对于网络文学与 IP 的正能量传递具有特别的自觉意识，成都网络文学联盟成立之初即发起"共倡清朗网络空间"的倡议，很多作者表示，将"弘扬文化精粹，提升作品价值，以正能量的文化力量，还小说一片清朗网络空间"作为自己的写作使命。如林海听涛以足球竞技类小说而著称，他的作品励志向上、通过故事本身的情节魅力来打动人。海晏的《琅琊榜》始终保持着一种对历史的敬畏，这种态度保证了其作品的艺术和思想价值，此后改编的电视剧后也被观众评为年度"良心剧"。何马的《藏地密码》，则是一部包含"敬畏之心"的作品，作者在写作阅读了 600 多本相关书籍，以探险爱好者的身份长期在西藏各地行走，对藏地文化有直接的切身感受。这才有了极高的点击数和实体书的热销、电视剧的热播。四川最大的网络书城"柒月书城"CEO 陨落星辰在《纯情校医》中，描写了一个全面的好人，其实就是想借以表达"善有善报"，在写作中不潜移默化地实现正面能量的传递和善念的感染。

## 四 成都网络文学批评及人才队伍

比起北京、上海、浙江、湖南、山东等网络文学研究起步较早的地区，成都网络文学研究者队伍建设远跟不上本地网络文学发展的速度。获批的重要科研项目有：成都信息工程大学赖敏的"文化产业境域下的网络文学研究"（2012 年）和西南科技大学周冰的"全球化语境中的网络文学海外传播与中国经验研究"（2017 年）两项国家社科基金，西南石油大学陈海燕的"网络文学与动漫产业互动发展研究"（2012 年教育部人文社科基金），以及部分四川省社科基金项目；论文产出方面，成都地区的高校 2016～2017年发表的主要网络文学研究论文有 54 篇（见表 1）；专著出版方面，主要有赖敏、陈海燕、高黎出版的 3 本著作（见表 2）；科研经费方面，成都地区研究者 2016 年、2017 年两个年度获得的科研经费约 27.6 万元（见表 3）。这三项主要指标远低于京沪浙湘地区，可见成都地区网络文学研究人才稀缺，学理研究与本地区蓬勃发展的网络文学不相匹配，这将成为制约成都地区网络文学良性发展的一大瓶颈。

表 1　成都地区所发表主要网络文学研究论文（2016～2017 年）

单位：篇

| 机构名称 | 四川大学 | 西南民族大学 | 电子科技大学 | 西南交通大学 | 成都理工大学 | 西华大学 | 四川师范大学 | 成都信息工程大学 | 成都大学 | 西南财经大学 | 四川省社科院 |
|---|---|---|---|---|---|---|---|---|---|---|---|
| 数量 | 15 | 5 | 4 | 4 | 3 | 1 | 16 | 3 | 1 | 1 | 1 |

表 2　成都地区主要网络文学研究专著（2016～2017 年）

| 序号 | 姓名 | 专著 | 出版社 | 出版时间 | 基金 |
|---|---|---|---|---|---|
| 1 | 赖敏 | 文化产业境域的网络文学研究 | 科学出版社 | 2017 年 3 月 | 国家社科基金 |
| 2 | 陈海燕 | 网络文学与动漫产业互动发展研究 | 四川大学出版社 | 2017 年 7 月 | 教育部人文社科基金 |
| 3 | 高黎 | 基于语料库的网络玄幻小说特征研究 | 上海交通大学出版社 | 2017 年 8 月 | 四川省网络文学研究中心基地项目 |

表 3　成都地区主要网络文学研究类课题立项情况（2016～2017 年）

单位：项，万元

| 发布机构 | 2016 年 | | 2017 年 | |
|---|---|---|---|---|
| | 数量 | 经费 | 项目 | 经费 |
| 四川网络文化研究中心（成都信息工程大学） | 5（其中 2 项为自筹经费） | 1.2 | 4 | 2 |
| 四川网络文学研究中心（西南科技大学） | 12 | 8 | 12 | 12.4 |
| 四川省社科规划基地 | 2 | 4 | — | — |

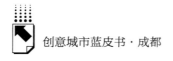

## 五 问题分析与对策建议

1. 加强针对文创产业的扶持

成都既有现代社会的快节奏，又有休闲城市的慢生活。天府文化的神秘瑰丽与现代文明的自信创新互相激荡，使之成为一个非常适合创作的城市。当前成都网络文学的人才优势与产业优势已经初步具备，产业前景光明，亟待政策给予扶持，打造西部地区文创中心。

（1）政策扶持：出台针对文创产业的专项扶持。作为一个写手众多，而大神数量不输京沪地区的网络文学重镇，虽然当前也出台了部分优惠政策，如文创类创业团队可以获得减免场地租金及物业费等系列优惠。但成都更多的是对科技企业的扶持，而在北京等地对动漫企业和文化企业都有很多包含税收在内的优惠政策。当前成都写手众多、作品很多，但进行 IP 运营的大公司较少，川籍网络作家的影视改编作品大多不是川地影视企业。成都应借鉴京沪湘等地的做法，进一步研究扶持文化产业企业的优惠措施，打造网络文学与影视、游戏企业联动，区位优势明显的文化产业基地。

（2）媒介发力：定期持续推出具有影响力的网络文学事件。学习借鉴京沪浙等地文化的推介策略，定期举办各种排行榜和各种赛事，提升成都网络文学的影响力。由华西都市报 – 封面新闻等发布的"网络作家榜"等对于提升传递网络文学的关注度具有十分重要的意义，同时，定期举办"金熊猫奖"这类活动，有益于成都作家明确写作方向，打造出一批传承巴蜀文明、弘扬天府文化的网络文学力作。

2. 营建良好的创作与评论环境，吸引作家留川

虽然成都包容开放、休闲舒适的城市文化吸引了很多作家的驻留，但当前成都地区网络文学价值洼地尚未形成，人才及 IP 外流现象不容忽视。川籍网络文学作家有一部分长期不在成都生活、写作。最为典型者如猫腻、天蚕土豆、郭敬明、何马、唐七等知名作家。数度蝉联网络作家富豪榜的天蚕

土豆虽然是四川人，但他已定居浙江，并于2014年出任浙江网络作家协会副主席。此外，郭敬明移居上海，唐七暂居海外。这些对于成都网络文学来说，可谓一大损失。

当前全国各地都非常重视文化产业人才的引进，屡出奇招，如2017年12月的浙江举措，将多位大神级作家聚集杭州，在西湖边打造"网络文学作家村"，引起业界的广泛关注。成都地区的网络作家可以分为三类：在成都居留的本地人，在外地居留的成都人，在成都居住或曾在成都生活过的外地人。成都应当充分发挥四川网络作家协会、成都市互联网文化协会的作用，建立、完善川籍、成都籍网络文学作家数据库，进行分类管理、针对性地开展写作培育和产业助推。针对这三类作家，实现分类管理，制定系列有吸引力的政策，以留住居住在成都的作家并吸引川籍作家回流，同时鼓励外地作家入驻，共同关注天府文化，创作相关题材。

同时，虽然当前部分网站推出了新人奖励计划，但新人写手往往还是难以维持基本生活，成都可以将从事网络文学写作视同为大学生创业的一个方向，同等给予创业的优惠、扶持，达到一定的字数和规模就给予生活补贴及税收减免等优惠措施，吸引全国网络文学写手到成都来安居、创作，大力培育新人，打造网络文学"川军"，书写天府文化，推动蜀地IP产业的发展。

3. 打造网络文艺评论基地，培育本土理论研究队伍

2016年9月，中国作协牵头推出了"中国网络小说排行榜半年榜"，成为"学院派研究力量进入网络文学现场，引导网络文学创作行为"的标志性举措。2017年12月，河北首个文艺评论基地在河北石家庄河北师范大学挂牌。当前虽然网络文学和IP成为热潮，但相关研究却远远滞后，研究人才队伍匮乏，这对成都来说是一个重大机遇。现在除了北京、上海（含杭州等地）之外，湖南的网络文学评论研究初具一定规模，成都应当学习他们的经验，设立川籍网络文学作家评论中心，培育评论队伍；设置评论奖项，发布研究课题；引导、推动自发性研究变为自主性研究，变个人研究为团队研究，变点线研究为全面铺开。

网络文艺评论有助于搭建平台，加强川籍作家与产业公司和学术界的交

流，单纯版权转让和各种规模的奖项对于成名网络作家来说吸引力不大，但写出不朽之著作流传后世，得到学术界的认可甚至名列文学发展史，契合很多作家的愿望。定期召开成都作家作品研讨会，以批评来促进创作，以评论来加强传播，有助于打造一支网络文学和批评的"川军"队伍。

2018 年是网络文学诞生的 20 周年，作为一种十分年轻又影响巨大的文艺种类，网络文学在短短 20 年就有了飞速的发展，取得了巨大的成绩。在深感骄傲与欣慰的同时，我们更应切实做好以全新的形式贯彻落实党的十九大精神，下大力气从全方位引导网络文学的健康有序发展，使其真正承担起"坚定文化自信，推动社会主义文化繁荣"的重任，创造新时期满足人民美好生活所需的文化产品，传播正能量，打造天府新形象，讲好中国故事。

# 区域动态篇

**Regional Dynamics**

## B.17

## 邛崃市文化创意产业发展的
## 实践及策略研究

中共成都市委宣传部　中共成都市委社治委　中共邛崃市委*

摘　要：　成都市第十三次党代会提出，传承巴蜀文明，发展天府文化，
　　　　　努力建设世界文化名城。本报告主要从塑造城乡文创形态、
　　　　　推进跨界融合发展、传播天府文化之生活美学、打造文创人
　　　　　才"梦工厂"、促进文创工作落地落细五个方面，论述了邛
　　　　　崃根据自身实际按照创造性转化、创新性发展天府文化的思
　　　　　路，通过推动天府文化融入城市建设、服务产业发展、精神
　　　　　区位提升等方面，努力把邛崃打造为成都建设全国重要的文
　　　　　创中心的战略增长极和重要支撑点。

* 执笔人：郑正真，哲学博士，中共成都市委宣传部文化产业发展处主任科员；淳彦杰，中共
成都市委社治委社区发展处主任科员；周杨，中共邛崃市委宣传部常务副部长；邹敏，中共
邛崃市委政策研究室副主任。

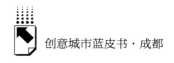
关键词：　天府文化　融合发展　生活美学

　　邛崃古称临邛，是巴蜀四大古城之一，筑城置县已有2300多年，历史悠久，人文荟萃。成都市第十三次党代会以来，邛崃市委市政府紧紧围绕传承巴蜀文明、发展天府文化，按照成都市加快建设全国重要的文创中心和世界文化名城的要求，"不驰于空想、不骛于虚声"，结合自身历史传承、区域文化和时代要求，用真抓的实劲、敢抓的狠劲、善抓的巧劲、常抓的韧劲抓落实，突出空间呈现、项目载体、文化润城、人才引领、机制创新"五个关键"，着力打造产业化、品牌化、国际化的天府文化——邛崃篇章，培育具有国际影响力的以文创产业为核心的"创意邛崃"，既是区（市）县探索重现天府文化光彩，并赋予时代新义的创新之路，更是传承巴蜀文明、发展天府文化的生动实践。

# 一　空间呈现：塑造城乡文创形态

## （一）重塑文创经济地理

　　按照让传统文化、文物瑰宝活起来的理念，结合城市功能分区合理布局文创项目，以成都临邛文博创意产业示范区、有美文创街区、天府红谷文创园、南丝路·天台山国际旅游度假示范区等示范项目为撬动点，打造文创街区—文创小镇—文创园区—文创景区四个层级的城市文创实体化载体。

## （二）建设城市文创地标

　　以文君相如文化为核心，以"两园三街八巷"为重点（文君公园、瓮亭公园，大北街、兴贤街、文君街和八条特色小巷），实施具象化、项目化的文君相如文化品牌节点打造，以点串线、连线成片，形成彰显文君相如文化的精品街巷空间和特色城市片区，树立城市地标，打造城市文艺商业圈，建设富有邛崃文化气质、独特魅力的特色街区和公共空间。

### （三）打造主题文创小镇

以南丝路文化为主题，结合成都音乐之都建设，依托"南丝路国际文化旅游节"、原创乡村音乐品牌"带把吉他去平乐"以及"成都七夕国际情歌节"等基础条件，建设平乐丝路音乐小镇；以红色文化为主题，依托红军长征纪念馆、邛大红村党性教育基地等项目，建设高何红军小镇主题文创小镇。

### （四）建设特色文创景区

加快与云南城投等企业合作，启动南丝路·天台山国际旅游度假示范区项目，推出平乐川西竹海旅游度假区（金鸡谷）、天台山半山旅游度假区（旅游新村）等一批文创景区建设。

## 二 项目载体：推进跨界融合发展

### （一）全力建设成都临邛文博创意产业示范区

将成都临邛文博创意产业示范区统筹纳入邛崃美丽宜居公园城市建设规划，明确"城市新区 + 文创产业 + 文化名片"的发展定位，按总投资 100 亿元，分两期打造"一个遗址公园、三大新经济产业"。首期重点打造集文博会展、文创工坊、文创酒店、文创街区于一体的市民文化公园和文博文创产业示范区。目前已投入资金约 4.7 亿元，完成核心区整体保护提升工程和邛窑十方堂师徒制文创学校、文创研发中心等 10 个文创项目，建成文博研发、临邛古代产业考古中心等"一站四中心"，引进 1 个国家级大师团队，25 位知名大师和 5 家社会机构入驻。下一步，将重点开展国际合作办学计划和国际人才引入计划，加快推进文创产业国际化，建设成都美丽宜居公园城市"新客厅"。

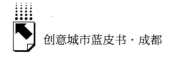

### （二）"文创+工业"助推邛酒振兴

按照"酒庄+旅游+互联网"的复合旅游模式，申报注册邛崃酒庄酒地标、邛崃酒庄酒生态原产地产品保护，成立邛崃酒庄联盟，建立酒庄酒溯源管理、分级认证、授权使用、渠道准入等标准体系，开展产区推广活动深度嫁接白酒产业集群。以成熟的白酒配套产业链优势，加快建设中国酒村——大梁酒庄、古川酒庄、源窝子酒庄等一批酒文化文创空间。

### （三）"文创+农业"助力乡村振兴

围绕现代农业产业生态圈建设，引进文创产业，营造文创社区，建设天府文化农业专题博物馆、特色乡创田园综合体，加快推进桑园黑虎农庄、牟礼回龙现代种业创意园、夹关精品观光茶园、天府红谷文创产业园区、邛人部落文化创意游戏农庄等农旅融合项目。

### （四）"文创+商贸"培育消费新动能

积极与万达广场、红星美凯龙广场、西街里商业广场等一批高端商业体沟通洽谈，引导大北街、有美巷子、兴贤街业态文态提升，打造文创商城、文创书店等空间，打造高端购物环境、文创购物街区与文创商业综合体。

## 三 文化润城：传播天府文化之生活美学

### （一）开发"邛崃礼物"文创产品

挖掘城市文化，提炼城市精神，树立生活美学理念，开发"邛崃礼物"系列文创产品。重点开发《邛崃风物》《邛崃故事》系列轻文艺手账本，文君相如系列餐具，"醉美邛崃"矿泉水、抽纸、洗手液等系列日用品，《南丝路古地图》《手绘邛崃》系列印刷品，文君相如临邛原浆酒、崃一口酒等多种文创产品。推进"醉美邛崃"专柜进商超，线上建设邛崃"文创商城"，线下打造城区、景区"崃游记·文创超市"，赋予天府文化生活美学内涵。

### （二）推出新媒体传播产品

推出"邛崃传奇"系列、"邛崃故事"系列音频电子产品，深化推出文君相如微信表情包系列、大爱天府公益云平台、全域"为村"平台，"健康一万步"小程序和"书香漂流"线上线下书屋等，讲好邛崃故事、传播邛崃声音，让文化贴近生活、融入生活，具象化、有形化。

### （三）举办主题节会活动

依托文君相如文化，策划"为爱而崃"文君相如文化旅游节，举办"为爱奔跑"南丝路马拉松、"为爱见证"国际七夕情歌节等相关配套活动，衍生带动相关产业，增强文化传播度。建立乡愁展示馆、创新设计馆等，打造社区"文化家园"品牌，深入开展"在邛崃·爱社区"群众文化系列主题活动，让特色文化融入社区建设和居民生活。

## 四 人才引领：打造文创人才"梦工厂"

### （一）"四大计划"招才引智

以临邛文博创意产业示范区为重点，强力推进文创人才引进"四大计划"：一是候鸟驻留计划，邀请世界著名陶艺家及艺术家到工作站短期驻留创作；二是邛窑传播计划，举办国际青年陶艺双年展；三是学术品牌计划，举办陶瓷文化主题论坛；四是社会推广计划，建立实习创作基地，陶瓷实践拓展基地及体验创作基地。目前，邛窑大师工作站及国际交流中心已入驻 11 位大师，韩国圆光大学教授郑东熏、韩国青年艺术家姜宗文即将签约，以色列、波兰、法国、美国、日本的多个资深陶艺家也在接洽之中。

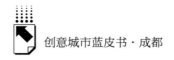

## （二）培育文创"工匠"

按照"外地人才带动本地人才，外来牵头，本地要跟上"的人才利用机制，挂牌开办邛窑十方堂师徒制文创学校，设国际交流与研发部、教学部、市场部等4个部门，开设陶艺、竹编、乡建等8个专业，打造集产学研用于一体的办学机制。实施"调研＋培训＋陪伴＋种子计划"，创新师徒制培训模式，邀请大国非遗工匠、国家级大师、高校专家教授等担任导师，实行系统培养、个性化培养，构建产教深度融合、职教有效衔接的文化传承培训体系，培养文创"工匠"。

# 五　机制创新：促进文创工作落地落细

## （一）创新推进机制

成立邛崃市文创产业发展工作领导小组，统筹推进文创产业发展。制定文创产业发展实施意见，细化分解目标任务，并纳入重点目标考核，倒排时间工期，建立时间节点监督、重大项目调度、落实情况通报等督查机制，实行"三天复命"督查法。

## （二）出台扶持政策

出台《关于促进成都临邛文博创意产业示范区建设的扶持意见》等一揽子文创产业发展政策，每年配套专项发展资金1000万元以上，从人才引驻、站（室）配套、住房建设、生活保障等方面支持专家人才到邛发展。建立市场化经费保障机制，引入天使基金开展风投，引导各类艺术、创业精英人才聚集，鼓励开展文创研发与创新，构建文创生态圈，让文创成为地方创新创造的热土。

## （三）推动多元参与

推广应用"三问三审三投入"城乡社区发展治理工作法，精准对接社区居民意愿需求，规范文化品牌节点打造等项目实施流程，积极引导企业、社会组织和社区居民参与社区文创项目，在城乡社区发展治理"五大行动"中充分体现邛崃特色文化，广泛组织开展社区特色文化活动，培育向上向善向美的社区精神。

# B.18
# 锦江区文化创意产业发展的
# 实践及策略研究

中共成都市锦江区委宣传部*

摘　要：　锦江区深入贯彻"中优"发展理念，紧紧围绕加快建设"新
经济高地、国际化城区"，以生态圈理念组织文创产业工作，
扎实推动文创产业扩能升级。锦江区聚集了众多国内外知名
文化创意企业和项目，文化创意产值及增加值在全市居于领
先地位，已形成了文化创意产业差异化、特色化、集群化发
展的良好局面和深化发展的态势。本报告梳理了锦江区推动
文创产业集聚发展现状，分析锦江区文创产业的发展问题与
不足，并提出打造成都文创核心功能区的主要策略。

关键词：　文创产业生态圈　文创核心功能区　实践及策略

近年来，锦江区在市委、市政府的坚强领导下，贯彻"中优"发展理
念，紧紧围绕建设"新经济高地　国际化城区"这一目标，把文化创意
产业作为三大主导产业之一推进发展，高密度聚集了2000多家活跃企业，
高标准打造近20个精品项目和17个各级文创产业示范园区、基地，高品
质每年举办100余场品牌节会，2016年文创产业增加值实现77.39亿元，
占比成都市12.21%，为成都文创产业发展展现了"锦江气质"，先后获

---

* 执笔人：杨德胜，成都市锦江区文化创意产业促进中心副主任。

得"四川省先进文化县""首批省级文化产业试验园区""全国文化先进区"等殊荣。

# 一 五位一体：推动文创产业集聚发展

## （一）政府引导，政策助推：领航产业提质发展

率先成立推进文化创意产业发展工作领导小组，设立区文产办，牵头统筹全区文创产业发展，实现产业发展权责利匹配；出台产业政策30条、人才政策11条、招商措施29条，聚焦重大项目、重点企业、创业团队进行多方位政策扶持，已累计投入近2亿余元各级配套资金；设立锦江区产业发展基金、明日艺术基金，重点支持产业项目、艺术人才聚集。

## （二）名企培育，招大扶强：筑牢产业发展基石

坚持"扶优扶强"原则，大力培育新华文轩、四川日报集团、成都传媒集团等龙头文创企业，带动产业聚集发展；以"多点布局、整体推进"方式，成功促建成都国家广告产业园、华熙528艺术村、绿地468文创中心、新华之星、川报综合体等重大文创项目；引进豚首互娱全国总部、言几又总部、洛可可、嘉兰图、浪尖等国内外知名文创企业，带动中小文创企业聚集发展；持续举办国际书店论坛、蓝顶艺术节、东湖跨年艺术季等系列文创活动，加大城市营销力度，积极唱响锦江文创品牌知名度和美誉度。

## （三）产业集聚，整合发力：重塑产业集群价值链

已初步形成以成都国家广告产业园、博瑞广告、华希广告、华道佳、大贺传媒等知名企业为代表的广告服务集群；以《四川日报》、成都传媒集团、新华文轩、省广电、人民网、新华网等知名媒体企业为代表的出版传媒集群；以洛可可、浪尖、嘉兰图、丙火创意、磨石等知名设计企业为代表的创意设计集群；以网易成都、爱奇艺四川、潘多拉等知名互联网企业为代表

的数字新媒体集群；以蓝顶美术馆、许燎源现代设计博物馆、成都清源际艺术中心等机构为代表的原创艺术集群；以春熙路、远洋太古里、白鹭湾、三圣乡等文化特色街区和知名旅游点位为载体的文化消费休闲集群。

### （四）创新模式，产业融合：把握"文化+"时代脉搏

注重文创产业价值传递作用，打造水井坊、锦钯街、耿家巷等文化特色街区，推进文化与旅游融合发展；萃取本土文化的特质，吸收外来文化的精髓，打造成都远洋太古里文化地标项目，推进文化与商业融合发展；利用西部首家艺术品保税仓库等专业服务平台，汇聚文创资源和金融资源，推进文化与科技、金融融合发展；通过植入文化创意，引导三圣花乡农家乐转型升级为"艺家乐"，推进文化与生态的有机融合。

### （五）培引并举，人才驱动：建设文创人才小高地

设立"锦江区高层次人才专项资金"，提升产业核心人才层，建立区领导对口联系服务专家人才机制，招揽周春芽、何多苓、许燎源、董小庄等一批当代艺术领军人物入驻，全区现有从业人员5.3万余人（位居各区县之首）；建设9家"人才小高地"，建成西部首家"锦江·四川高校大学生创业基地"，举办"国家艺术基金"人才培养重点项目，推动产学研合作，实现大学生创意与市场的无缝连接，增强产业发展后劲。

## 二　清醒认识：找准发展问题与不足

从行业整体趋势、产业细分环节来看，锦江区文创产业在向生态圈层级的发展中，当前主要存在能级较低、龙头企业或领军人物不足、产业消费环节缺失及产业融合度较低等不足。

### （一）产业增加值与城市能级不匹配

与国内其他文创产业发展先进的中心城市对比，锦江区文化创意产业在

GDP 增加值和贡献占比等方面，还存在较大差距。2016 年，锦江区文创产业实现增加值 77.39 亿元，占 GDP 的比重为 9.23%；广州越秀区增加值 201.5 亿元，占 GDP 的比重为 6.90%；深圳福田区增加值 312.82 亿元，占 GDP 的比重为 8.80%；杭州余杭区增加值 708.84 亿元，占 GDP 的比重为 50.21%；北京朝阳区增加值 678.90 亿元，占 GDP 的比重估算为 13.60%；北京海淀区增加值估算约 1430.02 亿元，占 GDP 的比重估算 28.40%。

　　同时，文创产业经济贡献度占比远远低于文创增加值占比，仅占比 3% 左右。

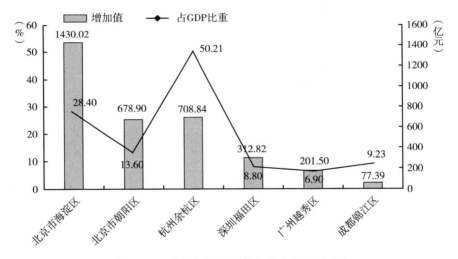

图1　2016 年锦江区与其他先进文创地区对比

## （二）龙头企业带动力不足，品牌影响力较弱

　　锦江区文化创意产业尽管已具备一定的规模和领先，但从产业生态圈的打造这一战略发展高度看，其发展还处于攻坚克难的前期阶段，除传媒出版等少数行业已形成行业领军效应外，其他行业呈现"群龙无首、多龙闹海"的局面，发展格局较为分散、龙头企业的全面带动作用还有待加强和补齐。文创企业数量逐年增长，但龙头企业偏少，行业领军人物不足或尚未有效推广和包装，品牌和形象号召力有待加强，缺乏"大手笔、大投入、带动力

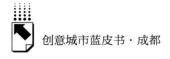

强"的文化创意产业大项目、大平台。与一线发达城区相比，锦江区文创产业的行业影响力还有很大的建设和发展空间，须奋起直追。

### （三）产业链不够完善，产生经济效益环节缺失

锦江区文化创意产业行业门类较丰富，但在品牌培育塑造、品牌向有形产品的延伸、产品盈利水平、市场拓展能力等方面的核心竞争力有待提高。

特别是原创艺术与交易，锦江区聚集了300多位高端艺术家和一批具有代表性的文创机构，但经济效益仍较低，关键在于锦江区文创产业发展中，未能有效实现消费的转化，致使产值兑现环节缺失。锦江区在该产业链上游聚集了以周春芽、许燎源、董小庄、余炳等为代表的大批知名原创者，拥有蓝顶美术馆、清源际艺术中心、许燎源博物馆等原创工作聚落和创意品展示机构。但在中游缺乏原创艺术产品的宣传包装、市场运营，导致相关原创艺术产品与市场对接不充分，市场渠道较少。下游缺少如嘉士德、保利等大型拍卖机构，缺少面向大众的原创艺术品综合交易场所。锦江区虽有中国西部第一家文化产权交易专业化服务平台——成都文化产权交易所，但其业务功能未能充分发挥。

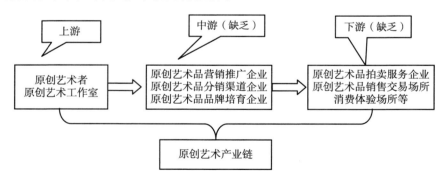

**图2　原创艺术产业链示意**

### （四）产业业态杂糅，融合度不高

锦江区文化创意产业在文化挖掘和利用层面还有待深入，文化与商业、

旅游、科技、金融等产业的融合不够、联动不强、互补不足，导致中小微文化创意企业的融资渠道较少，盈利方式较窄。除文化创意节会活动外，文化创意产业发展的"引爆点"，特别是具有直接经济效益的"引爆点"数量较少、种类较单一。如成都远洋太古里片区，文化产品仅有方所和言几又能实现较好的文化与商业融合发展。

# 三 继往开来：打造成都文创核心功能区

党的十九大报告指出，要推动文化产业发展，健全现代文化产业体系和市场体系，创新生产经营机制，完善文化经济政策，培育新型文化业态。下一步，锦江区将全面贯彻党的十九大精神，紧紧围绕加快建设"新经济高地　国际化城区"目标，以生态圈理念组织文创产业工作，扎实推动文创产业规模壮大、质效提升，努力建设全国重要的文创中心核心功能区。

## （一）定主业，重塑锦江文创生态圈支撑体系

针对锦江区文化创意产业发展实际情况，结合文化创意产业复杂、多元的特点，围绕锦江区禀赋优势的发掘，突出发展重点，着力打造"三主、三精、三优"九大门类体系（现代传媒、创意设计、信息服务与动漫游戏、现代时尚消费、文化旅游、音乐影视演艺、原创艺术与交易、教育服务、健康养老），明确产业发展方向，引领锦江文化创意产业生态圈的发展建设，重塑锦江文创生态圈的支撑体系。

## （二）强主体，培育锦江文创产业发展核心引擎

坚持"大企业带大规模"的思路，实施"名企培育计划"，着力扶优扶强、招大引强。壮大一批龙头企业，大力实施"龙企业计划"，深入开展与新华文轩、《四川日报》、成都传媒等龙头企业战略合作，加大对其技术创新、品牌培育、拓展市场等方面给予政策支持，鼓励其跨地区、跨行业、跨所有制兼并重组，打造具有国际竞争力的龙头文创企业，力争到 2022 年培

育百亿级文创龙头企业 1 家，五十亿级 3 家。发展一批骨干企业，大力实施"独角兽计划"，激活成都国家广告产业园、德必联翔文创产业园等优质园区聚集效应，推进骨干企业与知名企业的强强联合，实现企业间优势互补，扩大企业量级，增强企业能级，力争到 2022 年培育十亿级文创企业 8 家。发掘一批潜力企业，大力实施"瞪羚计划"，扶持豚首、磨石等一批成长性好、竞争力强的文创潜力企业，培育国内外同行业的"单打冠军"，不断发展壮大亿元企业集群，发挥示范带动效应促进中小企业转型升级，力争到 2022 年培育亿元级文创企业 20 家。

### （三）健链条，推动锦江文创重点门类成链集群

按照"大而强、小而精"的原则，进一步补强产业链条、提升产业层次。全面扶优引强，发掘资源禀赋优势，提升招商项目产业契合度，开展名企培育工程，努力培育一批根植锦江的独角兽企业，促进龙头企业和配套企业以及关联产业协同发展，推动产业链垂直整合，实现成链集群。完善产业链条，立足不同核心产业层，激活新华文轩、《四川日报》、上海德必、成都国家广告产业园等龙头企业带动效应，吸引吸附产业聚集，补充缺失环节，补强薄弱环节。提升质效能级，逐步形成"一廊两带多区"的产业发展格局：红星路现代传媒走廊、东大街高端文化消费带、锦江特色文化旅游带环川师文化创意产业集聚区、创意产业商务集聚区、成都东村三圣文创集聚区、东湖音乐文化集聚区、琉璃厂文创集聚区。

### （四）聚要素，充实锦江文创产业发展生产资源

推进要素"生态化"聚集，使产业在生产、营销、市场环节要素可及。聚集生产要素，依托锦江·四川高校大学生创业基地、艺哈、许燎源博物馆创造力发生器等孵化器，加强与四川师范大学校地合作，推动人才要素"专业化"聚集；探索设立文创支行，积极引入文创基金落户锦江，推动资本要素"多元化"聚集。聚集营销要素，大力促建华熙 528 文博

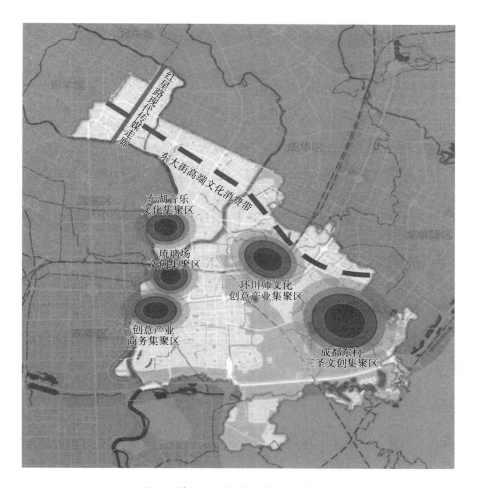

**图3 锦江区文创产业发展布局示意**

区、绿地 468 文创中心、新华之星、锦江文化创意产业中心等重大项目，
搭建猪八戒网、雅昌文化等线上线下专业服务平台，促成文创元素的有效
包装和对外输出，推动载体要素"平台化"聚集。聚集市场要素，借鉴
成都方所入驻远洋太古里、言几又入驻 IFS 经验，加强对区域综合体、商
业中心的扩能，协助文创企业产品进行线上线下展示销售，引导文化艺术
产品进入人民生活，建立社区文化体验消费中心，扩大消费市场，推动消
费要素"丰富化"聚集。

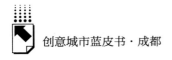

### （五）优配套，完善锦江文创产业发展生态环境

主动对接国际惯例和通行规则，加快构建法治化、国际化、规范化、便利化的一流营商环境。优化政务环境，坚决落实"三到"服务，持续完善"仅跑一次""不得说不"政务服务标准。优化政策环境，全面落实成都产业新政 50 条和锦江产业扶持 30 条，每年设立文创产业专项资金，对重大项目实行靶向政策支持。优化人才环境，切实践行"新人才观"，落实市、区产业人才政策，深化"人才＋项目＋资本"协同引才模式，全力引进领军人才和研发团队，努力实现"招才引智"与"招商引资"融合并进、互促共赢。

### （六）造氛围，唱响锦江文创产业发展特色品牌

通过举办文创赛事、高端展销、行业峰会等文创活动，提升行业影响力，营造"百花齐放、百家争鸣"的文化氛围。形塑城市品牌，广泛开展城市品牌与企业品牌相结合的宣传推广活动，展现自主文创品牌群体形象，营造良好市场营商环境。打造节会品牌，依托区域内丰富的文化创意场所，打造一批在国内国际具有影响力的标志性节会活动，每年举办不少于 100 场的高品质活动。营销文创品牌，坚持"走出去"与"请进来"相结合，整合国际商会、行业组织、企业等多方资源，加强文化沟通交流和项目合作，提升锦江区文创产业辐射能级。

# B.19
# 武侯区文化创意产业发展报告

中共成都市武侯区委宣传部

**摘　要：** 近年来，武侯区积极加快文化创意产业转型升级，产业业态日趋丰富，产业品牌快速提升，产业带动日益凸显，产业政策不断优化，但同时还存在空间载体不够丰富、产业规模亟待提升等短板。为传承巴蜀文明、发展天府文化，全面提升武侯区文化软实力和产业竞争力，巩固"文创武侯·智慧城区"的城市定位，武侯区以建设"历史文化名区、西部文创强区"为目标，着力构建具有竞争优势的"宜业、宜居、宜文"的文化创意产业生态圈，着力打造"三国故里　天府文芯"文创品牌，为武侯区"奋力跻身全面体现新发展理念的城市城区第一方阵"提供了文化引领和产业支撑。

**关键词：** 锦江区　文创产业　产业生态圈

　　近两年来，武侯区文化创意产业工作紧紧围绕市委建设世界文化名城、打造"三城三都"（世界文创名城、世界旅游名城、世界赛事名城、国际美食之都、国际音乐之都、国际会展之都）目标和区委文化兴区战略，以"传承巴蜀文明、发展天府文化"为方向，以建设"历史文化名区、西部文创强区"为目标，突出文产融合，强化项目牵引，着力提升"三国故里天府文芯"的品牌美誉度，"文创武侯"建设成效初显。根据成都市文创产业统计结果，2016 年武侯区文创产业实现增加值 26.49 亿元，营业收入 195.97 亿元。2017 年，武侯区文创产业实现增加值 36.6 亿元，同比增长

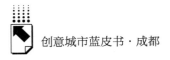

26.2%，增速五城区排名第二；营业收入 453.3 亿元，同比增长 53.6%，增速五城区排名第一。

# 一　武侯区文化创意产业发展基础

## （一）产业业态日趋丰富

近年来，武侯区积极加快文化创意产业转型升级，在支持和推动传统文化产业发展的同时，重点培育新兴文化业态，形成了较为齐全的文化创意产业门类，武侯区文创企业从 2011 年的 1000 余家增加到 2015 年的 2500 余家，增幅达到 150%，主营文化艺术服务、广播电视电影和文创产品辅助生产的文创企业数量显著增加，初步形成了国家级、省级和市级文化产业示范基地体系。主营创意设计、文化休闲等新兴文创业务的企业数量已占文创企业总数的 60% 以上。

## （二）产业品牌快速提升

武侯区文化创意产业的发展以市场为导向，注重内涵式发展，通过规模化、集聚式扩张，品牌内涵不断提升，优势企业不断涌现，产业聚集日益彰显，已形成锦里、中国女鞋之都、磨子桥数字娱乐城等文化创意产业聚集品牌；培育了域上和美、来也旅游、星娱文化、古羌科技、力方国际、新浪华文、艾民儿等行业有影响力的文化企业品牌，雨神电竞成为国内首家电竞新三板企业，浓园文化和播众传媒被确定为四川省首批重点文化企业。

## （三）产业带动日益凸显

武侯区立足丰富的文化资源，以创意为引领，发挥文化价值对其他产业的提升作用，带动了餐饮、住宿、娱乐、旅游和特色制造业的发展，满足了人们不断增长的文化休闲需求，形成了武侯祠大街、九眼桥片区、少陵路、大悦城、龙湖金楠天街等一批文化娱乐特色消费街区，涌现了中国女鞋之都 4A 级景区、浓园国际艺术村 4A 级景区，推动了传统产业的转型升级。

### （四）产业政策不断优化

武侯区高度重视文化创意产业的发展，政策环境日益优化，成立了区文化体制改革和文化产业发展领导小组，相继制定了《武侯区文化旅游产业"十二五"发展规划》《关于推动文化大发展大繁荣加快建设文化强区的实施意见》《都市休闲业"提质升位、转型升级"推进方案（2014～2016）》，确定了全区文化创意产业发展目标、发展战略和总体构想。先后出台了《关于促进产业倍增的扶持政策（试行）》《武侯区支持促进创新创业若干政策（试行）》《武侯区引进高层次创新创业人才实施办法（试行）》《关于印发加快西部智谷招商引资工作暂行办法的通知》等综合性政策，为推动文化创意产业快速发展提供了有力的政策保障。2012 年设立了武侯区文化产业发展专项资金，制定了《武侯区文化产业发展专项资金管理办法（试行）》，2012～2015 年共扶持 87 个文创项目，扶持资金超过 2160 万元。

## 二　武侯区文化创意产业短板分析

### （一）空间载体不够丰富

目前武侯区只有一家国家级文化产业示范基地——锦里，一家省级文化产业示范基地——浓园，一家市级文化产业示范基地——位于武侯区文化馆的"艺创空间"。武侯区特色历史文化街区工作尚未形成体系，"一城、一坊、一带、一港"四大产业集群建设还在推进之中，产业空间形态还未具体形成，构建多层次产业发展空间的压力还很大。

### （二）产业规模亟待提升

与发达地区中心城区比较，武侯区具有核心竞争力的大型龙头文创企业较少，带动作用不足；文创企业之间缺乏合作机制，产业发展未形成协力；产业集聚程度较弱，尚未形成全国有影响的文创产业集群。以上导致文化创意产业增加值规模偏小，占 GDP 的比重不高，特别是规模以上文创企业增加值偏低。

### （三）主导产业尚未形成

武侯区文化创意产业虽取得快速成长，但尚未形成有影响力的主导产业。一是主导产业发展的重点不明晰，导致新兴产业虽然在数量上增长迅速，但碎片状发展，附加值不高，如创意设计类企业主要为广告类，专业设计、文化软件类企业明显不足。二是主导产业发展的布局不明晰，自然生长突出，规划引领不够，各区域未能形成有效的分工与协作。

### （四）工作机制不够完善

武侯区文化体制改革和文化产业发展领导小组办公室设在区委宣传部，为非常设机构，但承担着包括产业规划、政策研究、招商引资、项目推进、产业统计、企业服务以及专项资金申报管理等诸多业务职能，工作力量薄弱，远不能满足"文创武侯"建设需求。反观文化创意产业的发展走在全国前列的杭州市西湖区和余杭区，都较早成立了区级层面的文化创意产业发展领导小组及下设正处级事业单位——文化创意产业办公室，并分设综合科、产业科，统筹全区文化创意产业发展。同属成都市的锦江区委宣传部则在成都市率先成立了具体承担锦江区推进文化创意产业发展工作领导小组办公室工作职能的锦江区文化创意产业促进中心，统筹落实领导小组的各项要求。

## 三　武侯区文化创意产业对策与建议

### （一）完善顶层设计

建立区委、区政府主要领导任组长，区委副书记、区政府常务副区长等区级党政领导任副组长的文化产业工作领导小组，积极指导和协调产业发展中的重大问题。建立区领导联系重点文创产业项目和企业制度，提升政府服务质量。对武侯区重点文创企业和文创项目实行"区领导挂帅—项目属地管委会管理—国有公司参与运营"的管理模式，既有效疏解区级文创牵头单位的工作压力，更有利于突出产业管理的精准性。定期召开产业企业茶叙、餐叙工作会，听取文创企业意见建议，全心助力文创企业成长。2017 年 12 月 29 日，成都市武侯区文化创意产业推进办公室（简称区文创产业推进办）正式成立，意味着武侯区文创工作手臂进一步延展，将为推动文创资源整合、促进产业结构调整、打造"文创武侯"品牌提供专业工作力量。

### （二）打造政策洼地

按照中央、省、市、区有关政策标准，强化财政资金保障，确保文化建设用地、文创推进体系建设、人才引进与培育以及重大产业活动的足额投入，解决好"有钱办事"的问题。强化《成都市武侯区关于实施产业立区战略若干政策的意见》的产业引领作用，修订《武侯区文化产业发展专项资金管理办法（试行）》，构建武侯区文化创意产业发展政策体系，在省市率先出台《成都市武侯区促进文化产业发展系列政策（影视产业专项政策）》《成都市武侯区促进文化产业发展系列政策（音乐产业专项政策）》，针对文博旅游、数字娱乐、体育产业（电子竞技）制定专项政策，组建规模达 10 亿元的体育文娱产业股权投资基金，加快形成政策洼地效应，以此提升武侯文化创意产业聚集能力和竞争优势。目前，全区每年用于扶持文创产业发展的财政资金超过 1 亿元。2016～2017 年，区级文产专项资金扶持文创项目 49 个，扶持资金约 1795 万元。

### （三）引进龙头企业

围绕产业园区、领军企业和关键要素招大引强，通过专业招商机构，聚焦优势产业，大力招引泛娱乐产业中拥有核心技术的龙头骨干企业。2017

年8月24日，武侯区与海德控股（香港）有限公司在川港澳合作周的"成都建设国家西部文创中心专场活动"上签署《武侯金融文创健康产业综合体项目投资协议》，项目位于武侯区玉林二巷，占地132亩，投资金额高达17.99亿美元（合120亿人民币）。2017年9月19日，武侯区与北京爱奇艺科技有限公司在"合作共赢、植根武侯——2017中国西部（四川）国际投资大会·成都市武侯区重点产业投资合作推介会暨签约仪式"上正式签约。爱奇艺将投资50亿元在武侯区音乐坊范围内建设爱奇艺西部总部基地。2017年9月26日，在"2017首届成都国际音乐（演艺）设施设备博览会开幕式暨成都市音乐产业招商投资推介会"上，香港老牌演出制作公司——香港艺能特高集团与武侯区人民政府签署合作协议，落户武侯区的香港艺能·亚欧文创科技娱乐总部项目，将在2017～2022年累计投资约50亿元，与武侯区一起进行"音乐演艺文创"全产业生态、线上线下、立体式多维度的全面合作。

### （四）丰富文创载体

以"一城、一坊、一带、一港"为抓手，引导文博旅游、音乐产业、创意设计、艺术品原创、影视传媒、动漫游戏等文创产业资源向四大核心集群聚集，形成聚合效应。同时按照"有核无边"的开放性思维，规划建设"1906军民融合文化创意工厂""梵木FLYing文创公园"等文创园区、特色街区和文创综合体，作为四大核心集群的重要补充，呈现"星系状""星云状"的文化创意产业形态，建设多业态、多功能、多层级的武侯区文化创意产业生态圈。

1. 一城——三国蜀汉城

以成都体育学院整体搬迁为契机，以武侯祠博物馆和锦里古街为核心，完善文化公园、精品酒店群、文创街区等功能载体，规划建设三国蜀汉城项目，打造享誉世界的历史文化名片，天府三国文化产业的"核心发动机"。2017年10月，专门负责"三国蜀汉城"项目投资、旅游项目策划及运营管理的成都兴城文化产业发展投资有限公司正式成立。

2. 一坊——天府音乐坊

项目以成都城市音乐厅为中心，以打造"世界音乐族的追梦天堂"为目标，规划面积约 1.2 平方公里，重点发展音乐生产、乐器产销、版权交易、演艺演出等产业。武侯区前期拟投资 23 亿元，2018 年将全面完成项目核心区 75 亩土地整理，新建 1 所小学、修建 6 条道路、完成 35 栋建筑立面整治；并拟通过底商回购、回租，引入关联企业等方式，加快推动产业转型。2022 年建成运营后，将新增载体面积 18.8 万平方米、新增就业 2.2 万人；预计每年可实现营业收入 300 亿元、税收 30 亿元。

3. 一带——环城生态旅游带

依托环城生态区自然生态本底，以芙蓉文化、南丝路文化、水文化等天府文化要素为核心，加快推进水韵天府文化旅游休闲街区、天府芙蓉园、武侯文博产业园等文旅项目，加快建成 10 平方公里文旅产业聚集区，重现"绿满蓉城、花重锦官、水润天府"盛景，构建文化与旅游融合发展的新路径，着力建设国际知名的文博旅游目的地。

天府芙蓉园。项目位于武侯区环城生态区南片区，占地约 1330 余亩，总投资 8 亿元，项目以"天府锦绣、芙蓉未央"为主题，充分展示"芙蓉画卷"盛景，分两期建设，2020 年总体建成。项目一期占地约 540 亩，计划投资 3.5 亿元，预计 2017 年 12 月底形成花卉景观，2018 年 5 月开园。项目规划建设有全国面积最大的植物迷宫、全国最大最先进的旱喷系统，运用了国际顶尖的 3D 裸眼技术、全息投影技术和全国最先进的发光材料系统、数控雨帘系统、重力感应系统；园内芙蓉品种将达到 30 余种、栽植各类芙蓉 2 万余株，建成后将成为全国单个园区芙蓉花品种最全、规模最大、花期最长的芙蓉园区。项目成熟后，预计每年可吸引游客 400 万人（次），年均营业收入 1 亿元。

"水韵天府"文化旅游休闲街区。项目位于金花桥街道城中村片区和环城生态区，占地 650 余亩，总投资约 15.4 亿元，分两期建设。项目以"文化+生态+科技"为核心，已建成全国可同时容纳体验人数最多的 VR 虚拟主题馆；拥有全国面积最大的光影卷屏，并运用最新的视听体验技术打造了大型水舞声光秀文化主题展演。同时，在全国首创集运动、体验、互动等功能于一体的 LED 跑酷墙，并拥有 3 个五人制、1 个八人制足球场。项目一期已于 2017 年 10 月建成开街，2019 年底整体建成。景区成熟后，预计每年可吸引游客 500 万人（次），年均营业收入约 7000 万～9000 万元。

武侯文博产业园。项目位于武侯大道三河段，总规划面积为 373.5 亩，打造集文化艺术原创基地、文化艺术博览交流中心、文创产业孵化基地、文化艺术教育培训基地、文博影视拍摄基地、文化艺术生活旅游体验街区、文化艺术旅游体验公园等于一体的综合性文化旅游创意产业园区。

4. 一港——四川国际文化人才港

项目位于武侯区西部智谷产业园区，建筑面积约 2 万平方米，总投资超过 1.2 亿元，是武侯区与北京电影学院、成都星声力量科技有限公司联合打造的西部地区首个文化创意创业综合体，分两期建设。一期为北京电影学院四川培训中心，已于 2017 年 10 月投入使用；二期为企业孵化中心、双创基地和文化企业总部基地，预计于 2018 年 9 月前投入使用。目前，已引进文化企业 60 余家，包括韩三平、孙楠、关晓彤等 10 余个明星工作室。整体建成运营后，预计年营业收入超 10 亿元，创造税收 6000 万元。

5. 多点支撑

系统梳理武侯"老成都记忆"街巷文化脉络，研究制定《武侯区特色街区打造规划》，着力呈现"思想开明、生活乐观、悠长厚重、独具魅力"的天府文化特质。发挥商鼎国际、大陆国际等文创特色楼宇和地产的辐射效应，建设众星拱月的创意空间组团，呈现多维、多元产业发展态势。依托富顿中心建立西南数学信息孵化中心，集聚西南数字资产交易、大数据体验、互联网金融（人脸识别）展示等业态。以力方国际视觉科技广场项目为依托，建设数字娱乐体验和消费空间，打造数字视听产业园。秉承城市有机更新理念，对 7322 军工厂、中体滑翔机厂等具有历史韵味、可供开发利用的老楼盘、老宅子、老建筑进行创意开发，打造具有独特魅力的文化创意产业园区。其中依托 7322 军工厂打造的"1906 军民融合文化创意工厂"吸引了"涌莲""且慢造物""门前艺术院子"等 51 家文创企业进驻，已成为一座聚焦陶艺、园艺、创意手工等行业的文创"梦工厂"。

### （五）培育主导产业

立足区域资源禀赋和产业转型升级诉求，重点发展音乐产业、影视传媒、文博旅游、创意设计、数字娱乐、体育产业等六大主导产业。

1. 领先发展音乐产业

抢抓成都建设"国际音乐之都"的重大历史机遇，发挥四川音乐学院和城市音乐厅资源优势，积极举办各类形式、各种层次的主题音乐节会和赛事，营造浓厚的音乐产业氛围，激发产业活力。2017 年 7 月 22 日，成都城市民谣音乐节在武侯区梦想剧场上演，活动以城市民谣这一深受群众喜爱的音乐形式为切入口，传承巴蜀文明、发展天府文化，讲述成都与音乐的故事。2017 年 12 月 13～14 日，四川（成都）音乐产业发展交流峰会暨"创业天府 菁蓉汇·文创武侯"系列活动在世外桃源酒店成功举办，刘党庆、崔恕、宋秉洋等 10 家音乐人工作室及音乐人公司签约入驻"武侯区音乐产业孵化器"，以咪咕音乐（中国移动）、爱音乐（中国电信）和沃音乐（中国联通）为代表的三大无线音乐运营商达成合作关系，成立"运营商音乐联盟"并落户武侯。联盟落户后，将依托武侯区发展音乐产业所营造的文态和业态以及良好的政策条件，共同推动数字音乐以及流媒体音乐的发展。

2. 大力发展影视传媒产业

将魅力独特的天府文化与前景广阔的影视产业对接，积极引导社会力量共同搭建影视全产业链发展平台。以西部智谷为核心载体，把武侯打造成为全国领先的影视传媒产业高地。2017 年 1 月 18 日，区内影视企业影誉文化拍摄的电影《永远的绿盖头》荣获首届南美洲拉巴斯国际电影节"2016 年度最佳故事片奖"，这是中国电影首次登陆南美洲并荣获大奖。2017 年 4 月，《永远的绿盖头》在第七届北京国际电影节民族电影展上获"特殊贡献奖"。2017 年 6 月 18 日，武侯区携手 2017 威尼斯国际电影节亚太艺术单元组委会、上海电影艺术学院等共同举办威尼斯国际电影节亚太艺术单元全球发布盛典，与中国少数民族文化艺术促进会、光际资本、上海电影艺术学院签约共建"成都未来国际电影产业城"。2017 年 9 月 18 日，成都·武侯影视文化产业发展论坛系列活动举行。活动中，彤梦心缘（成都）文化传媒有限公司与武侯区签约，这也标志着关晓彤工作室正式落户武侯。除关晓彤外，新生代导演田羽生也已在武侯区设立个人工作室，其导演的《前任3》取景地80%位于成都，电影自2017年12月29日上映后，14天票房超15亿，一举打破华语爱情电影票房纪录。

3. 致力拓展文博旅游产业

挖掘区内文博旅游资源潜力，创新博物展览展示、产品交易、互动体验和观光旅游方式，鼓励和引导社会资本参与文博旅游开发，形成政府、市场、社会多元化供给的主体格局，优化文博旅游供给模式，拓展文博旅游市场。联合国内外媒体，以联合国世界旅游组织第22届全体大会在成都举办为契机，大力推介武侯区丰富的文博旅游资源。借助知名旅游企业的渠道优势，构建武侯文博旅游的国际立体营销网络。重点发展历史文化旅游、艺术体验旅游、音乐文化旅游、工业文化旅游和生态文化旅游。2016年9月，来也旅游设计项目在第六届艾景奖国际园林景观规划设计大赛中荣获"年度优秀景观设计"和"年度十佳景观设计奖"。2017年7月，在2017海岛旅游投资大会暨中国旅游上市公司高峰论坛上，来也旅游获"2017最具成长性旅游新三板企业"。

4. 着力发展创意设计产业

加大轻工业设计扶持力度，发展服装、建筑、家居、汽车消费、工艺美术等设计行业，支持"中国女鞋之都""八益家具城"等区域品牌转型升级。鼓励高等院校和科研机构培育创意设计力量，大力引进国内外知名创意设计企业和机构，搭建行业交流、展示交易和技术服务三大平台。2017年10月，浓园获评"成都市版权示范单位""成都市优秀版权服务工作站"，2017成都创意设计周期间，浓园以"蓉入国际，点亮创意"为主题打造的浓园国际文创艺术馆广受好评，着力"天府美食文化"推出的"锦官食趣"等系列文化IP引起现场广泛关注。域上和美开发的《西藏民俗文化系列I》和御翠草堂开发的"小茶则、大茶则"作品在成都创意设计周的三大主体活动之一的"2017金熊猫文创设计奖"颁奖典礼上摘得铜奖。

5. 加快发展数字娱乐产业

依托成都数字娱乐文化周，重点引进一批具有核心竞争力的高端价值链企业，鼓励优秀天府文化数字娱乐作品生产。建设数字娱乐产业发展平台，引导和鼓励数字娱乐企业创作弘扬社会主义核心价值观、体现天府文化特质、具有较强市场竞争能力的优秀数字娱乐作品。2017 年 8 月 4 ~ 6 日，以"数字引领生活　武侯联动世界"为主题的第七届成都数字娱乐周在武侯区大悦城和四川大学体育馆举行，本届数字文化周展览面积达到 7000 平方米，知名参展企业 40 多家。活动期间举行了"'一带一路'倡议下的 16 + 1 电子商务发展会议暨磨子桥数字化发展论坛"一个主论坛和'一带一路'文化点亮世界国际论坛、16 + 1 电子商务发展圆桌会议、数字产业优化中心城市能级研讨会三个平行论坛，众多专家学者来蓉献智献策，论道"一带一路"和"天府文化"。活动同时启动了 2017 WEST JOY 动漫游戏展和 G 联赛 - 银河杯锦标赛，吸引 3 万余名市民参与。

6. 积极发展体育产业

以成都奋力打造"世界赛事名城""全民健身引领城市""竞技人才基地城市""体育产业特色城市"为契机，充分发挥成都体育学院、四川省体育馆等辖区内丰富的体育资源优势，培养和引进体育产业人才，积极引导和鼓励社会各界投资体育健身娱乐方面的经营性活动和载体建设。借鉴国外举办商业赛事等方面的成功经验和做法，积极引导和鼓励社会各界承办国内外高水平体育竞赛表演。2017 年 12 月 15 日，由国家体育总局体育信息中心主办、网映文化 NEOTV 承办、成都市武侯区人民政府联合承办的 2017 全国电子竞技公开赛（National Electronic Sports Open，NESO）在成都市武侯区四川大学望江校区体育馆开幕，来自全国各地的 23 支代表队、435 位参赛选手参加《英雄联盟》《王者荣耀》《炉石传说》《星际争霸2》四大项目比赛。NESO 全国电子竞技公开赛是国家级综合游戏比赛的标杆赛事，每年在互联网上直播都创造了数千万人收看的佳绩，影响力逐年攀升。2017 ~ 2019 年，NESO 总决赛将连续 3 年在武侯举办，必将带动赛事直播、产品研发、媒体渠道、产业基金等电竞产业链落地成都、扎根武侯，助力成都打造"电竞之都"城市新名片。

# B.20
# 龙泉驿区文化创意产业发展报告

中共成都市龙泉驿区委宣传部

**摘　要：** 文化创意产业是一种具有渗透性、包容性的复合产业体系，其生产与消费在空间上形成前后关联乃至高度重叠的产业生态圈与城市生活圈。以满足人的需求为导向，促进文化创意产业的产业生态圈与城市生活圈的相向而行、融合发展，既是全球文化创意产业发展的最新趋势，也是我国文化创意产业实现高质量发展的关键所在。作为成都市东部副中心，龙泉驿区抢抓机遇、调整结构，深挖资源、夯实基础，围绕创意、构建生态，建设聚落、优化布局，促进文化创意产业的柔性创新发展、可持续发展、跨界融合发展和产城一体发展。本报告探讨了龙泉驿区发展文化创意产业的主要做法、存在的不足和未来路径。

**关键词：** 文化创意产业　产业生态圈　城市生活圈

　　文化如何让城市更美好，城市又如何让文化更繁荣？这是我国文化创意产业在经历从无到有、迈入产业成熟期后克服"低水平发展陷阱"、实现高质量发展必须回答的问题；也是我国都市圈中心城市由功能城市向文化城市演进过程中不能回避的问题。"十三五"时期，成都市龙泉驿区在区委区政府的坚强领导下，坚持"全市挑大梁、全省占首位、全国争一流"的精神区位，抢抓成都市新经济产业体系构建和国家中心城市建设的历史机遇，围绕"先进汽车智造区　美好生活品质城"的建设目标，超前谋划、锐意进取，积极构建以古驿为文化本底、音乐为核心内容、休闲为衍生价值的文化创意产业生态圈，努力营造以律动为精神主题的文化生活圈，不断促进产业生态圈与城市生活圈的相向而行、融合发展，基本形成全区文化创意产业"两核一区多点"的空间格局和美好生活需要导向的发展态势，为"城市复兴文化、文化提升城市"探索了一条以人为中心、协同、可持续发展之路。

# 一 文化创意产业生态圈与城市生活圈融合发展的理论分析

城市文化是城市社会所创造的与社会生活、政治、经济既相互区别，又相互联系的意识形态方面的成果，包括语言、文学、艺术、科学以及技能、知识、信仰、思想和感情等一切意识形态在内的精神产品总和。[1] 它具有保存城市记忆、明确城市定位、决定城市品质、展示城市风貌、塑造城市精神、支撑城市发展等六大功能。[2] 城市文化的资源化、商品化、产业化形成了城市文化产业，并在 20 世纪末进一步打破原有分类格局，以文化为内核，通过创意将文化与科技、文化与各产业领域、文化与经济、文化与金融融合协同，从而升级为城市创意产业。[3] 2004 年，在联合国教科文组织的推动下，全球创意城市网络组织成立，包括成都在内的 12 个中国城市先后入选全球创意城市网络。该组织积极促进世界各城市之间在创意产业发展、专业知识培训、知识共享和建立创意产品国际销售渠道等方面的交流合作，并于 2013 年在北京峰会上发布了《北京宣言》《北京议程》《北京共识》。[4] 以文化创意、文化创新实现城市可持续发展成为全球主要城市的共同意识和行动指南。

---

① 单霁翔：《从"功能城市"走向"文化城市"》，天津大学出版社，2007，第 36 页。
② 单霁翔：《从"功能城市"走向"文化城市"》，天津大学出版社，2007，第 46~55 页。
③ 金元浦：《我国当前文化创意产业发展的新形态、新趋势与新问题》，《中国人民大学学报》2016 年第 4 期。
④ 金元浦：《我国当前文化创意产业发展的新形态、新趋势与新问题》，《中国人民大学学报》2016 年第 4 期。

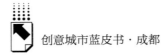
经过 10 年的快速发展，我国文化创意产业从产业幼稚期、产业成长期进入了产业成熟期。"十三五"期间，全球文化创意产业发展呈现出三大新特征。

首先，文化创意产业回归人的生活需要。文化来源于生活、服务于生活，人的生活需要是文化创意产业发展的根本基点。2008 年以来，在政策刺激和投资推进下，文化创意产业蓬勃发展，但与此同时，产品同质、产业同构、脱离需求的问题逐渐暴露出来。随着文化创意产品从卖方市场向买方市场过渡，文化创意产业的生产方式从供给导向的标准化福特主义加快向需求导向的定制化后福特主义转变。在世界上六大城市群之一的北美五大湖城市群，坐落着"钢铁城"芝加哥、"汽车城"底特律等全美最重要的制造业城市。面对制造业衰退，早在 20 世纪 90 年代中期，底特律市就确定了以发展休闲文化娱乐产业为重点的城市转型和复兴战略。然而，改扩建剧场、重建足球馆和棒球场馆、开发赌场等娱乐项目等文化创意产业发展措施并不能阻止制造业人才的外流[1]和底特律市政府的破产。这表明城市文化创意产业发展，不能简单等同于建设文化产业园区和给予政府财政补贴等。[2] 与之相比，芝加哥坚持"参与性社区"理念，在分析利益相关方、邻里社区等多方面实际需求的基础上，结合"芝加哥全球文化领导地位"的战略定位的发展要求，制定了一系列切实可行的行动计划，成功推动芝加哥的城市转型。

其次，文化创意产业实现生态圈构建。产业生态圈是指以主导产业为核心、具有较强市场竞争力和产业可持续发展特征的地域产业多维网络体系。[3]与其他产业相比，文化创意产业在构建产业生态圈上具有比较优势：它是以文化和创意作为产业发展的基本要素，而文化和创意具有高度的渗透性、跨界性、融合性，可以通过"溢出效应"，有效整合不同群体、不同空间、不同产业。文化创意产业生态圈构建主要有三个维度。一是在

---

① 许伟舜：《底特律创意产业：下一个布鲁克林?》，《艺术与设计》2014 年第 1 期。
② 《智慧城市是趋势　文化产业不可失》，《科技日报》2017 年 9 月 13 日。
③ 常晓鸣：《成都构建产业生态圈　需要打好"组合拳"》，人民网，2017 年 7 月 4 日。

数字维度上，文化创意产业借助物联网、云计算、大数据等新数字技术和"互联网＋"等新商业模式，整合线上线下资源和市场，蛹化出数字设计、IP与泛娱乐、虚拟现实VR、网络直播、网红经济等新产业业态。二是在空间维度上，文化创意产业出现了产业集聚化、功能多元化、文创中心化的发展趋势，以实现集聚效应和规模效应。如音乐、演艺等加快向专业空间集聚，具有文创、孵化、科教、咨询、会展、研究、交流等复合功能的空间网络大量出现，以文创为主、商业为辅的文化艺术城市综合体渐成主流。三是在产业维度上，文化创意产业深度融入研发、制造、金融、旅游等高端产业和产业高端，形成了"文化＋"的新经济产业体系。如韩国以影视、音乐为先导，向外输出文化价值观，带动了衣服饰品、餐饮美容、休闲旅游等衍生产业的发展。

最后，文化创意产业推动城市升级。21世纪以来，从"功能城市"向"文化城市"转型，是国际大都市转型发展的战略性路径。转型所依赖的"文化资本"，不仅仅是原来的"城市记忆"和文化资源，更重要的是文化创意产业、文化创意消费市场的资本化运营机制及营造的创新文化氛围和创新社会网络（资本）。文化创意产业创建了城市创新创意体系、多元空间形态、多元经济形态、多元社会阶层，[1]为城市转型升级赋予了新的动力。以全球"文化大都市"为定位的英国伦敦，在新一轮文化规划制定中，按照文化发展的成熟度进行主体功能区域划分和建设，创新形成中央活动区、未来文化发展战略区域、机遇区域；将文化发展与金融创新有机融合，建立国际文化资产管理中心；关注另类文化和次文化，对聚集着无数前卫艺术家和音乐人的康登区域给予发展空间和扶持。芝加哥提出"人文地制订规划"，将文化融入城市系统性和宏观性的运行框架之中，让文化在城市的方方面面都能发挥应有的作用。[2]

---

[1] 周蜀秦、李程骅：《文化创意产业驱动城市转型的作用机制》，《社会科学》2014年第2期。

[2] 戴建敏、王骅、吕海燕等：《"十三五"时期上海文化发展的趋势与需求分析》。王慧敏、王兴全等主编《上海文化创意产业发展报告（2015～2016）》，社会科学文献出版社，2016，第197～199页。

全球文化创意产业的发展态势，呼唤文化创意产业的产业生态圈与城市生活圈实现共建共享、融合发展。文化创意产业推动城市有机更新，城市为文化创意产业营造生态环境，它们共同的归宿是"让生活更美好"，不断满足人的美好生活需要。

## 二 龙泉驿区文化创意产业发展的主要做法

龙泉驿区是成都市 11 个市辖区之一，是成都市东部副中心，是国务院批准的成都市城市向东发展主体区域、成都经济技术开发区所在地和天府新区龙泉片区所在区域（被定位为成都国际汽车城）。2017 年全区实现地区生产总值 1200.9 亿元，同比增长 9%，位列全国综合实力百强区第 33 位，居西南地区首位。2017 年中共成都市龙泉驿区十一届五次全会进一步明确了加快建设"先进汽车智造区 美好生活品质城"的目标，标志着全区发展进入了提档升级、提质增效的新阶段。

"十三五"时期，龙泉驿区坚决贯彻落实中央、省、市关于文化大发展大繁荣的决策部署，进一步深化文化体制改革，加快文化创意产业发展，全力打造成都文化创意产业核心发展区。2017 年全区文创产值 26 亿元，占GDP 的比重为 2.16%，同比增长 9.4%，主营业收入达 90.9 亿元，同比增长 25.7%。

### （一）抢抓机遇、调整结构，促进文化创意产业的柔性创新发展

2017 年中共成都市第十三次代表大会提出，实施主体功能区战略，推动形成"东进、南拓、西控、北改、中优"差异化的空间功能布局。[①]按照都市圈的成长规律，大都市空间结构的重构，在第一阶段表现为中心城市通过资金、产业、人口等要素的聚集而快速崛起，形成"一城独

---

① 未来五年，成都将坚持"东进、南拓、西控、北改、中优"，坚持完善城市体系与提升城市功能互促共进，重塑城市空间结构和经济地理，全面增强城市承载能力，不断提升城市宜居性和舒适度。

大"的空间格局；在第二阶段表现为以交通网络为基础，中心城市通过功能疏解和资金、产业、人口向外围地区扩散，出现"郊区化"的趋势和一批次级中心城市整体崛起的现象。随着成都地铁 2 号线、4 号线的相继开通、运行和市域快速道路网络体系的不断完善，龙泉驿区被纳入成都市域和市区 2 个"半小时交通圈"的核心圈层。汽车出行和地铁出行成为成都居民的主流出行方式，在不改变空间距离的情况下，成都市区至龙泉驿区的时间距离和心理距离被大幅缩短。龙泉驿区审时度势，提出了"勇当'东进'排头兵、争做'中优'示范区"的战略部署和"五城"① 建设的战略目标。

城市空间结构变化重塑了龙泉驿区文化创意产业的经济地理：一是龙泉驿区成为成都市民新的生活活动场域和文创消费空间，大幅扩展了文化创意产业的市场范围；二是将龙泉驿区规划为新的中心城区，优化了文化创意产业的产业结构，从为生产服务的单一产业业态升级为整个城市发展和经济循环服务的多样化产业业态；三是随着"原一圈层的五城区"与龙泉驿区一体化发展，创意要素、人才要素、资金要素与土地要素在龙泉驿区更充分地结合，文化创意产业的产业生态圈可以在更大的地域范围内建立起来；四是按照国际经验，龙泉驿区作为新的中心城区的地理区位，往往是适合新生代消费群体的新生文化、另类文化和民间文化的生长空间。

## （二）深挖资源、夯实基础，促进文化创意产业的可持续发展

文化资源是凝练文化元素、整理文化脉络、发展文化产业、形成文化创意的基础性资源，是文化创意产业可持续发展的最核心要素。龙泉驿区高度重视文化资源的保护性开发，高度重视特色文化的总结提炼，为文化创意产业发展留下了记忆、留下了乡愁、留下了根脉。

---

① 五城：以生态宜居为特质、功能品质为重点、美好生活为目标，加快建设全国知名的创新创业之城、生态宜居之城、人文魅力之城、智慧高效之城、和谐幸福之城。

截至 2017 年，全区共有不可移动文物 300 余处，包括古遗址、古墓葬、古建筑、石窟寺及石刻、近现代重要史迹及代表性建筑等类别，其中各级文物保护单位 23 处，一般不可移动文物 276 处；有博物馆 19 家，国有博物馆馆藏共计 2252 件/套；有非物质文化遗产 22 项、历史建筑 2 处、传统村落 2 处、史志传说 59 个龙泉驿区文化资源类别与核心资源，如表 1 所示。

**表 1  龙泉驿区文化资源类别与核心资源**

| 资源类别 | 主要资源 |
| --- | --- |
| 市级及以上文物保护单位 | 全国重点文物保护单位:明蜀王陵墓群、洛带会馆群、北周文王碑<br>省级文物保护单位:石经寺、田氏支祠、唯仁山庄<br>市级文物保护单位:元堡摩崖造像、燃灯寺、朱熹宗祠 |
| 博物馆 | 国有博物馆:成都市龙泉驿区博物馆、明蜀王陵博物馆、四川客家博物馆<br>行业博物馆:成都饮食文化博物馆、巴金纪念馆、洛带邮政陈列馆、山泉桃文化陈列馆<br>非国有博物馆:成都东山挂历博物馆、成都龙泉驿区老泥窖酒文化博物馆、成都川上雕刻艺术博物馆、成都艺天民俗文化博物馆、成都民间艺术博物馆、成都泥邦陶瓷艺术博物馆、成都标榜系列博物馆、成都齐盛当代艺术博物馆 |
| 市级及以上非物质文化遗产 | 省级:四川客家龙舞、柏合草编、客家婚俗<br>市级:阿斗洛带传说、洛带响簧工艺、客家水龙节 |
| 历史建筑 | 茶店镇胜利村谢家大院、洛带镇巫氏大夫第 |
| 市级及以上传统村落 | 国家级:洛带镇老街社区<br>市级:洛带镇宝胜村锦家祠林盘群(含陈家祠、刘家祠) |
| 史志传说 | 阿斗洛带、百工堰、柏合寺来历、大面铺、飞龙虎、观音岩、金龙寺传说、石经寺、凤仪书院等史志传说 |

全区文化特色鲜明，形成了以川渝古东大道为代表的古驿文化，以战国桃核、桃花寺、桃花故里旅游景区为代表的桃文化，以洛带会馆为代表的客家文化，以成都汽车工业园和汽车文化节为代表的汽车文化，以北周文王碑为代表的龙泉山石刻造像艺术文化，以石经寺、燃灯寺为代表的宗教文化，以"明蜀王陵"为代表的明代蜀藩文化，以辛亥革命四川首义址、革命烈士董郎为代表的革命文化（见表 2）。

表 2　龙泉驿区特色文化与核心资源

| 特色文化 | 主要资源 |
|---|---|
| 古驿文化 | 梨园村驿道址、北周文王碑、大佛寺、长松寺遗址、义兴桥，以及龙泉山古驿道编织的五条金项链、皇家驿站的诞生、东大路驿道故事、诸葛亮龙泉山观星、刘禅落带、张献忠止马、三百梯、九道拐、黑峰寺的故事等历史传说 |
| 桃文化 | 战国桃核、晋希天故居、桃花故里旅游景区、山泉桃文化陈列馆，以及龙泉山是最经典的绿洲、千古浪漫的爱情圣地等历史传说 |
| 宗教文化 | 石经寺、燃灯寺、元堡摩崖造像、苏家河摩崖造像、观音摩崖造像、木鱼山摩崖造像、高洞子石像、玉皇观石像、迥龙寺摩崖造像、桃花寺大殿、清音溪摩崖造像12处文保单位；长松寺摩崖题刻、胜利村摩崖造像、水观音摩崖造像、李家沟观音庙、冷家湾观音殿、梨园村娘娘庙、金龙寺、吊钟寺遗址、柏合镇关帝庙等19处三普点 |
| 客家文化 | 洛带会馆、客家博物馆、谢家大院、巫氏大夫第、柏合寺钟家大瓦房、洛带公园近代建筑、四川客家龙舞、客家婚俗、洛带响簧工艺、客家水龙节、湖广会馆天井之谜、黄土场的来历、广东会馆跳戏台等 |
| 革命文化 | 柳沟铺战址、辛亥革命四川首义址、革命烈士董朗、田颂尧（田氏支祠、唯仁山庄） |
| 汽车文化 | 成都汽车工业园、汽车文化节 |
| 古镇文化 | 柏合镇、洛带镇、西河镇、黄土镇、洪安镇、山泉镇、茶店镇等古镇 |

## （三）围绕创意、构建生态，促进文化创意产业的跨界融合发展

有效开发文化资源、将资源优势转化成经济优势靠的是创意。创意是市场趋向的文化创造性和文化原创力。按照联合国教科文组织"全球创意城市网络"项目，设计、文学、音乐、民间艺术、电影、媒体艺术、烹饪美食等是最具文化传播力和市场接受度的创意主题，也是世界各城市着力培育和推广的文化创意产业。

为服务成都建设国际音乐之都的战略部署，龙泉驿区加快布局现代音乐产业链，以音乐为主导，培育民间艺术、烹饪美食等创意领域，带动休闲旅游、节会赛事、文博展示等衍生产业，构建文化创意产业的产业生态圈，推动多产业跨界融合发展。

1. 核心产业：音乐演艺业

全区音乐产业以梵木创艺区和蔚然花海为核心平台，聚集了杨岍、扎西

尼玛、声音玩具、泰然阿修罗、张达山等成都本土知名原创音乐名人及工作室和许晓峰等原创音乐领军人物及音乐企业，引入和培育"春浪""日落春浪""独立音乐公社""成都创意设计周双百活动展""成都力量跨界艺术季""台北音乐生活艺术周""翁布里亚爵士音乐节"等音乐节事品牌，举办花妖游戏动漫音乐嘉年华、国粹川剧汇演、央视综艺频道"星光大道"和"黄金100秒"（龙泉赛区）选拔活动等各类特色演出，努力建成中国独立音乐重镇。

2. 衍生产业：文体旅游业

充分整合"一湖、一山、一古镇"（龙泉湖、龙泉山、洛带古镇）等特色资源，大力发展集休闲旅游、节会赛事、文博展示为一体的文旅产业。加快建设龙泉山"梦里桃乡"水蜜桃产业园区，推进水蜜桃产业与科技、电商、文化、旅游、互联网等高新业态深度融合，构建"水蜜桃＋"五大新业态。大力培育龙泉山自行车爬坡赛、龙泉湖环湖自行车骑游等传统品牌赛事，创新开展"体育＋农业"定制赛事，以赛事带动消费，促进文化、旅游、农业融合发展。

## （四）建设聚落、优化布局，促进文化创意产业的产城一体发展

从功能城市向文化城市转型，是后现代大都市发展的必然趋势。文化创意产业在城市转型中起到了核心作用：一是产业跨界融合效应使城市功能从生产、商贸、旅游等单一属性向以文化为"粘合剂"的复合属性转变；二是空间创新效应使城市空间有机更新，形成以文化为时间"纽带"、兼容传统与现代的复合空间。

龙泉驿区围绕"五个城市"目标，发展空间多样、功能复合的聚落综合体，形成了"两极一区多点"的空间格局。

1. 两极

（1）梵木创艺区。以工业遗产为基本形态，引入著名音乐人工作室，打造音乐演艺和创意设计两大主业，建成西南首个"全产业链"文创园区。园区已入驻团队120家，综合年产值接近8亿元，形成"正火＋"的孵化和协作商业模式，入选国家级文化产业示范园区创建区。

（2）洛带古镇。以文化古镇为基本形态，打造以中国艺库为龙头的当代艺术业态集群、以博客小镇为龙头的民间博物馆聚落、以蔚然花海为龙头的独立音乐公社、以新西南陶瓷为龙头的陶艺文创园，引入全区文化艺术创客基地、高校文艺创业基地、艺术家工作室，规划建设成都市音乐小镇，带动休闲体验产业发展。2017 年文创聚集区洛带古镇共接待游客 608.9 万人次，旅游收入近 12 亿元，成为成都重要的文化休闲旅游目的地。

2. 一区

龙泉山"梦里桃乡"水蜜桃产业园区布局示意如图 1 所示。以创意景区为基本形态，以"桃文化"为主题，依托桃花故里 4A 级景区，整合中国水蜜桃之乡、成都国际桃花节举办地、龙泉山城市森林公园核心区、桃花故里景区等优质品牌和优势资源，构建"1 + 3 + 30"三级镇村体系，打造 1 个特色小镇、3 个新型社区、30 个林盘聚落，整体提升园区内部小镇、新型社区、林盘聚落的布局、功能及风貌，系统优化园区内部面域景观、廊道景观、节点景观，重塑区域生态网络空间格局和区域文化休闲空间格局，形成具有龙泉驿特色的桃乡生活方式。

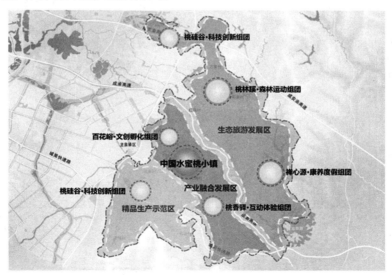

图 1　龙泉山"梦里桃乡"水蜜桃产业园规划布局示意

### 3. 多点

（1）创意校园。国际标榜职业学院以研学旅游为主题，集教育、文博、文创传承、创新创意、旅游业态为一体，打造女红空间、中国传统文化产品创新创业基地。

（2）创意综合体。冠培教育广场集文化、艺术、素质、科创、体育、家庭（健康）教育类教育课程及相关增值产品销售于一体，打造"15分钟教育服务圈"。

## 三 龙泉驿区文化创意产业发展存在的不足之处

### （一）文创产业集聚融合有待深化

#### 1. 产业规模较小

2017年龙泉驿区文化创意产业增加值达26亿元，在全市各区（市）县加高新区、天府新区中排名第10（见图2）。龙泉驿区文化创意产业增加值占GDP的比重为2.16%，距离全市5.2%的占比水平还有较大差距。

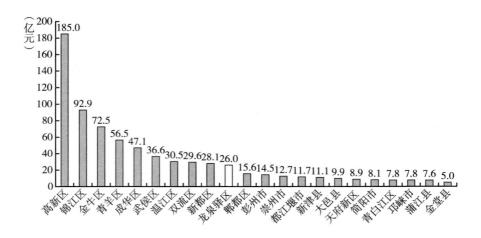

图2 2017年分区（市）县文化创意产业增加值

2. 产业集中度较低

截至 2016 年末，全区从事文化创意产业活动的法人单位共有 442 个，其中规模以上企业法人单位、规模以下、标准以上法人单位、小微文创单位分别占总数的 6.1%、12%、82%。全市年营业收入超过 10 亿元的大型文化创意产业龙头企业有 32 家，龙泉驿区尚未有一家大型文化创意产业龙头企业。全区文化创意产业涵盖创意设计、出版发行、影音娱乐、文博艺术、旅游会展、非物质文化遗产生产保护等多种业态，但各业态发展水平相对平衡，主导产业仍在形成之中。

3. 产业融合度较低

全区文化创意企业的核心业务主要集中于制造环节，处于附加值相对较低的价值链低端。由于缺乏原创性产品，企业向创意设计、创意研发等价值链高端升级乏力，文化创意产业的整体竞争力不强，难以进一步以创意融合金融、旅游、互联网等其他产业，形成以文化创意产业为核心的产业体系和产业集群。

## （二）城市创意阶层仍未形成

城市创意阶层是工作中包含较多创造性成分的群体，主要由"超级创意核心"和"专业创意"这两类群体组成，前者包括科学家与工程师、大学教授、诗人与小说家、艺术家、演员、设计师与建筑师、非小说作家、编辑、文化人士、智囊机构成员、分析家等"现代社会的思想先锋"，后者包括高科技行业、金融服务业、法律与卫生保健业、工商管理等知识密集型行业的从业人员。[①]

"十三五"时期，全区加大艺术品原创人才汇集力度。苏丹、赵弥、张修竹、周晓冰、张桐胜等文化名人纷纷在洛带建立美术、书法、摄影等工作室；何多苓、陈默、肖克刚、邓林、法国艺术家葛汉等国内外艺术家和欧阳中石、赵长青、胡抗美、冯远、邵秉仁、曾来德等国内艺术大家常聚集本区

---

① 刘奕、田侃：《国外创意阶层的崛起：研究述评与启示》，《国外社会科学》2013 年第 4 期。

文化交流。然而，与发达地区相比，龙泉驿区文化创意产业人才市场仍存在较大缺口，尚未形成完整的人才体系。2017年，全区文化创意产业从业人员数15702人，在全市各区（市）县加高新区、天府新区中排名第11位。相比文化创意产业先进区（市）县，人才队伍结构不平衡，既缺少顶级创意师、设计师，也缺乏高端原创人才、管理人才、营销人才等。创意人才短缺、人才结构不合理，制约了龙泉驿区文化创意产业的发展。

### （三）文创制度建设亟须加强

文化创意产业具有资本结构"轻"、供给端知识密集、需求端不确定性强等特征，存在较大的产业投资风险，因此需要明确有力的产业发展规划、产业行动方案与路线图、产业扶持政策来弥补市场机制的不足，补偿产业投资风险。文创制度供给不足，将严重制约文创产权交易的繁荣和文化创意产业的可持续发展。

龙泉驿区文创制度建设滞后于快速发展的文化创意产业。一是缺乏立足世界城市典范城区建设，贯通古驿道文化、新汽车文化、"一带一路"文化，综合复合产业、复合业态、复合聚落，形成文化创意产业与文化城市一体发展格局的产业规划。二是缺乏龙泉驿区文脉、文化元素与符号标识，文化创意产业促进先进汽车智造，文化创意产业引领文化旅游、运动康养产业发展，文化创意产业促进城市更新与文化主体功能区域建设等行动方案。三是缺乏支持文化创意产业快速发展和可持续发展、具有区域竞争力的土地政策、人才政策、奖励政策、后期补助政策、贷款风险补偿政策等产业扶持政策。

## 四 龙泉驿区文化创意产业发展的路径探析

### （一）明确文化脉络，促进两大升级，实现文化创意产业生态圈层式发展

坚持开放发展理念，抢抓"一带一路"建设和中国（四川）自由贸易

试验区建设的历史机遇，凝聚"交融互鉴、包容发展"的古驿精神，挖掘古驿文化和南丝绸之路文化，通过"一带一路"加强与德国等汽车强国的贸易往来和友好交往；围绕新时代的汽车文化，发展汽车设计、汽车音乐、汽车运动、汽车动漫、汽车数字体验以及周边创意产业，建设体现交通工具演化史、古驿道交往史的创意设施，打造都市汽车生活圈，以文化创意产业提升汽车制造业，建设全国一流、世界知名的先进汽车智造区。

坚持绿色发展理念，紧抓成都副中心建设和生活郊区化趋势的重要机遇，凝聚"原创独立、小众创新"的音乐精神，融入桃文化、客家文化、古镇文化，推动文化主题由"休闲"向"度假"升级、由"律动"向"绿动"升级；围绕音乐文化，发展数字音乐、音乐创意、音乐演艺、音乐教育等核心产业，带动休闲度假、创意运动、绿色康养、民俗旅游等周边产业，打造以梵木创艺区为核心的城市文化生活圈，以洛带古镇、龙泉山为核心的地域文化度假综合体，以文化为灵魂，推动工业城市向文化城市的全面转型，建设全国知名的创新创业之城、生态宜居之城、人文魅力之城、智慧高效之城、和谐幸福之城。

## （二）聚焦领军人才，培育创意阶层，实现文化创意产业创意驱动式发展

将文化创意人才的培养、引进和聚集纳入专项人才工程，因人制宜制定优惠奖励政策，依托创意园区、孵化器、产业平台等，着力引进和聚集一批生活美学、工业设计、城市空间、互联网设计、发明创造等领域的创新创意人才，聚集一批文化名家、艺术大师以及高端创意人才、管理人才、营销人才、经纪人才，打造一批高端文创企业、文创工作室，引进一批文创园区运营商，形成人才荟萃、人才辈出的局面。

依托标榜等优质教育资源，鼓励高校根据自身条件开设、完善文化创意产业相关专业，培养一批具有深厚传统文化底蕴的高精尖人才。支持高等院校、职业院校与文化创意企业联合，形成以企业为主体，高校、科研院所为主角，市场为导向，产学研深度融合的文化创意产业人才培养基地，培养具

有创意精神和创新思维的复合型文化创意人才。建立健全人才评估体系和激励机制，形成自由研发、尊重人才、包容创新的3T创意氛围。培育具有鲜明创意风格和文化市场潜力的中小文化创意企业，降低创业门槛，吸引更多人才创业、就业。完善人才激励机制，加强岗位职业培训，促进人才管理规范化，提高现有文化创意产业从业人员专业素质，拓宽从业人员发展空间。

### （三）加强制度供给，着力精准施策，实现文化创意产业制度引领式发展

制定文化创意产业发展路线图或长期规划，明确不同阶段的重点发展行业和承载空间。制定和完善龙泉驿区文化创意产业发展规划、品牌发展规划、基础设施发展规划、人才发展规划、科技发展规划等。完善文化创意产业项目库、企业名录数据库。

针对创意设计、广播影视、音乐创意、演艺娱乐、文博旅游等文化创意产业项目、活动以及文创营运商、重点文创园区、优秀文创人才，制定专门的扶持政策。引入社会资本，建立文化产业发展基金，撬动社会资本进入文创领域。加强与商业银行及其他专业金融机构的合作，专项用于文化创意企业贷款风险补偿、阶段参股等资本运作。

充分利用存量建设用地发展文化产业。鼓励利用旧址改造和产业优化升级发展文化创意产业。采取切实有效措施，在文化创意产业建设用地指标上优先予以安排。对街道文化产业项目用地，街道要优先予以保证，对区级重点项目要予以统筹解决。

# 典型案例篇

**Typical Case**

## B.21

# 创新利用工业遗址发展文创产业

中共成都市成华区委宣传部

**摘　要：** 成华区工业遗产底蕴丰富深厚、集聚分布、资源禀赋优势突
出。近年来，区委区政府加大工业遗产资源的保护和利用力
度，面向全球"借智借脑"，开展工业遗产点位的项目策划
方案征集工作，稳步推进重点项目的招商引资，引领文创产
业链上下游优质资源加速聚集，正促使一排排老旧厂房重新
焕发活力。本报告立足"文旅成华"高质量发展，为进一步
促进成华区工业遗产资源的创新性利用和创造性转化，提出
"健全文创产业生态系统、打造工业遗址旅游示范"等方面
的政策建议，以助力成都建设世界文化名城和全国重要文创
中心。

**关键词：** 工业遗产　创新利用　开发路径

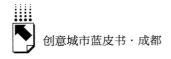

推动工业遗产转化利用，已成为经济社会转型发展中的重要议题。近年来，成都市成华区以塑造"文旅成华"品牌为目标，大力推进工业遗产保护和创新利用，取得不错的成绩。

# 一 对于促进工业遗产转化利用的几点认识

## （一）利用工业遗产是弘扬工业文明的重要举措

工业遗产蕴含着务实创新、兼容并蓄、励精图治、锐意进取、精益求精、注重诚信等工业文明特质，为社会发展注入一种永不衰竭的精神动力。转化和利用工业遗产，弘扬工匠精神，引导企业关注创新和品质提升，意义重大。

## （二）利用工业遗产是重塑城市地理空间的必然要求

老旧厂房等工业遗产，是连接城市记忆与新生力量的交汇区域，是城市物理空间、文化空间、经济空间的交叉点。利用好工业遗产资源，有利于提升土地空间使用效率，有利于促进文化传承与创新发展，有利于优化资源结构配置，重塑城市地理空间。

## （三）利用工业遗产是引领经济转型升级的集中体现

利用工业老旧工厂及仓库等工业遗产空间，建设战略性新兴产业园区和打造现代城市综合体，培育挖掘新动能，推动产业结构优化，经济价值潜力巨大，直接引领着经济转型升级发展。

## （四）利用工业遗产是实现城市和谐发展的使命归宿

改造利用工业遗产，打造社区休闲文体空间，打造文旅地标景致与实现人文表达，推进产业形态协同和环境友好配套，完善城市功能体系布局，发挥城市"黏合剂"功效，促进着人与人的和谐、人与空间的和谐、空间与空间的和谐。

## 二 成华区工业遗产资源转化利用的现状

成华区工业遗产涵盖"旧厂房、旧仓库及生产生活配套旧址",组成了成都历史记忆不可缺少的一环。近年来,成华区大力推进工业遗产保护和创新利用,支持"文旅成华"建设,取得了重要成绩。

### (一)工业遗产资源的基本情况

#### 1. 工业遗产历史底蕴深厚、彰显工业文明

成华区是一个老工业基地,曾先后聚集了200余家大中型企业,工业产值曾占全市70%以上,是四川工业的骄傲,为我国电子、机电工业的集中发展区,创造了辉煌工业业绩:无缝钢管产量居全国第一、电缆产量居全国第一、为国家输送了大批工业技术骨干。

#### 2. 工业遗产集聚分布、空间规模大

成华区列入成都市中心城区工业文化遗产保护的14处点位中,主要位于八里庄二仙桥片区及辐射区域,呈现集聚分布态势。同时,成华区工业遗产资源的空间规模大,占地超3000亩,地处交通便利位置,提供着巨大的经济使用价值。

#### 3. 工业遗产交通便利、周边文教旅游资源丰富

工业遗产资源集聚分布的八里庄二仙桥片区交通优势及周边资源分布(见图2),由府青路、中环路、建设北路—蜀龙路、成华大道相衔接,地铁7号、8号、11号、14号、32号线从中穿过,南接沪蓉高速,北接成绵高速,地理位置优越。同时,周边有成都理工大学、电子科技大学、天府自然博物馆、四川省国学馆等集结,文教旅游资源丰富。

### (二)利用工业遗产的经验做法

#### 1. 重视工业遗产的保护和开发利用

采取面向社会公开招标方式,委托天津大学城市规划设计研究院编制

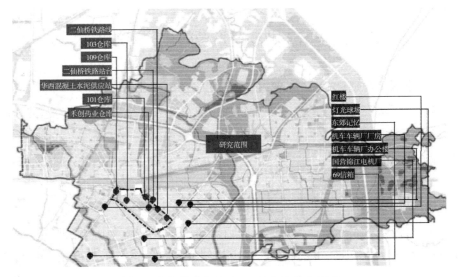

**图1 成华区工业遗产14处点位分布示意**

**图2 八里庄二仙桥片区工业遗产的交通优势及周边资源分布示意**

《二仙桥西片区工业文化遗产保护利用规划暨城市设计、控规调整方案》，对华西混凝土水泥供应站等 7 处点位进行用地布局的论证，促进工业遗产资源的科学转化。

2. 开展工业遗产点位的项目策划征集

面向全球"借智借脑"，采取多渠道、多形式公开征集禾创仓库、101 仓库、华西水泥罐三处工业遗产点位的创意策划概念方案。经多轮评审从 69 家应征者报名应征参与团队中评选出 3 家高水平候选单位，深度推进老旧工业遗址的利用设计。

3. 着力夯实重点项目的招商引资

在香港、深圳、上海、杭州等地举办投资促进活动，引进锤子科技并聘任其创始人罗永浩等"招商大使"现场现身说法，为成华区投资环境、投资政策、重点发展产业"代言"，引进重点企业和重大项目入驻，夯实成华区老旧厂房等工业旧址的转化利用市场主体，开发产业园区。

## （三）转化利用工业遗产取得的成效

1. 形成工业遗产转化利用的东郊记忆品牌

依托原红光电子管厂旧址打造的东郊记忆音乐公园，已荣获"国家音乐产业基地、国家 4A 级旅游景区、国家工业遗产旅游基地"等七大荣誉称号，累计接待中外游客 3000 余万人次，取得了良好社会效益。

2. 工业遗产转化利用的业态布局日益完善

结合"文旅成华"的功能区发展定位，依托八里庄—二仙桥片区老旧厂房、仓库等工业遗址资源，已整体规划布局"机车 1951 创智天地、锦电 1954 创意大院、繁星戏剧村"等多个新文创聚落，规划建设国家级文创产业示范园区，打造集中体现成都东郊工业文明的特色城区。

3. 产业招商投资建设项目加速集聚成华

吸引完美世界文创产业园等 20 多个文创项目入驻成华，一批影视、动漫、戏剧等产业基地在加快建设中，引领产业链条上下游优质企业、优质资源、优秀人才加速聚集，迅速提升区域产业层次，正让一排排老厂房焕发新活力。

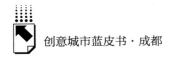
## 三　成华区转化利用工业遗产面临的主要挑战

### （一）工业遗址转化利用未形成产业生态链生态圈，缺乏高端产业导入、行业龙头聚集和产业平台支撑

成华区工业遗址点位转化利用破题开篇，初步形成发展以文创为核心的相关产业的态势。以东郊记忆音乐公园为例，建筑面积近 20 万平方米的园区，入驻各类企业 120 余家，2017 年成华区文创产业统计年报显示，无一家营业收入达 10 亿元的企业。

### （二）利用工业遗产思路偏颇、环境配套制约招商引资

在公共服务设施不健全前提下，因被周边落后环境配套制约，工业遗产的价值潜力会被低估，带来招商引资中被压低筹码。亟须理清工业遗产的招商引资思路，先配套、后招商，释放工业遗产的潜在价值和投资魅力。

### （三）工业遗产利用与城市和谐发展间缺乏宏观考量

成华区工业遗产利用中的城市宏观考量和思路设计模糊，工业遗址保护利用与城区功能布局相协调、工业遗址点位间协同发挥规模效应、工匠文化传播与现代产业升级相联动等一系列问题亟待破冰，以促进城市整体发展。

## 四　推动成华区工业遗产创造性转化和创新利用的建议

以经济社会发展的系统性、空间规划的协调性、业态布局的前瞻性、产业发展的集聚性、环境塑造的友好性、文化认同的粘附性，共同推动成华区工业遗产的科学转化与利用，共建共享和谐城区。

## （一）理清成华区工业遗产转化利用的前置要求

1. 坚持保护优先，科学利用

对机车车辆厂办公楼、红光电子管厂等文保旧址，以保定用、以用促保，以最大程度保留建筑艺术原貌，做好保护性利用和创新性改造。以结构可回溯、可复原为核心要求，支持老旧厂房及仓库等建筑结构的重塑和优化，实现工业遗产的利用和保护并举。

2. 坚持需求导向，功能更新

依据成华区产业结构转型升级需求，对接 101 仓库、69 信箱等工业旧址导入高端项目资源，推动新旧动能转换。着眼解决成华区文化供需矛盾，依托华西混凝土水泥供应站、二仙桥铁路线及站台、灯光球场等工业遗址的改造利用，完善公共文化服务基础设施，提供丰富多彩的精神文化产品。

3. 坚持政府引导，市场运作

按照整体策划、合理布局、设施配套、项目招商的总体思路，支持东郊文化创意集聚区管委会等依照规划导向，有序推进老旧厂房等工业遗址的利用工作。充分发挥市场机制的作用，引导中车、完美世界等企业主体参与招商引资，引入产业园区专业化投资运营公司，提升工业遗址利用主体的市场竞争力。

## （二）编制工业遗产利用专项规划，加大宏观考量设计

1. 建立工业遗产利用的联席会议制度

由区政府牵头，区文体旅局、区经科局、区投促局、区规划局等作为成员单位，定期召开成华区工业遗产保护和利用的联席会议，审查利用改造方案，对老旧厂房及仓库等工业遗产资源的保护和创新利用，进行把关。

2. 编制工业遗产转化利用的专项规划

根据成华区总体规划和功能区战略定位，对照成华经济社会发展规划及土地利用、文化建设、产业发展等相关规划，制定出台《成华区工业遗产保护和创新利用实施方案》，把工业遗产利用纳入城区空间功能布局中，实

现工业遗址利用业态的协调共振，促进和谐城区的建设发展。

3. 实施"工业遗产 +"利用策略

以工业遗产与现代生产生活的融合为切入点，推进禾创等"工业遗产 + 产业园区"、东郊记忆等"工业遗产 + 特色旅游"、华西混凝土水泥供应站等"工业遗产 + 博物展览"、103 仓库等"工业遗产 + 文创孵化"发展，实施功能置换。策划工业遗产旅游主题，连线连片整合工业遗址点位资源，进行整体宣传推介。

## （三）挖掘工业遗产精神价值，多措并举弘扬工业文明

### 1. 挖掘工业遗产的精神价值

组织四川大学、电子科技大学等高等院校的专家、学者，开展成华区工业遗产的精神价值挖掘与评估。引导红光电子管厂、机车车辆厂等积极申报国家工业遗产，推动历史价值、文化价值与经济价值并重，打造工业遗产的成都品牌。

### 2. 推进工业文明传承与天府文化传播

支持深入成华区中小学、制造类工业企业，以展览、讲座等形式，开展工业文明宣传、教育及推广活动，传播创新创造精神。积极学习德国鲁尔区工业遗产旅游经验，打造东郊记忆、机车车辆厂等文化旅游亮点，建设成为天府文化表达、传播的基地。

### 3. 大力弘扬工业文明精神

支持文联、旅游、教育、工业等部门，综合采用创作采风、雕塑、展览活动、论坛、讲座、建筑再设计等形式，大力弘扬成华区电子、机电、刃具等旧厂房及禾创药业等旧仓库蕴涵出来的科学精神、工匠精神、企业家精神及诚信精神，从高质量发展、中国制造等视角提升工业文明的理念认同。

## （四）培育战略性新兴产业，协同打造新经济高地

### 1. 引导"三驱"创新发展

推进东郊记忆、完美世界文创产业园等文创园区，实施"文化 + 科

技＋金融"三驱发展模式，建设文化科技创新基地、文化金融合作平台，培育发展数字创意、智能创作等战略性新兴产业，增强创新驱动力。避免产业园区"活动人气十足、市场买气不足"的经营困境。

2. 优先培育战略性新兴产业

优先支持利用中车机车车辆厂、101 仓库等工业遗址，建设文创交通类、数字音影及电竞类高端智能装备研发、影视内容生产及博览基地。支持利用 103 仓库、109 仓库等工业旧址，建设文创路演孵化器、科创金融加速器、商务配套办公楼，培育发展新兴服务业。

3. 协同发展产业园区

利用中车机车车辆厂等老旧厂房打造的战略性新兴产业园区，避免同东郊记忆音乐公园、完美世界文化产业园等业态雷同，防止出现产业功能重叠和同质恶性竞争。积极支持中车、完美世界等企业协助引进全球 500 强企业，利用 101 仓库等工业旧址，打造错位布局协同发展的产业园区（基地），完善价值链、创新链。

## （五）健全软硬件服务配套，开展高端招商引资

1. 完善服务配套布局

支持区建设局、区交通和市政局等相关部门加大投入力度，提升八里庄二仙桥片区的空间品质，完善绿化、交通、体育等硬件配套设施，健全水电路及网络通信等基础设施。对建设路辐射区域工业遗址周边配套，引导有条件的商业综合体向文创综合体转换，完善文创空间布局。

2. 塑造良好投资软环境

支持东郊文化创意集聚区管委会为工业遗产园区（基地）提供接口，对接成都创新创业服务平台、成都市科技企业融资平台、成都企业服务平台等，以一站式服务为工业遗址入驻企业提供融资、市场推广、行政代办、商务洽谈等服务。根据工业遗产产权归属，支持以厂房租赁、企业资产重组、托管经营等多种方式开展工业遗址改造和运营。

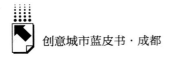
3. 开展高端招商引资

支持区投促局、东郊管委会等单位组织人员，参加全球性工业旅游与新兴产业类招商洽谈会，对标高端产业项目，指定专人定点跟进，开展国际化招商引资。优先支持全球 500 强企业通过投资、联营、入股、控股、收购等方式参与工业遗址改造利用，发展新动能。

### （六）贯通文创特色产业链，加快产业生态圈建设

1. 做强音乐戏剧产业生态圈

以环东郊记忆区域为依托，以音乐戏剧产业环为导向，打造以音乐戏剧创作、表演为本体，以 IP 创作、论坛节会、发布传播、明星产品为外围，以培训考级、创新孵化、演艺经纪、场景互动为关联的音乐戏剧产业生态圈，创建西南原创音乐戏剧产业基地。

2. 打造影视产业生态圈

以中车、101、禾创仓库为依托，以打造影视 IP 产业环为导向，打造影视创作、制作为本体，以大师工作室、影视孵化、影视资本投资、影视经纪、影视培训、影视节会、影视产品开发为外围，以主题博物馆、影视旅游、影视新媒体、影视新技术体验、影视产业关联转化为关联的生态圈，创建西南最具影响力的影视 IP 集群。

3. 发展电竞游戏产业生态圈

以理工、电子科大等高校为依托，以打造电竞游戏产业环为导向，打造电竞游戏制作、竞赛为本体，以电竞行业俱乐部、电竞行业孵化、电竞资本投资、电竞产业经纪、电竞培训、电竞产品开发为外围，以网红产业、电竞新媒体、电竞新技术体验、电竞产业关联转化、电竞大数据为关联的生态圈，创建国家级电竞游戏运营基地。

### （七）塑造工业遗址旅游品牌，打造成华文旅地标

1. 搭建工业遗址旅游平台

支持电子科技大学、成都理工大学等高等院校，举办全国性工业遗产旅

游发展论坛，为成华区工业遗产利用和宣传推广，搭建智力支撑平台。支持区文体旅局等相关部门，整合成都市及四川省相关优势资源，联合筹建"中国－成都工业遗产旅游周"，举办工业遗产旅游节庆活动，搭建成华工业遗产旅游的品牌推广平台。

2. 打造工业旅游地标示范

支持利用华西混凝土水泥供应站建设城市博物展览馆；支持利用二仙桥铁路线及站台建设城区情感主题文化基地，打造成都文化新地标。串联多个工业遗产，打造文旅品牌线路（见图3）。支持69信箱、华西混凝土水泥供应站、101仓库等在维持工业遗产总体面貌的前提下，运用功能延伸性新技术、新工艺、新材料，进行设计创新，协调色彩布局，美化风貌、促进与城市辉映。

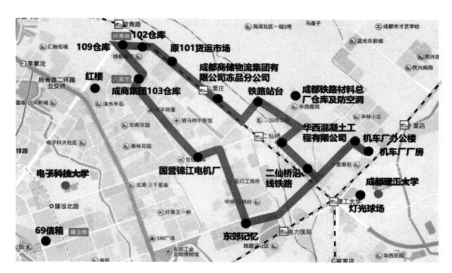

**图3　工业遗产的文旅品牌线路**

3. 多元利用工业遗产

支持禾创药业仓库、中车机车车辆厂等工业旧址建设集科技研发、商务办公、展览博览、特色旅游、文体休闲等于一体的园区综合体，推进工业遗址多元化利用。实施"文创＋"互动策略，支持已建和拟建产业园区基地开展文创设计与展览博览活动，以"活动反馈"来检验和提升产业发展绩效。

**表1 成华区14处工业遗址点位的转化利用参考**

| 序号 | 名称 | 年代 | 现状 | 利用参考方向 |
|---|---|---|---|---|
| 1 | 华西混凝土水泥供应站 | 20世纪80年代 | 现存完好的7层楼高水泥构筑物及管线、空压机房和顶层功能房 | 城市博物展览馆（为周边文创产业配套展览馆） |
| 2 | 禾创药业仓库 | 20世纪60年代 | 保存完好的红砖厂房 | 完美世界文创产业园（着力发展数字创意产业） |
| 3 | 101仓库 | 估测20世纪60年代 | 一栋红砖仓库、两栋厂房建筑以及标志性水塔 | 文创智能装备研发中心智能创作体验营销基地数字内容博览交易基地（打造数字创意类产业园区） |
| 4 | 103仓库 | 20世纪90年代 | 保存完好的具有工业美感的水泥墙面6层建筑 | 文创路演孵化器科创金融加速器商务配套办公楼（引驻平台，培育新动能企业） |
| 5 | 109仓库 | 20世纪80年代 | 保存完好的水泥墙面5层建筑 | 文创路演孵化器科创金融加速器商务配套办公楼（引驻平台，培育新动能企业） |
| 6 | 二仙桥铁路线 | 20世纪60年代 | 铁路部分已拆除，保留部分破损严重 | 婚礼摄影策划基地（发展工业遗址类文化旅游） |
| 7 | 二仙桥铁路站台 | 20世纪60年代 | 现存两栋老旧站台仓库建筑，破损严重 | 博物馆、展览馆爱情主题体验基地（发展工业遗址类文化旅游） |
| 8 | 国营锦江电机厂 | 20世纪50年代 | 厂区建筑完整，保留有块状绿地 | 现仍在使用（加强修缮、沿用现有使用功能） |
| 9 | 机车车辆厂 | 20世纪50年代 | 厂区完整保留 | 智能文创交通装备研发基地智能文创交通装备博览基地智能装备营销与体验旅游基地（打造智能研发类产业园区） |
| 10 | 灯光球场 | 20世纪80年代 | 正常使用，用于机车厂居民重大活动举办场所 | 居民文体活动场所公益活动举办场所（加强修缮、沿用现有使用功能） |
| 11 | 机车车辆厂办公楼 | 20世纪50年代 | 2012年列入四川省文保单位 | 总部经济办公楼高端商务办公楼（打造成为集群化办公场所） |

| 序号 | 名称 | 年代 | 现状 | 利用参考方向 |
|---|---|---|---|---|
| 12 | 东郊记忆（红光电子管厂） | 20世纪50年代 | 成都市文保单位，原址已改造成综合性音乐及附属产业的公园 | 数字娱乐体验基地<br>智能创作展演示范基地<br>文化金融合作孵化基地<br>（夯实文化旅游内涵和转型发展） |
| 13 | 红楼 | 20世纪50年代 | 原成都刃具厂，省级文保单位，现权属四川沛丰资产投资管理有限公司 | 现处于产权纠纷中<br>建议多部门协同引导<br>加快处理、妥善安置<br>（加强修缮、促进债权转股权） |
| 14 | 69信箱 | 20世纪50年代 | 红砖房、木质构造的楼梯、褪色墙体及裸露的电线 | 文艺创作与设计工作室<br>文创产品研发与展览基地<br>（打造文艺创作与设计展览园区） |

# B.22
# 活化利用老旧建筑发展文化创意产业

中共成都市青羊区委宣传部*

**摘　要：** 青羊区作为成都中心城区，坚持把产业转型升级同社区发展
治理有机结合，依托文创产业集聚区建设，从老旧建筑创新
利用上着手，以文化创意产业集聚发展带动城市社区品质提
升，走出了一条可复制推广的城市更新之路。本报告认真分
析梳理青羊区通过老旧建筑的产业化改造利用推动城市有机
更新的经验做法，以期对特大型城市中心城区推动城市更新
提供有益借鉴。

**关键词：** 城市更新　文创产业活力　案例分析

随着国民经济持续快速发展，国内很多城市出现了通过"拆旧建新"
来进行大规模更新改造的热潮，为城市的现代化建设提供了强劲的发展动
力。但随着时代的发展和大城市建设用地日益稀缺，传统的"拆旧建新"
"大拆大建"城市更新路径已然不再适应经济社会发展要求。在此背景下，
在保持原有城市肌理的基础上进行有机更新的理念应运而生。而城市有机更
新的核心内容就是旧楼改造、再生利用、存量提升，即通过对旧建筑的合理
改造，重新整合城市空间形态，更好地适应城市发展需要，提高城市空间利
用率并最大限度地实现其真正价值。

---

* 执笔人：邱颖，青羊区委常委、宣传部部长；黄宇，青羊区委政研室主任；赵正国，青羊区
委政研室主任科员。

# 一 当前国内城市老旧建筑改造利用现状分析

## （一）城市老旧建筑分类

目前我国城市老旧建筑尚无统一的分类标准，但按照其功能和价值大致可分为四类：第一类，是具有历史价值的文物保护建筑，以及在文物保护规定范围内的古建筑。文物保护建筑须严格按文物保护有关规定，秉承"保护优先，改造次之"的原则谨慎对待；第二类，是体现城市记忆的公共建筑。此类建筑可在保留其特定文化内涵的前提下，通过再生设计和一定建筑技术手段，而达到功能置换、延续市民情感积淀、丰富城市形象肌理的效果；第三类，是仍具备使用价值的老旧民用建筑，此类建筑整体框架、结构尚好，但由于年代久远，建筑立面和内部结构有待修复和加固，建筑功能有待完善；第四类是指已完全达到甚至超过使用寿命，损毁严重、毫无保留意义的危房，需要拆除重建。

## （二）老旧建筑改造利用的主要方式

当前国际通行的老旧建筑改造利用的方式主要有四种，第一，保持、保护（Preservation），对于历史纪念性建筑，不改变其建筑立面、结构体系、平面布局，原样保留，保持其原真性；第二，修复（Restoration），对于有历史意义的建筑，在有充分依据和把握的前提下，对其进行原样整修，以最大限度地恢复历史建筑的外观原貌；第三，适宜性再利用（Adaptive Reuse），对近代工业遗产进行保护性改造利用，在保留结构、材料、技术或者历史故事的基础上植入现代产业，使其焕发出新活力、新生机；第四，重建（Reconstruction），对已经无法使用的历史建筑，在原地按原貌重建，使其特殊历史意义得以留存。

而当前国内城市老旧建筑的改造主要有三种方式——产业化改造利用、建筑翻新和古建保护。产业化改造利用，即本文所讨论的改造方式，是指过对老旧建筑的再定位并改造，植入符合本地发展需求的产业，并使其发挥新功能。产业化改造利用是建筑改造的一种方式，但应区别于建筑翻新以及古建保护等建筑改造方式。古建保护是指修缮历史建筑，保存其历史和文化价值。该类代表作包括北京紫禁城、上海外滩、中国长城等历史地标，对国家的文化认同感至关重要，是一个民族价值和审美的体现。产业化改造利用也会保存原有的建筑结构，但保存历史只是重要却次要的目的。建筑翻新指保留现有建筑功能并翻新，安装现代化供暖系统、更换窗户或加固建筑，延长建筑使用寿命。产业化改造利用则既包括建筑翻新，又完全改变建筑用途，使其拥有全新功能。

### （三）国内外老旧建筑改造利用成功案例

19 世纪 30 年代开始，西方发达国家对城市旧建筑改造就提出了"再循环建筑"的先进理念。所谓"再循环"，其本质是建筑生命周期的循环和延续，是复活、再生、继续生长的过程，是以主动的适应性使用方式的改造手段替代以单纯的保护、维护为主的传统改造方式，将废弃的老旧建筑改造成具有现代设施功能的公寓、办公楼、商业建筑等，并植入现代商业元素，通过功能置换和有效的设计翻新为建筑注入新的活力，使之更具生命力。其中较为典型的如英国泰特现代美术馆，可说是世界上老旧建筑产业化改造再利用最有名的案例。其建筑前身是一座始建于 1952 年的河畔发电站，电站于1981 年停用，几乎遭受被拆除的命运，直到 1994 年由赫尔佐格和德梅隆建筑事务所将其设计改造为泰特现代美术馆。现在，泰特现代美术馆以每年接待 470 多万来访者而成为世界上最受欢迎的现代美术馆。

虽然与发达国家相比，国内城市的老旧建筑改造利用工作尚有许多不足，但在借鉴国外先进理念和经验的基础上，经过不断实践探索，不少国内城市也涌现出了大量的老旧建筑改造利用成功案例，如北京 798 艺术区的成功打造，无疑是最具代表性的案例之一。位于北京大山子地区的 798 厂，为1952 年民主德国所援建，后因经营惨淡而关闭。2002 年开始，由政府主导，社会参与，将"798"工厂空置的厂房进行了充分改造，成功将其打造成为轰动艺术业界的 798 艺术区。

## 二 当前国内老旧建筑改造存在的主要问题

国内城市的老旧建筑改造利用实践时间较短，虽然取得了一定成绩，但仍然存在不少问题和短板，主要表现在以下几方面。

### （一）改造对象过于片面性

改造对象多侧重于彰显度、标识度和认知度较高的历史文化旧建筑或街区，而忽视了数量更多、范围更广的普通的老旧建筑和以其为核心所辐射的周边环境的再现或重塑。

### （二）改造较为手段单一

在当前改造实践过程中普遍存在两种观点：一是认为历史建筑遗产必须"原汁原味"保留，对老旧建筑采取"冷冻式"保护，将其原封不动地加以保存，无法实现其自身价值；二是为追求短期经济利益，认为老旧建筑已经不适合当今城市发展需要，应予彻底拆除，这一改造手段将使城市的历史文脉和城市特征遭到严重破坏，导致城市记忆丧失。此外，国内老旧建筑改造多局限在对建筑本体的修缮加固和翻新上，仅追求外在形态上的模仿或复原，并未能突破形式的束缚而真正达到对于传统的理解和继承发展。

### （三）成果利用存在局限性和矛盾性

成果利用的局限性主要体现在，很多老旧建筑改造后，在利用上仍然受原有建筑使用功能的禁锢，无法利用老旧建筑植入符合城市产业发展定位的新兴业态，表面上看是对老旧建筑的功能、文化内涵、历史记忆的保护和延续，实际上是缺乏创造性和再生性，忽视了老旧建筑物质潜力的再挖掘及时代适应性，对建筑遗产进行合理开发利用不够，致使老旧建筑失去了其作为物质和精神文化载体的重要价值。成果利用的矛盾性则体现在，长期以来历史建筑的非营利性保护与投资商盈利预期之间的矛盾一直存在，仅仅依靠政

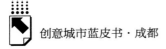

府投入解决老旧建筑的保护和利用显然力不从心、势单力薄，而放宽社会企业投资、引入社会资本参与，虽然在一定程度上缓解了资金问题，但同时也要兼顾投资回报，必然会出现"鱼"和"熊掌"不可兼得，在一定程度上迫使老旧建筑保护让步于商业效益的现象。

## 三　成都市青羊区少城片区老旧建筑产业化改造利用案例分析

成都市青羊区在充分吸收借鉴国内外城市老旧建筑改造利用的理论和经验的基础上，结合地域特色、产业发展目标和城市功能定位，对辖区内少城片区的老旧建筑进行了独具特色的产业化改造利用，走出了一条城市更新的新路径。

### （一）成都市青羊区少城片区基本情况

少城片区地处成都市核心区域，总面积约 1.5 平方公里，共有老街区 59 条，具有深厚的文化底蕴和市井韵味，成都市旅游的重要名片宽窄巷子位居于此，是青羊最具代表性的历史文化街区，也是天府锦城的重要组成部分。少城国际文创硅谷集聚区是全市确定的 66 个产业区之一，核心区总面积 1.07 平方公里，定位"国际文博创意创新谷、千年成都文脉彰显地、市井文化特色活力城"，着力集聚发展文化创意产业。青羊区利用原四川广播电视台旧址打造的少城视井文创产业园，以及利用原民盟成都社会大学和区检察院办公楼打造的明堂创意工作区，目前已成为集聚区内文创产业发展的优质空间和传承天府文化的优质载体，初步实现了品牌吸引效应、产业聚合效应、社会认同效应的有机统一。

### （二）青羊区少城片区老旧建筑产业化改造利用的理念原则

青羊区在对少城区域部分老旧建筑的产业化改造利用过程中，主要坚持遵循商业化逻辑、突出高质量发展、突出宜居度提升、突出文化传承、突出共建共享五个原则。

第一，遵循商业化逻辑。只有实现政府少花钱、企业多受益、市民更满意，城市有机更新才可持续。青羊区以"商业化逻辑、市场化运营"推进老旧建筑改造利用的规划设计、投资建设、产业孵化和管理运营。着力强化政府引导服务，用好市场力量，发挥企业智慧，一方面鼓励区属国有平台公司与行业领先的专业公司全面开展合作，引进和培养高素质管理运营团队，提升专业化运营服务水平。另一方面招引社会企业和资本参与建设、运营，鼓励机关、学校、企业、名人共建共享，探索形成重现历史风貌、创新产业设计、实现商业化运营的建设运营模式，实现生态效益、社会效益、经济效益的有机统一。

第二，突出高质量发展。产业是城市更新的核心，没有产业的高质量发展，城市更新将缺乏支撑动力。青羊区在历史建筑、老旧建筑的改造利用上，坚持以产业选择为基础，产业生态为关键，着力高端定位、做强链条、培育生态，高位嫁接文化创意产业，规划文化体验、文化旅游、文化展演、文化交往、现代服务五大产业，以文带旅、以旅行商、以商促文，实现文旅商融合发展，让存量资源尽可能实现最大化增值。把周边配套环境营造作为老旧建筑改造利用的重要路径，坚持"一路一味、一桥一品、一点一景"，营造特色化的街区文化和差异化的街区形态。

第三，突出宜居度提升。围绕"生活城市的根本是人性化，特征是宜居性"，通过老旧建筑植入文创产业，一方面推动产业转型升级、提升产业层次；另一方面带动周边街区社区文化氛围提升和文化生态形成，让居住在老城区、老街区的居民能够提升生活满意度和文化感受度。在老旧建筑改造利用过程中，统筹推进所在街区人居环境建设，突出场景塑造、增加开敞空间、改善公服设施，加大背街小巷整治、棚户区改治和老旧院落改造，推进"15 分钟社区生活服务圈"建设，加快城市绿道和慢行系统建设。

第四，突出文化传承。城市的文化是人民群众在日常生活中经过日积月累的磨炼沉淀创造而成的共同精神价值，青羊区对城市的改造和更新，注重文化的保留、传承和发扬，力求留下老建筑的同时，更好地保留传统

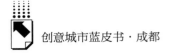

文化基因。

第五，突出共建共享。城市的主体是多元的，不同的主体对城市发展的诉求是多样的。青羊区坚持"以人为本、共建共享"发展理念，统筹政府、社会、市民三大主体，努力做好各方利益协调，融合各类个性需求，让企业、社会团体、广大市民充分参与，发挥好各自作用，让城市为人民而改变。

### （三）青羊区少城片区老旧建筑产业化改造利用的具体实践

青羊区历史底蕴厚重，区内历史建筑、老旧建筑数量多、分布散，单纯以"拆"为手段，难以解决城市更新难的问题。政府部门从城市营造的视角出发，以社区为单元系统思考城市更新，在老旧建筑和历史建筑的再生利用上下功夫，注重都市产业新形态和现代生活新场景的有机融合，着力通过产业迭代和功能植入，提升城市社区的宜居性和人文尺度。

1. 坚持少拆多改，利用老旧楼宇改造现代产业载体

坚持传承历史记忆和保护传统文化，积极变拆为"留"，着重在"改"上下功夫，做优发展空间载体。

第一，改楼宇功能。部分老旧楼宇尽管建于20世纪，但并未达到设计使用年限，青羊区在尽可能保留其原有文化特质的基础上，围绕产业定位、运营场景、工作人群等，重点在改造和修缮上下功夫，力求穷其原有空间植入现代功能。比如少城·视井产业园就是利用原省广播电视台办公楼改造而成，植入办公、展示、发布、创作、体验、一站式服务等六大功能；明堂园区一期和二期分别是利用原民盟成都社会大学和区检察院办公楼改造而成，因地制宜加装了小型电梯，把原来的老食堂改造成为路演大厅。目前，通过协调，原烟草公司办公楼等老旧楼宇，区教育局后勤服务中心（长发街55号）也已完成腾退，经适当改造后将重点发展文创产业。

第二，改建筑形象。坚持以契合少城特有历史文化风貌为原则，注重从行人平视角度对老旧建筑和设施进行设计改造，对楼宇进行适当的立面更新和形象重塑。少城视井、明堂对培训老楼的立面翻新也不一味追求华彩流

光，而是在适应传统街区风格的基础上力求呈现艺术气息，让园区建筑整体风格实现传统与现代的有机融合。

第三，改周边环境。突出可识别性，在少城片区打造文化旅游特色街区4个，特色街道6条，小街区规制示范街道3条，整治背街小巷18条；先后实施下同仁路83号等4个棚改项目和12个老旧院落改造，为发展文创产业提供更多载体空间。

2.突出规划引领，做优园区规划聚合新兴文创业态

坚持通过定位明确、导向清晰的规划推动产业和业态转型升级，实现园区主题鲜明、主业突出、业态高端。

第一，精准产业定位。系统梳理文创产业上下游产业链细分领域和配套要求，突出文博艺术、影视传媒、文化体验、音乐演艺等重点发展方向，系统制定产业链全景图、重点企业和配套企业名录与产业生态发展路径图。比如少城视井，定位于视听产业，制定了《入园企业评审办法》，以音乐影视、数字娱乐等产业为主导，着力打造"制作＋孵化、注册＋发行、科技＋创新、教育＋培训、文创＋金融"五位一体文创聚落。明堂以"科技＋文创"为主题，以音乐影像、设计策划等为主导，着力孵化和集聚小微文创团队项目。

第二，推动业态转变。通过调减不符合产业定位的业态、非适合本区域的服务和设施，增加现代服务业发展空间和载体。一方面，通过政策引导业态转换，比如少城区域已调整重点示范街道内48家低端底商，包括核心区域内3个洗车场，鼓励发展传统工艺、民俗文化、原创地方美食、设计类花艺等文化创意业态。另一方面，积极推动底商整体收储，对于不能整体"腾笼"的，如小通巷2号部分居民楼，引入"四号工场"企业主体，对20余户民房收储用于发展特色民宿；小通巷中段"弘汇茶房"已经完成近600平方米的底商收储并计划打造"熊猫文创馆"。突出生态培育。园区注重以龙头企业为核心，引领带动同类或关联企业集聚，推动产业链式发展。少城视井通过引进慈文传媒、WE＋酷窝、太阳娱乐等明星龙头企业，带动数字、智能、创意、流量和共享等领域50余家文创企业链式发展；明堂以跨界技

术、声音实验、独立音乐、艺术设计为主导，带动音乐、设计、动漫等30余家文创企业聚合发展。

3. 遵循市场规律，强化政企协同提升市场运营水平

坚持政府主导、突出企业主体、遵循商业化逻辑，推动园区可持续发展。

第一，坚持专业化运营。积极发挥政府在高标准建设、整体规划引导等方面的有力作用，依托市区两级国有公司专业化打造文创产业园区。少城视井的建设改造和项目招商由青羊区区属国有平台公司兴城建实业发展有限责任公司、欣创投资有限公司等区属国有公司负责；周边宽窄巷子二期、文殊坊片区等重大项目也均由成都市市属国有公司文旅集团、城投集团、兴城集团等打造。

第二，坚持商业化运作。积极引入社会企业和资本参与园区运营管理，推动实现园区管理从"管物业"向"管产业"转变。比如光谷咖啡、少城视井等示范性项目，以市场化方式引进和组建楼宇运营团队实施专业化运营服务，明堂园区完全由民营企业独立运营管理。

4. 注重环境营造，兼顾生产生活建设优良公共空间

聚焦产业发展需求和市民生活要求，建好建优生产生活空间载体。突出宜居度提升，在老旧建筑周边和历史街区加大公共服务设施和场所建设，为产业人群和社区居民提供更方便、更优质的服务。少城国际文创硅谷实施基础设施项目7个、公建配套项目18个，新建社区综治中心1个，建成和正加快建设慢行系统9条，在奎星楼街27号以比选方式建设机械式立体停车位1个。建开敞空间，按照"可进入、可参与、景区化、景观化"要求，在少城视井及其周边区域重点整治"两拆一增"点位10处，拆除侵占开敞空间的违法建设1160平方米，拆除公共区域围墙961米（全区共拆除7400余米），增加城市绿地、景观小品2702平方米，整合梳理社区公共开放空间78处。

5. 融合发展治理，打造开放园区提高市民文化感受

紧紧围绕"生活城市的根本是人性化，特征是宜居性"，始终注重把园区发展与城市社区发展有机融合。

第一，让园区空间融入社区。少城视井和明堂在改造伊始就把原有围墙全部拆除，让园区与街区在空间上融为一体；为满足所在社区居民生活休闲需求，少城视井除植绿、建慢行道外，还设置了动感漂流瓶等创意小品，让群众乐在其中。明堂把情调咖啡厅设在奎星楼街边，市民转步即到。

第二，让文化创意融入生活。园区坚持艺术面向群众、高雅融入生活，面向社区群众开展多样化、可参与的文创艺术活动，让市民能够零距离接触艺术、享受快乐。少城视井自开园以来，先后开展了发现 2017 青羊十大最暖人心民生事件、乐动青羊·悦音 FUN 等活动 17 场，举办"少城音乐市集"系列文创活动，社区居民参与人数 1 万余人；明堂已在奎星楼街连续举办了 3 届"NUART 国际艺术节"，让街坊邻里亲身感受来自荷兰、新西兰等国际艺术元素。

建筑是城市更新进程中推动城市演变的重要力量，青羊区以其生动实践证明，对原有的老旧建筑进行产业化改造再利用是一种可持续发展的行为，对城市有机更新具有重要意义。城市有机更新，应以充分了解城市历史、发展历程、环境特征为基础，深入研究老旧建筑的历史文化和建筑特点，实事求是地按照城市发展需求重新进行功能定位，把科技与艺术、建筑与产业有机地结合在一起，把传承保护城市记忆与促进产业转型升级、推动"人城境业"和谐发展统一起来，最大限度发掘旧建筑的潜力并赋予其新的内涵与生命活力。只有从可持续发展、循环再生的角度，对需要进行功能置换以满足城市发展需求的老旧建筑进行改造利用，才能适应城市功能布局、产业布局调整带来的压力，化解城市用地结构提出的挑战，达到城市自然、经济、社会协同进化和再生。

# B.23
# 梵木创艺区发展探析

中共成都市龙泉驿区委宣传部

**摘　要：** 产业园区是文化创意产业发展的基本空间形态和重要载体。作为国家级文化创意产业示范园区创建区，龙泉驿区的梵木创艺区取得了重塑区域城市空间、优化区域产业结构、促进区域创新创业、满足群众多层次文化需求、实现产业融合发展的经济社会效益。"梵木"模式的基本特征在于多方博弈下的协同式动力模式、全产业链网络化的发展模式、基于产业融合和多元服务的新型管理模式、创意系统整体增值的盈利模式。"十三五"时期，梵木创艺区亟须在创新园区与金融合作方式、组建文化创意产业联盟、利用"互联网＋"打造立体传播体系等方面下好功夫。

**关键词：** 文化创意产业　产业园区　效益模式

文化创意产业园区是产业发展的基本空间形态和重要载体。随着文化创意产业在国家转型过程中的地位日益提升，文化创意产业园区也实现了跨越式发展，逐步显现出规模化、集约化、专业化的态势。梵木创艺区是四川省文化产业示范园区，是中国西部唯一综合性音乐主题产业园区、西南首个"全产业链"文创园区，是促进音乐、创意、文化、艺术、科技融合的大型公共文化项目。园区以创意设计和音乐产业为主导产业，以建设创意设计、影音娱乐、文博艺术、人才孵化四个产业聚集区为核心，集文化创意、艺术创作、产品研发打样、音乐产业、创意教学、艺术展示体验、青年创业孵化等多种业态为一体，实现全产业链发展。

# 一 国内文化创意产业园区发展演化的基本态势

## （一）空间形态的代际特征

文化创意产业园区是文化创意产业发展的空间载体，随着文化创意产业的快速升级和城市空间布局的不断优化，文化创意产业园区被赋予不同的内涵和特点。迄今为止，我国各大城市已经发展出三代文化创意产业园区，对城市空间价值的发掘和服务功能的提升，呈现梯次强化的趋势。

表1 文化创意产业园区空间形态的代际特征

| 项目 | 第一代文化创意园区 | 第二代文化创意园区 | 第三代文化创意园区 |
|---|---|---|---|
| 空间特性 | 厂房/区改造 | 厂房/区改造、楼宇置换 | 城市新型混合空间开发 |
| 产业形态 | 艺术家自然聚集，产业门类多杂 | 动漫、设计等主题性、主导性产业集聚 | 共生性、融合性的产业聚集，形成新型科创社区 |
| 功能服务 | 轻产业功能，以"房东"或"二房东"形式，提供物业服务和租金管理 | 初期营造产业生态，对产业项目进行招商运营，策划组办主题活动 | 打造产业技术联盟、产学研合作平台，搭建创意/创新网络，提供专业化服务 |
| 建设重点 | 空间改造与开发 | 空间改造与开发 | 营造创意社群与创意生态 |

资料来源：周蜀秦、李程骅：《文化创意产业驱动城市转型的作用机制》，《社会科学》2014年第2期。

第一代、第二代文化创意产业园区大多是在旧厂房的基础上进行改造或者楼宇置换，空间的拓展性不够；产业业态主要是会展、设计、展演、市集和办公等，产业层次较低，产业关联度不强；通过举办创意设计、影音娱乐、动漫游戏和传媒艺术等各类主题活动，满足和催生更多的个性化生产与消费的需求，但创新主体集聚效果不明显。第三代文化创意产业园区既是工作、生活、休闲、旅游的空间，又是创意社群与创意生态的空间，通过科技手段、信息网络等提供创意创新系统的功能性服务，实现创意活动从园区化、街区化到社区化的演进。

梵木创艺区属于第三代文化创意产业园区，园区1期系废旧厂房改造而成，2期拟新增用地55亩，在空间形态上形成创意设计、影音娱乐、文博艺术、人才孵化四个共生融合的产业集聚区，涵盖学、产、游、乐四个层面，新建包含艺术剧场、典礼中心、艺术展览中心、艺术酒店、艺术馆群落、创意总部基地、音乐公园在内的多种业态，构建起以多元融合的大文创体验聚落、全国一流的创意设计基地、文博艺术共生体、西部文创人才培养基地等为多点支撑的文创产业链。①

## （二）生产方式的变化趋势

随着"互联网＋"和大数据的快速发展，网络平台持续不断地强化生产网络、社会网络、市场网络与消费网络的通达性、及时性和同步性，这对早期文化创意产业以生产者特别是创意者为核心、信息不对称的生产方式产生了颠覆性冲击，② 产业发展中的后工业化、信息化、网络化、市场化力量日渐凸显。相对应地，文化创意产业园区的生产方式和商业模式也随之进行调整。

表2  文化创意产业园区生产方式的变化趋势

| 项目 | 早期的文化创意产业园区 | 当前的文化创意产业园区 |
| --- | --- | --- |
| 实施载体 | 有形资产和无形资产 | 有形资产和无形资产；虚拟空间的数字、内容和信息 |
| 产业组织 | 垂直一体化 | 柔性生产系统③（弹性专业化④） |
| 生产方式 | 价格竞争 | 网络式按需协作 |

① 《城东又一个文创园区悄然成型》，《成都晚报》2017年5月9日。
② 周蜀秦、李程骅：《文化创意产业驱动城市转型的作用机制》，《社会科学》2014年第2期。
③ 柔性生产系统是一种根据环境和市场需求变化而积极采取相应策略的生产系统，该系统具备很强的应变能力和响应速度。
④ 弹性专业化的概念最早由皮埃尔（Piore）和赛伯（Sabel）（1984）提出来，强调企业以及企业之间形成的网络化作为主要行为主体，进行多样化的、自身不断变化的专门化产品集合式生产。

| 项目 | 早期的文化创意产业园区 | 当前的文化创意产业园区 |
|---|---|---|
| 消费方式 | 生产驱动消费,产品标准化、统一化 | 既有消费者中心又有小众市场,产品个性化、多元化 |
| 推进力量 | 工业化、市场化 | 后工业化、市场化、信息化、网络化 |
| 发展理念 | 封闭、集中、等级、权威 | 开放、分享、平等、共赢、共生 |

资料来源:周蜀秦、李程骅:《文化创意产业驱动城市转型的作用机制》,《社会科学》2014 年第 2 期。

　　早期的文化创意产业园区,内部竞争明显,产业关联度低,难以形成发展合力,而当前的文化创意产业园区,越来越注重企业之间的网络式联结和产业链的前向、后向、侧向延伸,企业按需协作形成柔性生产系统,产生出强大的市场竞争力和适应力。同时,封闭化、集中化、等级化、权威化正在被开放、分享、平等、共赢、共生的理念和运行方式所取代,这就意味着园区的发展,将不再过多依赖于是否有充足的文化资源以及相应的产品开发,相反更有赖于是否以用户为核心、有效整合网络资源形成用户增值服务并快速传播。[1]

　　梵木创艺区具备较为先进的生产理念和运行方式。一是注重业态互补和产业联结,大力引进文创尤其是和创意生活美学相关的优质团队,包括上下游资源企业,配以园区的各类公共服务平台,形成"音乐产业 + 创意设计"的"双产业链"模式。二是注重提升市场化开发建设运营能力,建立了集设计研发、金融服务、信息中心、版权保护、技术支撑、产品展售于"一体"的新型运营管理模式,以部分免费或成本运作的方式为园区企业提供各项增值服务。三是注重打造和传播具有影响力与参与度的园区品牌,如"成都力量艺术生活季"、"意大利翁布里亚爵士音乐节"和"合音量原创音乐 T 榜"等,每年完成并推广原创音乐 200 首,合作孵化数百位音乐人,开展重点文创活动 30 余场。

---

　　① 周蜀秦、李程骅:《文化创意产业驱动城市转型的作用机制》,《社会科学》2014 年第 2 期。

### （三）区位选择与路径演化

文化创意产业园区"依城而建"，区位选择可以是中心城区或者郊区，由于土地级差带来显著的层级效应，中心城区和郊区的文化创意产业园区可能呈现不同的演化趋势和走向。

表3　中心城区文化创意产业园区路径演化的四种可能

| 四种可能 | 空间规模 | 特征 | 参与主体 | 演化障碍与发展瓶颈 | 以上海为例 |
|---|---|---|---|---|---|
| 专业孵化器 | 规模较小 | 专业化强 | 创业和生产创作者 | 质量不优 | 张江文化科技园区;动漫衍生园 |
| 体验终端 | 规模较小 | 互动、开放 | 消费者 | 不确定的盈利模式 | M50、卓维700 |
| 社区营造 | 规模较大，不限于园区空间 | 与城市规划结合 | 企业员工、社区居民 | NGO和NPO介入的环境和条件尚不成熟 | 创智天地、环同济 |
| 创意地产 | 规模较大，与周边配套呼应 | 服务创意企业，释放土地潜能 | 开发商 | 与一般商业地产难以区分 | 海上海 |

资料来源：孙洁：《创意产业空间集聚的演化：升级趋势与固化、耗散——来自上海百家园区的观察》，《社会科学》2014年第11期；王慧敏、王兴全：《创意上海蓝皮书：上海文化创意产业发展报告（2015~2016）》，社会科学文献出版社，2016。

表4　郊区文化创意产业园区路径演化的四种可能

| 类型 | 特点 | 优势 | 制约瓶颈 | 以上海为例 |
|---|---|---|---|---|
| 科技支撑 | 原有工业园区、科技园区基础上的产业升级 | 由于地点黏性小，不在乎郊区区位，可享受较低的商务成本 | 对政策有一定程度的依赖 | 动漫大场、西虹桥、网络视听产业基地、智慧金沙3131 |
| 产业融合 | 农业、旅游业、休闲娱乐业等行业的渗透融合 | 文化资源、农业资源丰富，生态环境良好 | 园区形态弱化 | 廊下乐农、七宝古镇 |
| 主题衍生 | 特定行业的集聚或围绕某项主题的运营策划 | 充裕的空间用以培育产业链 | 需要特殊资源或政策支撑，盈利模式不明晰 | 嘉定中广国际、金山国家印刷产业基地、松江时尚谷 |

| 类型 | 特点 | 优势 | 制约瓶颈 | 以上海为例 |
|---|---|---|---|---|
| 艺术导入 | 艺术家集聚引发新的社会结构与社会认同 | 较低的生活成本、优越的自然环境、宽裕的创作空间 | 艺术和商业的权衡,政府介入的尺度把握 | 金山中国农民画村 |

资料来源:王慧敏、王兴全:《创意上海蓝皮书:上海文化创意产业发展报告 (2015~2016)》,社会科学文献出版社,2016。

梵木创艺区位于成都市龙泉驿区,园区北临成都市三环路成渝立交,南临连接成都市中心的主干道——驿都大道,按成都市建设大都市圈和国家中心城市的规划定位,梵木创艺区可以划入中心城区文化创意产业园区。

从路径演化来看,梵木创艺区融合了表3、表4中的多种可能,如搭建了音乐人孵化基地和创新创业孵化基地等,为文化创意企业或个人提供专业的孵化服务;作为体验终端,拥有1万平方米的公共艺术空间,打造西南最大音乐LIVE空间和多功能艺术展览馆;作为社区营造,园区集国际元素、民俗文化、文博艺术、民族特色等于一体,形成多元文化融合的泛娱乐制作与体验聚落。园区作为产业融合型,初步实现了创意设计、影音娱乐、文博艺术、人才孵化等业态共生融合、协同发展;作为主题衍生型,主题明确,围绕创意设计和音乐产业两大主导产业,延伸上下游产业;作为艺术导入型,不断激发艺术创作、建立艺术鉴赏体系、提升艺术衍生品开发水平、加强市场拓展等。

## 二 梵木创艺区的发展概况与效益分析

### (一)发展优势

一是西部的唯一性。以音乐和设计为驱动,坚持"生活艺术化、艺术生活化"的内容产出,是西部唯一综合性音乐主题产业园区。二是链条的完整性。拥有两条完整的产业链条,即创意设计产业链(研发—设计—产品成型—产业升级)和音乐产业链(创作—制作—演艺—数字化运营—版权—粉丝经济)。三是地位的重要性。作为省、市、区三级合力重点打造的文化产业项目,在成都市全面建设西部文创中心发展战略中统一规划、统筹布局。四是辐射的广泛性。作为成都建设国家中心城市"西部文创中心"的标杆园区、"中国音乐之都"建设的核心载体,梵木创艺区已经形成"一园多点、一核多极"的发展格局,带动和辐射了中国艺库、蔚然花海、博客小镇等文创项目。

### (二)发展现状

梵木创艺区1期产业改造面积4万平方米;2期拟占地55亩,建筑面积10万平方米。园区成功引进各类文创企业、团队共120家,包含创意总部企业4家。其中,文创类团队50余家、音乐类企业30余家,文创产业从业人数近1500人,占园区从业人员总数的76.5%,已初步形成产业集聚效应,[①] 是文化企业集聚发展的特定区域。

产业协同发展,品牌效应突出。园区已形成"创意设计+音乐产业"的"全产业链"模式,围绕创意设计、音乐演艺两大主题,搭建了创意设计研发、音乐人孵化基地、建筑与空间设计、创新创业孵化、展示推广中心等服务平台。一是以创意设计、建筑设计、家居设计为重点,引进国内外知名的创意设计类企业和机构,形成并扩大了"西部设计"的品牌效应。已吸引聚正能量、正火传媒、集和中国、冰翼数字、意町设计、主线文化等知名文创企业入驻园区。二是提供完善的"创作—演艺—版权交易"公共服务平台配套,聚集了杨诒、扎西尼玛、声音玩具、泰然阿修罗、张达山等成都本土知名原创音乐名人及工作室。[②]

文创活动丰富,推广传播快速。园区建立了1万平方米的公共艺术空间,涵盖西南最大音乐LIVE空间、录音棚、艺术展览馆等。每年固定开展"成都创意设计周双百活动展""成都力量跨界艺术季""台北音乐生活艺术周""翁布里亚爵士音乐节"等大型艺术活动30余场,开展其他演出及文

① 《城东又一个文创园区悄然成型》,《成都晚报》2017年5月9日。
② 《城东又一个文创园区悄然成型》,《成都晚报》2017年5月9日。

创活动 120 余场，丰富了文创产品供给。每年一届的成都最大原创音乐大奖"成都力量"和"合音量原创音乐 T 榜"等著名颁奖典礼落户园区，① 扩大了园区原创音乐品牌的知名度。

音乐培训高端化，人才培养系统化。梵木创艺区引进共建了"极嘉明星学院"，以明星养成/经纪、影视剧出品、音乐剧场 IP、大学生微电影节、文化策展等为孵化渠道，形成"培训＋经纪＋内容"为核心的西南顶尖音乐人才养成学院。在培训方面，形成国内国际知名导师阵容对签约练习生进行专业培训，通过组建国内外专业艺术院校类联盟，开展学生实践实验基地、共享名校名师团队资源。在包装方面，通过学院强大的音乐制作能力，为学员量身打造音乐内容，结合学院自身的宣发包装渠道，最终形成明星制造中心。在推广方面，通过音乐养成类网综节目，完成自有 IP 开发，实现"内容成就明星，明星成就内容"的良性闭环。

## （三）社会效益分析

梵木创艺区坚持"价值引领、内容导向"的创建原则，始终把社会效益放在园区建设运营的首位，集中在以下五个方面实现了对区域发展的有益促进。

第一，重塑了区域城市空间。园区利用文化创意产业的艺术展示手段，改造城市废旧厂房和老旧社区，变旧为新，持续提升了城市品质和品位。

第二，优化了区域产业结构。园区文化产业聚集发展效应不断显现，带动区域产业结构的同步优化调整，促进了周边金融、现代商贸及都市休闲产业加速融合，成为龙泉驿区经济发展新的增长极。

第三，促进了区域创新创业。园区积极为青年（大学生）提供创新创业孵化载体和相关服务。提供"双创"就业岗位 1500 多个，随着园区发

---

① 夏楠：《提振成都市国际创意文化消费——基于成都市文创中心案例研究》，《中国中小企业》2017 年第 10 期。

展，预计三年内将帮助 5000 多名青年创业就业。①

第四，满足了群众多层次文化需求。园区免费对外开放"文创主题活动"成为公共文化惠民的有益补充，年度免费对外开放公益演出、艺术推广等 30 余场，惠及群众约 100 万人次。②

第五，实现了产业融合发展。园区以梵木创艺区为核心建立了"四川文化产业双创发展引擎"，实现了创意、科技、音乐、旅游、休闲等产业的深度融合与创新，为四川省内多个文化创意园区在文化创新、创意设计、产品研发、商业发展等方面提升完善，提供了参考路径和现实借鉴。

### （四）经济效益分析

园区运营以来，取得了良好的经济效益，在全省同类文化产业园中具有明显的带动和示范效应。第一，基础孵化效益高。已入驻团队 120 家，其中，平均年产值达 7000 万元的创意总部企业共 4 家，园区综合年产值约 5 亿元。第二，产业融合促进大。园区以创意设计为核心驱动力，促进创意转化落地，园区的创意设计研发服务平台促进相关文创产业行业增加产值 10 亿以上。第三，辐射示范带动强。梵木创艺区作为成都城市音乐创意地标、大众公共文化艺术平台，示范效应和集聚效应正在逐步释放能量，预计五年内入驻团队超过 300 家，就业约 2 万人，综合年产值近 50 亿元，对当地 GDP 贡献可达 3% 左右。

## 三 梵木创艺区的模式总结

### （一）动力模式：多方博弈下的协同式动力模式

一般来说，文化创意产业园区的发展有三种动力主体和推动方式，即市

---

① 夏楠：《提振成都市国际创意文化消费——基于成都市文创中心案例研究》，《中国中小企业》2017 年第 10 期。

② 夏楠：《提振成都市国际创意文化消费——基于成都市文创中心案例研究》，《中国中小企业》2017 年第 10 期。

场主导下的渐进式动力模式、政府主导下的"蛙跳"式动力模式、市场和政府共同主导下的协同式动力模式。[①] 梵木创艺区发展的推动模式属于第三种——市场和政府共同主导下的协同式动力模式，这是一种多动力推动下市场与制度机制共同作用的回旋式发展模式。

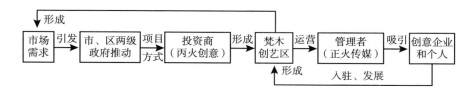

**图1　梵木创艺区的协同式动力模式**

资料来源：肖雁飞、廖双红：《创意产业区新经济空间集群创新演进机理研究》，中国经济出版社，2011。

日益增长的文化创意市场需求促使成都市、龙泉驿区两级政府高度重视文化创意产业园区的打造。在成都市龙泉驿区政府的统一领导下，梵木创艺区由丙火创意产业机构建设打造，正火传媒投资运营。梵木创艺区以项目方式招商引资，用艺术的标准改造1期、建设2期，已完成项目1期多功能展演空间、公共艺术馆、创客空间、音乐人工作室、创意总部基地、工业设计打样服务中心等版块；作为管理者，通过招租吸引聚正能量、正火传媒、集和中国、冰翼数字、意町设计、主线文化等各类文创企业、团队入驻，并争取更多的社会力量参与园区建设和发展，如与金林置业集团旗下极嘉文化联合打造高端音乐培训项目"极嘉明星学院"、引入广东红谷投资有限公司投资8000万元等。这些创意企业和个人入驻并集聚发展从而产生创新效应，梵木创艺区才真正成为文化创意产业集聚区；而梵木创艺区的发展又将刺激产生新的文创产品市场需求，再次促进政府新一轮推动行为。如果园区运行良好，该过程将周而复始，呈回旋式发展。

总之，随着梵木创艺区逐渐展现其集聚创新能力和价值创造能力，市

---

① 肖雁飞、廖双红：《创意产业区新经济空间集群创新演进机理研究》，中国经济出版社，2011，第213～215页。

场、政府、创意主体、投资者与管理者之间通过相互合作获得共赢：市场得到了开发，政府得到了税收，区域得到了发展，创意主体得到了创业的空间和平台，投资者和管理者得到了租金和投资回报。这种共赢的格局形成动力，使得各方力量进一步协同推进梵木创艺区的发展。

## （二）发展模式：全产业链网络化的发展模式

能否形成完整的产业链，是文化创意产业园区成功的关键。产业链条不完整，盈利能力必然低下，园区发展势必缺乏可持续的价值增值基础。[1] 因此，全产业链是当前文化创意产业园区最好的发展模式选择。

梵木创艺区最为突出的特点是整个园区的发展紧密围绕创意设计和音乐产业两大主导产业所形成的全产业链展开。从园区业态来看，创意设计全产业链涵盖了研发—设计—打样—生产—展示—营销—升级，音乐产业全产业链涵盖了创作—制作—演艺—数字化运营—版权—粉丝经济，上下游企业依托产业链汇聚联结，产生集聚效应；横向产业与产业链侧向贯通，实现内容资源重复开发的价值增值。

在依托全产业链发展而产生集聚效应的基础上，梵木创艺区内部逐渐形成了社会生产网络。梵木创艺区的社会生产网络，包括园区企业之间的联系网络、与四川大学等科研院校合作形成的研发合作网络、包含多个服务平台的服务支撑网络等。通过社会生产网络，园区将各类资源整合提升，实现整体效益大于个体效益之和的系统效应；同时，能更好地应对市场需求，使创意内容紧跟顾客生活方式和消费方式的变化，保持文创产品和服务的时效性。

## （三）管理模式：基于产业融合和多元服务的新型管理模式

为将梵木创艺区打造成为西南地区首屈一指的创意产业链园区，"正火

---

[1] 徐文燕、周佩：《文化产业园区的集聚效应与全产业链发展模式分析》，《南京财经大学学报》2012 年第 5 期。

传媒"投入 2.6 亿元，建立了集设计研发、金融服务、信息中心、版权保护、技术支撑、产品展售于"一体"的新型管理模式，以部分免费或成本运作的方式为园区企业提供各项增值服务。

一是搭建了一整套公共服务平台，促进文创产业"全链条"发展。围绕创意、制作、展示、推广、运营等环节，建立了创意设计研发服务平台、公共艺术展馆、手作艺术展馆、动漫互动体验中心等文创项目公共服务平台，多功能展演空间、藏羌彝音乐研究推广中心、多功能剧场、录影棚等音乐项目公共服务平台。同时，完善了摄影棚、公共画室、版权服务站、五人制足球场、免费停车场及餐饮便利店等配套设施。

二是建立了"一站式"配套服务，为文创孵化提供"全方位"支撑。针对项目孵化所需的现金流、人才流、物资流、信息流，通过创业生态育成体系建设，搭建了政务服务、导师辅导、技术支撑、市场推广、投融资引进、产业基金扶持等"一站式"服务，实现了"创新创业+原创孵化+产业培育"的一体化运营。

### （四）盈利模式：创意系统整体增值的盈利模式

梵木创艺区属于第三代文化创意产业园区，注重产业培育孵化，其盈利模式不是来自级差地租和传统的商铺租金，而是来自整个园区依托全产业链所形成的创意系统的整体增值。园区构建了较为完善的产业服务体系，一方面服务于全产业链发展，通过有偿提供融资性服务、咨询服务、培训服务、信息服务、孵化性服务、知识服务、媒体服务、网络通信服务、物流服务、人力资源服务、软件和服务业外包等获取收入；另一方面服务于文创孵化，以股权投资的形式为音乐创作人提供必要的产地和资金，聚集产品，通过出版、发行、表演等相关产业帮助音乐产品孵化，最后实现利益共享。①

---

① 苗春：《建国家级音乐产业基地》，《广东流行音乐欲"收复失地"》，《人民日报》（海外版），2012 年 5 月 28 日。

# 四 进一步优化的建议

## （一）创新园区与金融合作方式，拓展金融投资类盈利渠道

金融投资越来越成为文化创意产业园区运营和盈利的一个重要途径。梵木创艺区应该重视与各类金融市场的对接，通过资产的资本运作和金融产品与模式的创新，不断创新园区的盈利模式。一是政府推动设立文化创意产业园区和融资需求受理点，为园区小微企业提供融资咨询、融资辅导、融资受理、推荐核查和批量推荐给商业银行等服务，在金融机构与园区小微企业之间发挥桥梁作用，实现小微企业融资的便利化、批量化和多元化。[①] 二是借鉴中关村科技园区建设科技型特色支行、西城区与北京银行合作推出针对文化创意产业融资的"北京文化创意产业金融服务中心"，[②] 积极推动在梵木创艺区建设艺术型特色支行。通过特色支行加快文化与金融对接，强化园区的特色。

## （二）组建文化创意产业联盟，搭建艺术家及企业成长的平台

文化创意产业打破了具体行业和部门的限制，需要多种市场主体和创意主体共同参与。梵木创艺区可以将四川省内与文化创意相关的企业、大学、科研院所等主体进行整合和科学聚集，组建文化创意产业联盟，推动技术和市场信息的广泛有效交流，从而提高创新水平与效率，有效解决园区创意产业链上下游断裂的问题，发挥规模经济和范围经济的双重效益。

## （三）利用"互联网＋"打造立体传播体系，强化园区品牌效应

网络技术将文化创意产业的资源进行充分的利用和整合，达到最大化传

---

[①] 王慧敏、王兴全：《创意上海蓝皮书：上海文化创意产业发展报告（2015～2016）》，社会科学文献出版社，2016，第166页。

[②] 姚林青：《文化创意产业集聚与发展：北京地区研究报告》，中国传媒大学出版社，2013，第287页。

播的效果,目前各大主流视频平台均有自己独播的资源和板块。[①] 梵木创艺区要摈弃单一平台传播模式,利用"互联网+"打造包括传统电视媒体、网络新媒体、社交平台、线下传播在内的立体化、共享化、国际化的品牌传播模式。把每年固定开展的"成都创意设计周双百活动展""成都力量""台北音乐生活艺术周""翁布里亚爵士音乐节""合音量T榜颁奖盛典"等大型艺术活动,尤其是作为成都最大原创音乐大奖的成都力量,在视频网站、数字电视、电视台、OTT、IPTV等媒体上直播,实现全媒体覆盖,并通过PC端和自媒体平台,与粉丝实时互联、即时互动。

---

① 黄永林、陈汉桥:《创意城市蓝皮书:武汉文化创意产业发展报告(2016)》,社会科学文献出版社,2016,第268~269页。

# B.24
# 博物馆文化创意产品开发的"成博模式"

成都博物馆*

摘　要：　作为全国博物馆文化创意产品开发试点单位和成都市文博行业文化创意产品开发重要示范窗口，成都博物馆走出了一条特色鲜明、具有示范作用的文创产品开发新路径，取得了良好的社会和经济效益。经过一年多的实践探索，成都博物馆初步实现了创意产业发展的重要突破，建立了以博物馆为中心的文博创意产品开发产业集群，带动了周边产业的良性发展。本报告梳理了成都博物馆文化创意产品开发的实践概况，分析了成都博物馆文化创意产品开发的理念、模式与问题，并对成都博物馆文化创意产品提出发展与思路。

关键词：　博物馆　文创产品　开发模式

　　让文物"活起来"，提供更多优质文化产品，为人民提供丰富的精神食粮，适应人民过上美好生活的新期待，是新时代博物馆的重要使命与职责，也为博物馆文化创意产品开发指明了前进方向。博物馆文化创意产品开发是文化遗产资源有效利用的重要表现形式，是博物馆融入经济发展、惠及大众生活的重要手段，也是切实推进中华优秀传统文化传承发展的重要实践举措。作为成都地区最重要的公共文化设施与服务窗口之一，在成

---

　　* 执笔人：蒋阵奇，成都博物馆党总支书记；黄一鸣，成都博物馆文化创意与产业部馆员；李龙，成都博物馆副研究馆员。

都市建设"全国文创产业发展标杆城市、具有强劲竞争力的国际创意城市"5 年目标指引下，经过多年时间的精心酝酿、一年多的实践探索，成都博物馆文化创意产品开发从无到有，从弱到强，实现了创意产业发展的重要突破，初步建立了以博物馆为中心的文博创意产品开发产业集群，带动了周边产业的良性发展，为成都文化创意产业发展注入了强大生机和重要动力。

## 一 成都博物馆文化创意产品开发实践概况

成都博物馆位于四川省成都市中心天府广场西侧，是我国西部地区规模最大的城市博物馆。2016 年 6 月，成都博物馆新馆建成并对外开放，迅速成为成都文化新地标，受到社会各界的积极欢迎和良好评价。截至 2017 年 11 月，已接待入馆参观观众约 400 万人次。丰富珍贵的文物、精彩纷呈的展览与热情踊跃的观众，不仅为博物馆赚足了人气，也为成都博物馆的文创产业发展提供重要的基础支撑条件。

为切实深入挖掘文化创新发展潜力，早在新馆建成开放之前，成都博物馆就已经开始积极酝酿文化创意产品开发思路。2016 年 11 月，被国家文物局确定为"全国博物馆文化创意产品开发试点单位"。按照试点要求，成都博物馆委托成都金沙太阳神鸟文化发展有限责任公司负责推进文创产业发展、文创产品的设计研发和经营销售工作。通过细致深入的前期调研与考察，成都金沙太阳神鸟文化发展有限责任公司编制完成了具有重要战略意义的《成都博物馆文创业态发展报告》，为成都博物馆的文创产业发展提供了重要指导与发展思路。成都博物馆文化创意产品开发工作按计划有序展开。经过一年多的不懈努力，已与数十家文化创意企业展开深入的业务合作，成功入驻香港国际版权展中国文博知识产权交易平台，成功组织并实施了成都博物馆第一届文创设计大赛，文创产品荣获 2017 年金熊猫文创设计奖铜奖。截至 2017 年 11 月，研发并上市销售的文化创意产品 2200 余件（套），实现销售收入 596.3525 万元。

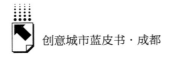
## 二 成都博物馆文化创意产品开发的理念与实践模式

### （一）理念

打造"最后一个展厅"，实现文创产品设计研发与推广、文创品牌建设、文创产业服务平台搭建的有机结合，提升公共文化服务水平与能力，为成都博物馆"世界一流、国内领先"目标建设，成都市世界文化名城和全国重要的文创中心建设提供重要的文创开发与服务支撑。

### （二）实践模式

在"最后一个展厅"理念指导下，成都博物馆主要通过馆藏文物资源和成都文化资源梳理及挖掘，采用自主研发、委托研发、选购贴牌、版权授权等方式研发制作文创产品，并通过构建知识产权保护体系和营销宣传推广体系，树立成都博物馆文博创意产品品牌，进一步完善成都博物馆公共文化服务和社会教育功能，提升成都博物馆的影响力和成都文化软实力。同时，在提升产品研发能力和品牌知名度、推进知识产权保护和营销推广体系的基础上，初步搭建成都文博创意产业服务平台，引导和吸收更多社会力量参与成都文博创意产品开发，提升成都市文化创意产品的开发水平和影响力，探索符合成都文创产业发展的经营模式、投入机制、开发方式、收入分配和激励机制。具体来说，成都博物馆文化创意产品开发实践模式主要包括如下几个方面。

1. 强化文化价值导向，以文化内涵挖掘引领文创产品研发

成都博物馆馆藏文物数量超过 20 万件。石犀、经穴漆人、老官山汉墓出土织机模型、医简、画像砖、说唱俑与南朝石刻、成汉陶俑、后蜀伎乐俑等珍贵文物，完整见证了历史数千年的文明史。皮影、木偶、道场画等文物，在中国艺术史、民俗史上占有重要地位。丰富珍贵的馆藏文物资源是成都博物馆文化创意产品开发的基本物质基础与文化条件。以众多的珍贵文物资源为基础，以文化内涵挖掘为导向，成都博物馆先后研发推出了石犀系

列、经络漆人系列、璀璨皮影系列、开心俑系列、张大千系列、巴蜀图语系列、敦煌石版画系列、3D壁画系列等8大类600余款代表性文化创意产品，按计划即将重磅推出铜器类文具系列、馆藏皮影系列等100余款产品。其中，石犀系列以2012年出土于天府广场东北侧四川大剧院工地的石犀为文化创意原形，开发有冰箱贴、茶宠、扇子、徽章等衍生品；璀璨皮影系列根据馆藏成都皮影相关人物进行设计，融艺术性、趣味性、时尚性、实用性、教育性于一体，开发书签、便利贴、餐垫、杯垫、笔记本、鼠标垫、马克杯、彩色、黑白纸胶带等多种创意产品；开心俑系列以馆藏汉代陶俑为基础，凝练汉代民间艺人的快乐表情，用漫画的手法表现成都人的乐观豁达，展示成都生活的闲适安逸，开发推出的创意产品包括纸胶带、化妆镜、冰箱贴、多功能卡套、开心俑抱枕、手机挂绳、徽章等。

2. 特展引进与文创产品引进相结合，量身定制特展文创产品开发销售方案

开馆以来，成都博物馆举办了一系列高规格临时展览与特展，如《倥偬的乡愁——张大千》《盛世天子——清高宗乾隆皇帝特展》《丝路之魂敦煌艺术大展暨天府之国与丝绸之路文物特展》《帝国夏宫——俄罗斯彼得霍夫国家博物馆藏文物特展》《石湾是个美陶湾》《现代之路——法国现当代绘画艺术展暨〈陈像·蜕变〉摄影展》与《锦行天下——中国织锦文化展》等，受到社会各界的广泛欢迎和热情追捧。由于临展、特展项目展览时间相对较短，为切实有效满足观众的文化需求，注重实效性，在各大特展期间，成都博物馆主要采用代理销售的方式引进特展主题文化创意产品，实现了经济效益与社会效益双丰收。其中，"丝路之魂敦煌艺术大展暨天府之国与丝绸之路文物特展"共计引进推出了32个系列300余款产品，实现销售额199.2万元；"帝国夏宫——俄罗斯彼得霍夫国家博物馆藏文物特展"引进推出了俄罗斯套娃、油画手机壳、冰箱贴、石板画、生活用品、文具、服饰等共计11个系列197余款产品，累计销售产品3.94万件，实现销售额120.9万元；"石湾是个美陶湾"引进包括国家级与省级工艺美术大师陶艺作品、石湾美陶厂陶艺工艺品等文化创意产品共80款1600余件，共计实现销售额73361元；"现代之路——法国现当代绘画艺术展暨《陈像·蜕变》

摄影展"引进包括莫奈系列、捷克水晶首饰系列、法国特色系列等共计 9 个系列 400 款文化创间产品,价格从 6 元到 4000 元不等,仅国庆长假期间就实现销售额 40 余万元。同时,通过"引进来"战略的实施,积极学习相关单位先进的文创产品研发和经营管理经验,为成都博物馆文化创意产品开发、经营提供有益的借鉴。

3. 以 IP 授权为重点,激发文创开发潜力与活力

IP(Intellectual Property),即知识产权,是时下最新的创意开发概念,其热度已经从动漫、游戏、影视等行业全面蔓延至新兴的文博创意产业。2016 年,中国国家博物馆通过阿里巴巴旗下 IP 授权平台阿里鱼,将自己的馆藏授权给淘宝商家进行开发,目前已与佰草集、稻香村等数十家企业达成了授权合作,推出了近百款产品;故宫博物院与腾讯合作,开放包括《雍亲王题书堂深居图屏》、《韩熙载夜宴图》(局部)、明朝皇帝画像等经典藏品 IP,创作了"皇帝很忙""Q 版韩熙载"等经典故宫表情包,在社交平台上线不到 1 个月,使用量就接近 4000 万次。在全面实施《"互联网 + 中华文明"三年行动计划》的大背景之下,我国博物馆文创 IP 授权开发大幕全面展开,成都博物馆文化创意产品应时而兴,IP 授权开发模式顺势强力推出。新馆开馆运行之初,成都博物馆就已经积极联系阿里巴巴,计划通过阿里大数据与阿里鱼平台,建立 IP 在线授权、营销、销售服务平台。目前,相关工作正按计划有序推进,即将进入实践操作阶段。2017 年 1 月,负责成都博物馆文创产业发展的成都金沙太阳神鸟文化发展有限责任公司作为首批企业成功入驻香港国际版权展中国文博知识产权交易平台,将馆藏经典 IP 在平台进行了良好的展示和推广,为下一步采用授权方式与第三方专业机构合作提供了重要的基础平台条件。

4. 构建文博创意产业平台,鼓励和引导社会资本投入文化创意产品开发

社会力量是博物馆文化创意产业发展最重要的潜力与活力来源,直接关系着博物馆文化创意产业的长久、可持续发展。作为全国博物馆文化创意产品开发试点单位,根据《国务院办公厅转发文化部等部门关于推动文化文物单位文化创意产品开发若干意见的通知》的相关精神,成都博物馆积极

落实"鼓励和引导社会资本投入文化创意产品开发，努力形成多渠道投入机制"的方针政策，通过委托设计、委托生产、合作开发、授权开发、代理销售等合作模式，引导和调动社会企业参与成都博物馆文化创意产品的开发。目前，成都博物馆已经与蜀江锦院、成都羽安贸易有限责任公司、北京兰德坊艺术品有限公司、杭州金星铜集团、成都百家百城文化艺术有限公司、诗婢家文化公司、散花文化传播有限公司、宜宾市灵犀文化创意有限公司等数十家社会企业进行了深入合作。通过由成都博物馆授权，社会企业负责筹措资金研发文创产品，再由成都博物馆负责销售，销售利润分配主要倾向社会企业，为社会企业继续增加文创开发投入预留利润空间的合作方式，初步构建起了以成都博物馆为中心的文化创意产业平台，研发并推出了多个系列的文创产品，取得了较好的社会效益。

5. 搭建文创设计研发平台，扩大文创研发渠道

文创产业，创意先行。大众创业，万众创新，积极鼓励社会创新创造，同样是博物馆文化创意产业发展的方向。在积极引导社会资本投入博物馆文化创意产品开发的同时，为更大程度地调动社会积极性，扩大博物馆文化创意产品知名度与影响力，成都博物馆积极引导社会力量参与文化创意设计研发，初步搭建起文创设计研发平台，沟通了设计与产品开发渠道。

2017 年，成都博物馆成功组织策划并实施了首届文化创意设计大赛，通过对大赛期间涌出的优秀创意团队或个人作品的孵化，拓展了文化创意产品的研发渠道。本届文化创意设计大赛共收到来自各大院校、社会团体、博物馆爱好者的有效参赛作品共计 500 余件，通过严格的评审甄选，96 件优秀作品入围最后的专家评审环节。最终，本着突出创意、彰显成都文化及成都博物馆文物元素的原则，结合工艺性、实用性、商业性等因素，评选出特等奖 1 名、一等奖 2 名、二等奖 3 名、三等奖 4 名、优秀奖 20 名、最佳人气奖 1 名。通过举办设计比赛、作品征集、评奖、作品展示、设计版权授权、合作生产、再举办文化创意活动的良性循环模式，成都博物馆成功搭建了文创设计研发平台，实现了文创设计与文创活动、产业开发的紧密而有效的结合。同时，成都博物馆还利用公共空间和大众营销宣传平台资源以及自身在西南区域内

的品牌影响力，积极为创意设计人才和从事文化创新创意的社会企业搭建优质的展示及推广平台，让优秀创意可以得到充分展示，让参观博物馆的观众也同时可以体验和享受最新的文化创意设计成果并参与其中。

6. 构建立体销售网络，充分利用新媒体手段加强产品营销宣传

传统博物馆文创产品主要以固定的文创销售服务为营销推广平台，销售模式单一，已经不能满足当前网络与电商消费模式的需要。为此，成都博物馆通过6个文创卖场、1个文博书吧和1个咖啡区稳固传统线下销售的同时，特别着力发展网络销售，构建起了贯通线上、线下的立体营销网络，并积极推动体验销售模式实施。博物馆网络销售平台是指以互联网为主要手段进行的销售活动，主要通过"网上商店"销售相关文创产品，打破实体店铺的时间和地域限制，方便观众与消费者，有利于博物馆文化的传播。借鉴故宫博物院、苏州博物馆、陕西历史博物馆的淘宝网店运营模式，成都博物馆初步搭建了淘宝电子商务销售平台。

销售离不开宣传营销。在成都博物馆文创产品立体销售网络中，除持续加强与《华西都市报》、《成都商报》等传统媒体的合作之外，成都博物馆还特别注意新媒体、自媒体等营销推广方式的运用。利用网站、微博、微信公众号等贴近观众日常生活的新媒体手段，通过活泼、诙谐、有趣的语言，成都博物馆不定时向观众与消费者推送相关文创产品，尽可能增加双方的互动，提升了观众的参与感，取得了良好的营销效果。"帝国夏宫——俄罗斯彼得霍夫国家博物馆藏文物特展""石湾是个美陶湾""现代之路——法国现当代绘画艺术展暨《陈像·蜕变》摄影展"期间，成都博物馆紧扣展览主题，特别推出的文创产品营销专题文稿，观众订阅量相当高，最终不仅推动了文创产品销售，更通过文创推文进一步吸引观众的参观。

# 三 成都博物馆文化创意产品开发的问题与发展规划

国家重视、政策扶持、社会关注，博物馆文创产品开发势头良好，方兴未艾。但是，诸如经费问题、政策机制问题、人才问题、知识产权保护问题

等制约因素依然存在，并显著影响到博物馆文创产业的深入发展与水平提升。经过一年多的实践摸索，成都博物馆文化创意产品设计、开发、销售体系已经初步建立，"成博模式"基本成型，积累了一定的经验，一些实际问题与不足也逐渐显露出来：一是市场定位有待进一步清晰化，产品同化现象有待解决；二是文化符号凝练不够，创意水平有待提高；三是经营运行机制不完善，社会影响力仍有较大提升空间。如何解决这些问题成为摆在成都博物馆面前的重大问题。为减弱或者切实克服上述不利因素的影响，借鉴吸收国内外各大博物馆的实践经验，结合工作实际，深入梳理了未来三年的文化创意产品开发方向，成都博物馆初步制定了三年发展思路。

### （一）坚持调研先行，倡导针对性开发

博物馆文创产品的开发必须以细致的调查研究作为基础，在文化导向指导下注重市场的接受性。区别于一般商品，博物馆文创产品承载着深厚的历史因素和文物价值。文化独特性是其最重要的价值与"卖点"。因此，在博物馆文创产品开发过程中，处理好文化与市场的关系至关重要，这就需要有客观、真实、详尽的调研支撑。同时，根据调研结果主导市场开发，还可以有效避免同质化开发困境，从而更加充分满足观众与消费者的需要。

### （二）深入提炼文化符号，打造特色文创品牌

传承巴蜀文明、发展天府文化，是成都博物馆的历史使命和责任，也是成都博物馆文创产品开发必须坚持的发展方向。未来三年，成都博物馆将继续实施特色化发展战略，打造具有地方文化特色、馆藏特点，富有创意和市场竞争力的文创产品，满足广大人民群众日益增长、不断追求的个性化需要，最终形成成都博物馆文化创意品牌，实现文化与产业的协调发展。

### （三）"引进来"与"推出去"相结合，拓展文化创意服务与销售领域

原创是文化创意产品的生命。只有通过反复创新、实践，不断激发文化

创造力，才能提升文化创意产品的竞争力。成都博物馆新馆开馆运营时间不长，其文化创意产品开发必须首先采用"引进来"发展模式。但是，随着文化创意产业的发展与运营管理经验的不断积累，单纯的"引进来"已经不能满足成都博物馆文化创意产品开发的需要。未来，成都博物馆将在继续深挖文化内涵，推进创意开发，不断引进成熟文创产品体系的基础上，配合成都博物馆特色主题外展，积极向国内外推介特色文创产品与服务。同时，积极拓展文创营销领域，配合各类教育活动，开发专题文创产品，提升文创产品的目标群体针对性。

### （四）强化专业人才培养扶持，继续深化创意人才发掘机制

人才是第一生产力。目前，成都博物馆文化创意产品开发面临的一个最重要的问题就是创意人才缺乏。相对于传统博物馆业务，博物馆文创开发是一个全新领域，原有博物馆工作人员一般难以胜任。受产品销售量与经济效益的限制，专业文创销售团队与人员引进也举步维艰。因此，专业人才的培养扶持十分重要。为有效克服人力资源短板，未来三年，成都博物馆将继续鼓励众创众筹，鼓励创新创意，充分调动社会人才力量，以文化创意企业为主体，为社会力量广泛参与研发、生产等活动提供便利条件；切实调整人才引进制度和奖励机制，改善博物馆文创人才待遇，创新奖励机制；设立专项文创基金，继续深入组织创意设计大赛，征集、发现优秀文创设计人才、提升文创设计开发水平、不断创新创意文化产品。

### （五）理顺机制体制，创新博物馆文化创意产业发展模式

探索建立文化文物单位内非营利性质的商店或者公司，做体制机制的革新者和创造者，是新时代对于博物馆的新要求。在博物馆文化创意产品开发试点过程中，在正确理解非营利、公益性要求的基础上，成都博物馆开展了自主非营利公司和社会文化产业公司的分类尝试。自主设立公司坚持非营利导向，保障社会资本运营文化产业公司的合理利润，调动其深入参与博物馆文化创意产品开发的积极性。未来三年，成都博物馆将在严格区分营利与非

营利产业发展之路上，继续深化机制体制改革，创新发展模式，实现博物馆文化创意产品开发的优质、高效、创新发展。

　　文化创意产品开发水平，是衡量一个国家和社会文明与软实力的重要指标。推动博物馆文化创意产品的开发，愈来愈成为新时代博物馆事业发展的"风口"。讲究"创新"，依靠创新驱动，逐步革新成都博物馆文化创意产业的发展机制和思路，成都博物馆文化创意产品开发的美好前景正在缓缓展开。未来三年，成都博物馆文化创意产品开发必将再上一个台阶，跻身国内领先行列。

# 附　　录

**Appendix**

# B . 25
# 2016～2017年成都市及各区（市）县文化创意产业政策目录

成都市文化体制改革和文化产业发展领导小组办公室

## 2016年

### 市级

1. 《成都市人民政府关于加快发展体育产业促进体育消费的实施意见》（成府发〔2016〕6号）

2. 《成都市人民政府关于支持音乐产业发展的意见》（成府发〔2016〕20号）

3. 《成都市促进旅游业改革发展若干政策措施》（成办函〔2016〕150号）

4. 《成都市文化创意产业统计方案》（成办函〔2016〕162号）

5.《成都市市级文化产业发展专项资金管理办法》（成财教〔2016〕180号）

6.《成都市加快服务业发展支持政策》（成商务发〔2016〕152号）

7.《成都市加快服务业发展支持政策实施细则》（成商务发〔2016〕153号）

8.《成都市版权服务工作站管理办法（试行)》（成文广新发〔2016〕117号）

### 各区（市）县

9.《成都市武侯区促进文化产业发展系列政策影视产业专项政策（试行)》（成武委宣〔2016〕37号）

10.《成都市武侯区文化产业发展专项资金管理办法》（成武文改办〔2016〕4号）

11.《成都市青白江区深化文化体制改革实施方案》（青委办发〔2016〕9号）

12.《成都市新都区文化产业发展专项资金实施细则》（新都文产领办〔2016〕5号）

13.《邛崃市加快发展文化旅游产业的扶持意见（试行)》（邛旅产领办〔2016〕2号）

14.《邛崃市文化旅游产业项目和资金管理办法》（创5A办发〔2016〕16号）

# 2017年

## 市级

1.《成都市关于进一步加强文物工作的实施意见》（成府发〔2017〕12号）

2.《关于推动成都市国有文化企业把社会效益放在首位、实现社会效益和经济效益相统一的实施意见》（成委办〔2017〕44号）

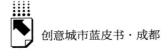

3.《成都市开展引导城乡居民扩大文化消费试点工作方案（2017～2020年）》（成办函〔2017〕171号）

4.《成都市加快服务业发展支持政策（修订稿）》（成商务发〔2017〕149号）

5.《成都市加快服务业发展支持政策（修订稿）实施细则》（成商务发〔2017〕150号）

6.《2017年成都市动漫产业发展扶持资金管理办法》（成文广新发〔2017〕45号）

7.《成都市文化产业发展"十三五"规划》（成文广新发〔2017〕114号）

8.《成都市广告产业发展"十三五"规划》（成工商办〔2017〕11号）

9.《成都市体育发展"十三五"规划》（成体发〔2017〕5号）

10.《成都标准以下文化创意企业及文创个体户抽样调查方案（试行）》

11.《成都文化创意产业增加值数据计算方案（试行）》

12.《成都市文化创意产业主要指标数据评审办法（试行）》

## 各区（市）县

13.《锦江区促进文化创意产业发展若干政策》（锦府办〔2017〕51号）

14.《加快推进锦江区市级现代服务业集聚区"五位一体"工作方案》（锦府办〔2017〕56号）

15.《锦江区文化创意产业专项资金申报管理办法》（锦文领〔2017〕1号）

16.《〈锦江区促进文化创意产业发展若干政策〉实施细则》（锦文领〔2017〕2号）

17.《青羊区关于产业集聚区主导产业促进政策的指导意见（试行）》（成青委发〔2017〕11号）

18.《金牛区关于大力促进现代商贸商务业科技服务业都市文化旅游业发展的实施意见》（金牛委发〔2017〕12号）

19.《金牛区都市文化旅游业"十三五"发展规划》（金牛府发〔2017〕10号）

20.《成都市武侯区关于实施产业立区战略若干政策的意见》（成武府发〔2017〕1号）

21.《成都市武侯区促进文化产业发展系列政策（音乐产业专项政策）（试行）》（成武委宣〔2017〕21号）

22.《关于成华区勇当成都建设国家中心城市排头兵支持实体经济发展若干政策的意见》（成华委发〔2017〕1号）

23.《成华区关于促进产业集聚区发展若干政策的意见》（成华委发〔2017〕10号）

24.《〈关于成华区勇当成都建设国家中心城市排头兵支持实体经济发展若干政策的意见〉文化创意产业部分实施细则》（成华宣〔2017〕19号）

25.《成都经济技术开发区（龙泉驿区）促进文化创意产业发展扶持政策》（龙委发〔2017〕13号）

26.《成都市新都区文化产业发展专项资金管理办法》（新都委宣发〔2017〕10号）

27.《成都市郫都区文化创意产业扶持政策》（郫府发〔2017〕33号）

28.《都江堰市文化创意产业扶持奖励办法》（都办函〔2017〕104号）

29.《都江堰市滨江新区文化娱乐集聚区加快发展的若干政策》（都办函〔2017〕105号）

30.《都江堰市旅游宣传推介文艺精品奖励办法（试行）》（都宣发〔2017〕9号）

31.《关于促进成都临邛文博创意产业示范区建设的扶持意见》（邛窑领〔2017〕1号）

32.《大邑县高端绿色科技产业扶持政策》（大邑府发〔2017〕11号）

33.《大邑县实施人才优先发展战略行动计划》（大委办〔2017〕40号）

34.《大邑县关于建设各类人才公寓和产业园区配套住房的实施方案》（大委办〔2017〕82号）

35.《蒲江县促进文化创意和旅游产业发展若干意见（试行）》（蒲府发〔2017〕14号）

# B.26
# 2016～2017年成都市文化创意
# 产业发展大事记

成都市文化体制改革和文化产业发展领导小组办公室

## 2016年

2016年，成都市文化创意产业增加值为633.6亿元，占GDP的比重为5.2%，同期文化产业增加值为597亿元，占GDP比重为4.91%。

### 1月

**27日** 成都星娱文化传媒股份有限公司在全国中小企业股份转让系统（新三板）挂牌上市。

**31日** 成都体育产业峰会暨成都体育产业创新创业孵化园授牌仪式在四川国际网球中心举行。

### 2月

**2日～22日** 第48届成都国际熊猫灯会在锦江区七彩田野生态园举行。

**5日～22日** 以"诗传千古情，花重锦官城"为主题的第七届成都诗圣文化节——丙申年"人日游草堂"系列文化活动在杜甫草堂博物馆举行。

**6日～22日** 以"丝路三国·金猴闹春"为主题的2016成都大庙会在武侯祠博物馆举行；以"秦汉成都与罗马帝国"为主题的2016金沙太阳节在金沙遗址博物馆举行。

**16日** 天府新区成都蓝顶艺术区、天府新区太平街道紫颐香薰山谷、锦江区三圣花乡旅游景区、武侯区浓园国际艺术村、温江区幸福田园乡村旅游创客基地、双流区黄龙溪古镇景区、郫县青杠树村香草湖乡村文旅创客基地、崇州市道明竹编村乡村文化旅游基地、蒲江县明月国际陶艺村入选"2015年四川省乡村旅游创客示范基地"。

成都龙泉（中国）艺库、成都蒲江明月国际陶艺村被命名为第二批省级文化产业示范园区，四川润茂丝绸有限公司、成都东虹商业服务管理有限公司、四川环福置地有限公司被命名为第五批省级文化产业示范基地。

## 3月

**18日**　成都双遗马拉松赛在都江堰市举行，来自美国、英国、肯尼亚、埃塞俄比亚等17个国家（地区）和全国各省（直辖市）29959名马拉松选手参加比赛。

**19日**　2016中韩文化交流活动在蒲江明月国际陶艺村举办。成都市友城韩国金泉美术协会会长刘建相率陶艺家代表团来蓉参加，并与成都明月陶艺协会签署友好交流协议，举行了韩国金泉陶艺馆开馆仪式。

**22日**　国际奥委会副主席于再清受国际奥委会主席巴赫委托，向成都大熊猫繁育研究基地捐赠5万美元，表达国际奥委会及巴赫主席对中国大熊猫保护和繁育事业的关爱。

**27日**　2016成都双遗马拉松赛在都江堰市举行，共计3万跑友参赛。

**29日**　举行2016年"太阳神鸟杯"天府·宝岛工业设计大赛启动仪式。

## 4月

**1日**　武侯区作协、龙泉驿区作协获"2015年度全省作协系统先进集体"称号。

**2日**　第三届成都·迪拜国际杯－温江·迈丹赛马经典赛在成都金马国际马术体育公园举行。

**4日**　举办都江堰国际放水节。

**8日~10日**　2016国际网联青年大师赛在四川国际网球中心举行，来自英国、韩国等13个国家、2016年世界男女排名前8的16名顶尖青年选手参赛。

**16 日~17 日**    川剧史上首部"都市情感川剧"《琵琶声声》在锦江剧场亮相。

**16 日~17 日**    2016 年"港中旅杯"成都·金堂铁人三项世界杯赛在金堂县国际铁人三项比赛专业赛场举行。

**25 日**    中共中央政治局常委、国务院总理李克强视察成都宽窄巷子，参观印度小伙制作出售的沙画瓶后表示"我们一定要支持国际友人在成都创新创业"，随后在参观"品德博物啤酒馆"的啤酒博物馆时表示："这样的博物馆非常有意义，做生意，更要做文化！"

## 5月

**4 日~8 日**    在蒙彼利埃举办"成都友好城市日"活动，以成都与蒙彼利埃结好 35 周年为契机，推介成都民俗文化，巩固友城传统友谊。

**6 日~8 日**    "书店力·2016 成都国际书店论坛"在锦江区方所书店举行，来自英国、荷兰、澳大利亚、法国等国的书店代表和国内图书经营从业精英共 300 余人参加，就互联网时代实体书店的社会功用进行分享、探讨。

**6 日~9 日**    以"盛世中国　艺术巴蜀"为核心主题的第二届巴蜀国际艺术博览会在世纪城新国际会展中心举行。其间举办了巴蜀青少年艺博会、中国巴蜀艺术金融发展论坛、巴蜀艺博会投资收藏讲座等活动。

**11 日~16 日**    第 54 届威尔第之声国际声乐比赛（中国赛区）暨威尔第音乐周活动在成都举行。这是该项赛事首次经意大利布塞托市政府独家官方授权，在意大利以外的国家举行。

**18 日**    中宣部办公厅、国家新闻出版广电总局办公厅正式公布 2016 年国家主题出版重点出版物选题入选名单，由成都音像出版社有限公司策划、申报的出版物选题《大基层》入选。成都音像出版社有限公司是四川省音像行业唯一上榜单位。

**18 日**    浓园国际艺术村被授予 4A 级旅游景区，成为成都市首个"文化＋旅游"融合发展的文创园区。

**23 日**    首届"华语青年作家奖"颁奖仪式在都江堰市举行。中国作协副主席李敬泽、四川省作协主席阿来、《中国作家》主编王山等出席。

**26 日** "成都西村"和"字库酒店"两个项目，分别入选 2016 第 15 届威尼斯国际建筑双年展的主题展和平行展，这是中国建筑设计师独立设计的实体建筑作品首次入选该双年展。

**27 日** 《成都市版权服务工作站管理办法（试行）》正式出台。

**27 日 ~ 29 日** 以"文化与新型城镇化"为主题的 2016 安仁论坛在大邑县安仁古镇举行，重点解读新型城镇化国家战略和改革方向，研究探索"文化与新型城镇化"的驱动模式。其间，华侨城集团分别与金牛区、大邑县、双流区签订文化北城核心区项目合作协议、安仁项目合作协议、黄龙溪项目合作意向协议，将投资 1200 亿元打造 3 个"文化 + 旅游 + 新型城镇化"项目。

2016 成都波兰文化节系列活动在成都国际文化艺术中心举行。

## 6月

**4 日** 成都市凭借连续举办三届国际乒联世界巡回赛中国乒乓球公开赛的优异表现，成为 2016 年度全球唯一被授予"国际乒联世界巡回赛最佳赛区"奖项的城市。该奖项也是国际乒联最高级别的赛事类奖项。

**11 日** 成都博物馆新馆开始试运行，以《倥偬的乡愁·张大千》作为开馆特展，展示张大千留下的收藏品、粉本、作品、印章、书信等，首次集中呈现了艺坛泰斗张大千的艺术经历和丰富人生，共吸引 42 万余人次观展。

**15 日 ~ 19 日** 2016 年"熊猫杯"国际青年足球锦标赛在双流区举办。其间举办了国际青少年足球发展研讨会。

**15 日 ~ 10 月 14 日** "双创未来"2016 成都·深圳青年创客电视大赛暨四川省第四届青年广告创意设计大赛在成都、深圳举办。此次活动以"汇聚动能　创赢未来"为主题，分深圳罗湖、成都锦江两个赛区同步开展大赛，吸引了成都、深圳两地涉及文创、广告、艺术、设计、影视、游戏、智能硬件、大数据、物联网等领域 220 多个项目报名参与。

**16 日** 市文产领导小组召开专题会议，审议通过 2016 年第一批文产资金资助项目方案。

**17 日～19 日** 2016 中国成都·彭州龙门山国际山地户外运动挑战赛在彭州市举办，共有国内外 25 支顶尖山地户外运动队参赛。

**17 日～19 日** 2016 年 FIBA 3×3 世界巡回挑战赛在环球中心举行，来自俄罗斯、西班牙、荷兰、波兰、斯洛文尼亚、塞尔维亚、法国、日本、中国台北等国家和地区的 11 支 3×3 代表队，以及新浪和中国成都在内的 5 支国内球队展开激烈角逐。该项赛事是全球规模最大、规格最高、竞技性最强的 3×3 篮球盛会。

**22 日** 全国文博单位文化创意产品开发工作推进会在武汉召开，"让文物活起来——全国文博单位文化创意产品联展"同期举办，成都地区参展单位成都杜甫博物馆获得了"最佳传承奖"。

**24 日** 中国·成都首届短视频创新创业峰会在世纪城新国际会展中心举行，国内最大短视频公司二更文化传媒有限公司现场签约落户成都市青羊区。

**25 日** 中国·都江堰（虹口）第八届国际漂流节暨中国漂流联赛都江堰站在都江堰市虹口漂流中心举行。

**30 日** 国家文物局"纪念建党 95 周年和红军长征胜利 80 周年"主题展览项目征集结果在京发布，建川博物馆"红军长征在四川"入选成为 10 个展览之一。

## 7月

**2 日～14 日** "棋城杯"2016 年世界国际象棋联合会女子大奖赛在望江宾馆举行。

**3 日～6 日** 以"中国平台·全球共享"为主题的第十七届成都国际家具工业展览会在世纪城新国际会展中心举行，展会期间还举办了第四届中国家具产业发展（成都）国际论坛。

**4 日** 成都市音乐产业发展领导小组成立，市长唐良智任组长，办公室设在市文广新局。

**9 日～10 日**　2016 成都草莓音乐节在成都国际非遗博览园举行。

**15 日**　以"让世界认识成都、让成都走向世界"为主题的 2016 成都文化贸易战略研讨会在金沙遗址博物馆举行,荷兰、意大利驻重庆总领事馆,以及数十家国内外知名文化企业、行业协会领军人物和专家学者应邀参会,共同探讨新形势下成都文化贸易发展之路。

**26 日～30 日**　2016 年第七届成都国际名校联盟(极限)挑战赛在新津县举行。

**29 日～31 日**　2016 成都国际友城青年音乐周在东郊记忆音乐公园举行。

**30 日**　2016 年 ATP125 国际男子网球挑战赛在双流区开赛。

## 8月

**1 日**　新修订的《成都市体育条例》开始施行。

**8 日**　《成都市人民政府关于支持音乐产业发展的意见》正式出台。

**16 日**　四川三国文化研究中心在武侯祠博物馆挂牌成立。

**18 日**　崇州市道明竹艺村、蒲江县明月国际陶艺村入选第二批"中国乡村旅游创客示范基地"。

**19 日～31 日**　举行成都市第十三届运动会,共设 55 个比赛项目,2 万余名运动员参赛。

**24 日**　市委常委、宣传部部长廖仁松同志调研杜甫草堂博物馆、武侯祠博物馆、成都博物馆工作。

**26 日～30 日**　以"VR 双创、智造武侯"为主题的第六届成都数字娱乐文化周在成都举办,开展了菁蓉创享会、VR 行业大会、数字娱乐嘉年华、成都游戏动漫展等活动。

## 9月

**13 日**　成都市版权服务工作站授牌暨成都市版权协会换届工作会在龙泉驿区中国艺库召开,为全市 16 个区(市)县首批 29 个版权服务工作站进行了授牌。以社会力量构建版权公共服务网络,首批诞生 29 个版权服务工作站，标志着成都市版权公共服务新机制的建立。

**15 日** 成都博物馆新馆正式举行开展仪式，当日 2.4 万人次进馆参观。成都博物馆新馆位于天府广场西侧，占地约 17 亩，分为北楼和南楼两部分，总建筑面积约 6.5 万平方米，是西部地区规模最大的城市博物馆和国内最大规模采用隔震措施的博物馆。

**16 日** 成都市人民政府与国家文物局签订了《关于加强文物保护工作，支持成都建设世界文化名城战略合作协议》，国家文物局明确支持成都市建设国家中心城市、文化消费试点城市和国家文创中心城市，支持成都市在文物工作重点领域开展协同创新、先行先试，发展文物事业，建设世界文化名城。协议包括文物保护利用、博物馆建设、文博创意产品开发、对外交流合作四大板块 12 项内容。

**16 日~18 日** 国际乒联世界巡回赛 2016 年中国乒乓球公开赛（成都）在成都举行。中国乒乓球公开赛创办于 1988 年，至今已举办了 20 多年，作为一项传统性国际大赛，该赛被列为国际乒联世界巡回赛 6 站超级系列赛之一，也是在中国举办的唯一一站世界巡回赛。

**16 日~19 日** 第七届博物馆及相关产品与技术博览会在世纪城新国际会展中心举办，来自 28 个国家和地区的 40 个博物馆及文博组织集中亮相，并邀请来自 20 多个国家的博物馆馆长或博物馆机构领导人参加本届"博博会"及相关论坛。

**24 日~25 日** 2016 年世界体育舞蹈大赛在都江堰市举行，来自中国、俄罗斯、美国、加拿大、德国、日本、意大利等 50 多个国家的 1000 余名运动员参赛。开幕式上，世界体育舞蹈联合会（WDSF）正式授予成都"世界体育舞蹈名城"称号。

**25 日~11 月 3 日** 2016 首届成都国际音乐诗歌季在成都举行，共开展 11 场主体活动，300 多场配套活动，吸引了超过 500 万人次成都市民参与，拉动 5 亿元以上的音乐产业消费。

**27 日** 市文产领导小组召开专题会议，审议通过 2016 年第二批文产资金资助项目方案。

## 10月

**1日～5日** 2016西部音乐节在都江堰市举办，共吸引国内外50余万名乐迷参与。

**2日～8日** 2016"书香成都·百姓大书市"书展活动在世纪城新国际会展中心举行，主会场展场面积达7000平方米，展销各类精品图书两万余种，吸引人数达11万人次，销售图书数达5万册，销售图书码洋100万元。

**5日～31日** 举办2016成都蓝顶艺术节。

**14日** 《成都市促进旅游业改革发展若干政策措施》正式出台。

**18日** 成都城市音乐厅工程开工仪式在川音大厦旧址举行。

**19日** 第十届成都青年创业大赛文创专场在锦江区汇融创客广场举行，共吸引影视动漫、创意设计、科技创新等多个领域的300余个创业项目报名参赛。

**21日～30日** "VR成都：乘'熊猫快铁'穿越'一带一路'"城市形象国际传播活动在德国法兰克福、波兰华沙举行。

**22日～25日** 中国古都学研究高峰论坛和中国古都学会第七届会员代表大会暨成都古都文化学术研讨会在成都召开，25日形成《中国古都学会·成都共识》，将成都列为中国"大古都"，与北京、西安、南京、洛阳、开封、杭州、安阳、郑州、大同并称"十大古都"。

**23日** 由市金融办、市文产办、市广播电视体主办的金融文化类电视访谈节目《金融大讲堂》在成都电视台公共频道开播。

**24日** 市委副书记、代市长罗强同志受邀出席2016南京历史文化名城博览会，做了题为《使非物质文化遗产融入市民生活》的主题演讲。

**24日** 四川省政府对取得第31届里约奥运会优胜名次的10名运动员和川籍主教练进行通报表扬。成都体育学院学生曾珍被授予"突出贡献奖"，沈平安、张薇薇等被授予"贡献奖"。

**28日～30日** 2016FISE世界极限运动巡回赛中国成都站比赛在天府新区南湖旅游度假区举行，来自30个国家和地区的百余名最优秀的滑板、小轮车、极限轮滑、山地车极限运动高手参赛。

**29 日** 青城文创硅谷示范区启动暨西部文创峰会在成都崇州街子古镇青城文创硅谷召开,现场首次发布了"文化双创指数"。

市文联举办成都市"首届成都国际音乐诗歌季"。

## 11月

**3 日~14 日** 以"中国西部·世界机遇"为主题的第十六届中国西部国际博览会在成都世纪城新国际会展中心举行,共吸引全球 9027 家企业参展,签约投资合作项目 1008 个,总投资额 7876.85 亿元。

**4 日** 国家文物局公布首批全国博物馆文化创意产品开发试点单位,成都市博物馆、成都武侯祠博物馆入选。

**5 日** 在天府广场城市中轴线,一个以文化创意产业为主题,规划面积1.2 万平方米,总投资近亿元的"天府·今站文化广场"正式开园。

**10 日** 《成都市文化创意产业统计方案》正式出台。

**10 日** 成都川菜海外推广中心和成都旅游体验中心授牌仪式在美国旧金山湾区举行。同时启动 2016 旧金山·成都美食文化节。

**13 日** 2016 第六届中国马术节在成都金马国际马术体育公园举行。

**17 日~20 日** 以"工匠·设计·智造"为主题的 2016 年"太阳神鸟杯"天府·宝岛工业设计大赛颁奖盛典暨优秀作品展示交易会在世纪城国际会议中心举行。

**22 日~12 月 4 日** 2016 成都时装周和 2016 成都家纺周在彭州市举行。

**24 日~26 日** 以"聚焦供给侧,创新资本路"为主题的第五届中国上市公司领袖峰会在世纪城国际会议中心召开,吸引了包括顶尖经济学家、上市公司领袖、公募与私募基金大佬等 600 余位财经界杰出人士,探讨新环境下资本与实体经济共同发展的新办法和新思维。

**25 日~27 日** 第三届成都创意设计周在成都举办,汇集了来自全球 17个国家和地区的近 6.5 万件创意作品。

## 12月

**2 日～4 日** 第四届成都国际旅游展在世纪城新国际会展中心举办，俄罗斯、美国、法国、意大利、加拿大、新加坡、奥地利、马来西亚、印度、丹麦、阿联酋、马尔代夫、博兹瓦纳、坦桑尼亚、尼泊尔等全球 40 个国家和地区参加展会，参展商数量达到 400 家，专业买家达 400 家，专业观众人数超过 3500 人次，公众参与人数超过 1 万人次。

**3 日** 举行"创业天府 菁蓉汇·成都大学"青年文创专场活动，这是"菁蓉汇"首场高校专场活动。同时，"在蓉地方高校青年文创联盟"正式启动。

**3 日～4 日** "2016 音乐创意人才扶持项目"系列活动在成都举办，包括"青年音乐人才展演活动""影响城市之声——音乐产业国际论坛""2016 成都音乐产业招商投资项目推介会暨音乐产业国际论坛"等系列活动。阿里音乐、网易云音乐等 200 余家音乐企业到场参加，在招商投资项目推介会现场签约音乐产业项目 15 个，签约总金额达 154 亿元，成功搭建了音乐产业招商引资平台。

**7 日～9 日** 以"洞见新视听·共享新空间"为主题的第四届中国网络视听大会在世纪城新国际会展中心举行，推出了论坛、盛典、展览、沙龙、展映、发布会等 20 余项主题活动，邀请了 2000 余位来自政府、广播电视台、互联网企业、影视与节目制作机构、电信运营商、智能硬件公司、投资机构、研究机构等网络视听全产业链的领军人物，分享真知灼见、交流创新成果、探讨行业趋势。其间举办了"2016 中国（成都）网络视听新技术与节目展交会"，发布了《2016 中国网络视听发展研究报告》。

**16 日～18 日** IDSU 第五届国际学生运动舞蹈（中国区）大赛暨 2016 年首届四川省运动舞蹈大赛在成都体育学院举行，来自全国 15 个省市、164 个单位、350 支代表队、6500 名选手参加。

**17 日～18 日** 第二届成都国际动漫游戏嘉年华暨第二届成都动漫文化节在东郊记忆音乐公园举行，其间举办了第二届成都国际动漫游戏嘉年华暨成都 VR 产业发展促进论坛，打造了一个集科技、动漫、音乐、游戏为一体

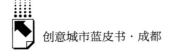

的多元互动展示交流平台。

**19 日~20 日** 以"机遇与挑战：中国音乐产业发展与未来"为主题的 2016 中国音乐产业发展成都峰会在东郊记忆音乐公园召开，吸引来自北京、上海、广东和成都的 4 大国家音乐产业基地，100 余家音乐企业，200 余所音乐艺术院校及国内外专家学者，以及百余位音乐产业知名人士、企业家、艺术家、音乐教育家参与，共同聚焦版权保护、演出经纪、基地园区、教育培训、装备器材等话题展开高峰对话与深度交流探讨。

**20 日** 国家新闻出版广电总局规划发展司副司长李建臣到成都音像出版社有限公司对媒体融合转型和音乐产业发展工作进行调研，重点指导了天府 TV 推进本土音乐产业发展等工作。

**20 日** 召开成都文化创意产业统计工作会议，副市长傅勇林同志出席会议并讲话。

**23 日~25 日** 2016 中国科幻之都文化创意节在成都博物馆举行。开幕式上正式启动网络科幻产业联盟，共有 11 家企业成员以及 19 位个人成员，覆盖科幻影视、传媒、出版等领域。

**27 日~2017 年 4 月 10 日** "丝路之魂 敦煌艺术大展暨天府之国与丝绸之路文物特展"在成都博物馆新馆举行。这是国内迄今为止最大规模的以丝绸之路为主题的敦煌文化艺术大展，展期配套举办了 22 场学术讲座，参观人数共计 108 万人次。

**30 日** 《成都市市级文化产业发展专项资金管理办法》正式出台。

# 2017 年

2017 年，成都市文化创意产业增加值为 793 亿元，占 GDP 的比重为 5.71%，同期文化产业增加值为 724.4 亿元，占 GDP 比重为 5.22%。

## 1 月

**13 日~19 日** "2017 西班牙成都周"在西班牙马德里举行。并于 13

日举行了成都旅游文化体验馆开馆仪式。

**17 日**　成都影誉文化传播有限公司投拍出品的中国首部撒拉族民族电影《永远的绿盖头》在 2017 南美洲拉巴斯国际电影节荣获"最佳民族电影金像奖"。

**20 日**　2017 成都春晚在成都电视台 1 号演播厅举办。

**20 日～2 月 19 日**　第 49 届成都国际熊猫灯会在锦江区七彩田野生态园举办。

**23 日～2 月 12 日**　2017 武侯祠成都大庙会在武侯祠博物馆举行。

## 2月

**2 日～6 月**　举办"我爱成都·成都诗词大会"城市公益活动。

**13 日**　邛崃市成立邛窑文化保护发展工作领导小组。

**22 日**　成都市作协、武侯区作协获"2016 年度全省作协系统先进集体"称号。

**2 月～12 月**　成都市文联在《成都商报》大周末副刊开设"成都作家"专版，共计 12 期 100 余位成都作家，集中展现成都文学成就，突出表达成都作家文学创作成绩。

## 3月

**18 日～4 月 2 日**　2017 年国际网联青少年（U18）巡回赛在四川国际网球中心举行，来自美国、俄罗斯、乌克兰、丹麦、澳大利亚等全球 20 个国家和地区的 128 名运动员参赛。U18 作为成都市的传统国际体育赛事已连续 7 年举办，是成都网球国际交流的纽带，为成都及全省青少年网球的发展起到了良好的推动作用。

**19 日**　2017 成都双遗马拉松赛在都江堰市举行，来自肯尼亚、德国、法国和广东、上海、重庆等国外、省外 29398 名跑者参赛。

**24 日**　2017 中国成都体育产业峰会在四川国际网球中心举行。

**24 日**　"创业天府·菁蓉汇·高新区"微软双创专场活动在菁蓉国际广场举行。微软全球公共事业部副总裁桑迪·古普达（Sandy Gupta）表示，

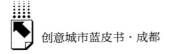

微软将与成都高新区再次携手，共同打造创新型智慧城市，通过云计算、物联网、大数据、人工智能的最新技术，助力成都经济圈产业快速升级。

**27 日** 中国音数协音乐产业促进会会长汪京京、公告牌广播（中国）总裁鲍尔莅临天府 TV，就音乐产业合作事宜进行为期一周的商务研讨会，冀望一起推进音乐产业基地的壮大发展。

**27 日** 举行 2017 年"太阳神鸟杯"天府·宝岛工业设计大赛启动仪式。

**29 日** 大型原创户外直播真人秀节目《国际达人的成都生活》开启第三期的录制，20 位来自世界各国的达人们将川剧变脸的绝活、充满古蜀文化的宽窄巷子、成都友好的城市氛围通过手机直播间传递给世界。

**31 日** 成都市第四届全民健身运动会在金堂国家登山健身步道开幕。运动会历时 9 个月，共举办 2800 余场活动，超过 380 万人次参与。

### 4月

**2 日** 第四届成都·迪拜国际杯—温江·迈丹赛马经典赛在成都金马国际马术体育公园举行，来自包括阿联酋经济部副部长、迪拜迈丹集团董事会成员穆罕默德·AA·谢希在内的 6000 名国内外嘉宾、观众和媒体记者共襄盛会。其间还举办了第二届中阿经贸文化交流峰会、中阿企业见面会等配套活动。

**2 日~4 日** 举办都江堰国际放水节。

**7 日** 国家文物局发布《第一次全国可移动文物普查数据公报》。成都市普查可移动文物共计 258695 件/套。按照国家文物局和国普办网站行政区划统计，成都地区登录量位列全国第三、全省第一。其中，成都博物馆共登录文物 17.69 万件/套，获"第一次全国可移动文物普查先进集体"称号。

**7 日~9 日** 2017 成都国际广告节在世纪城新国际会展中心举办，展出面积逾 7 万平方米，参展厂商 1000 余家，专业观众到场人数逾 8 万人次，创近 15 年来同类展会到场人数历史新高。

**11 日~14 日** 川剧艺术演出团赴突尼斯苏塞市参加"苏塞之春"艺术

节成都专场文艺演出。

**12 日** 成都市工商局发布《2016 年度成都市户外广告市场发展报告》。

**13 日～16 日** 中共成都市委宣传部组织成都市优势文创企业代表团赴南宁参加 2017 中国—东盟博览会文化展,推出《成都市优势文创产业招商项目推介手册》(2017 版)。中共成都市委宣传部获得组委会颁发的最佳组织奖和最佳展示奖,域上和美、成都文物信息中心、成都国际文化艺术中心、御翠草堂、虚实梦境 5 家企业获得文化创新奖。

**20 日** 由成都市人民政府与四川音乐学院联合发起,我国 11 所音乐专业院校共同参与的中国专业音乐院校原创音乐发展联盟在成都正式成立。

**23 日** 中国共产党成都市第十三次代表大会隆重开幕。在省委常委、市委书记范锐平同志所做的报告中,首次提出发展"创新创造、时尚优雅、乐观包容、友善公益"的天府文化,让天府文化成为彰显成都魅力的一面旗帜。传承巴蜀文明,发展天府文化,努力建设世界文化名城,成为未来 5 年成都文化建设工作的重要目标。

**27 日** 成都大悦城被授牌为"国家 AAA 级旅游景区",由购物中心升级为旅游景区。成都大悦城是全国首个以公园为主题的商业项目,以"娱乐、休闲、文化、创意、体验"为核心理念,将创新体验式消费模式完全融入公园主题之中。

**28 日** 大型原创民族音乐剧《丝路恋歌》在东郊记忆音乐公园首演。

**29 日～30 日** 上海中国国际数码互动娱乐展览会 ChinaJoy 超级联赛成都预选赛在成都汇锦步行街举行,参赛队伍共计 50 组,参赛人数达 700 余人,现场人气 5 万人,网络直播在线观看比赛 35 万人,官微粉丝互动 150 万人次。

## 5月

**6 日～7 日** 2017 成都金堂·港中旅铁人三项世界杯赛在金堂县国际铁人三项比赛专业赛场举行。这是成都金堂连续第六年举办铁人三项赛,连续第四年举办铁人三项世界杯赛。

**9 日** 成都市文联文艺创作基地授牌仪式暨天府芙蓉文化研讨会在浓园国际艺术村举行。

**11 日～13 日** 成都市组团参加第十三届深圳文博会。

**13 日** 美国田纳西州富兰克林市副市长，友城协会主席珀尔·布兰斯福德一行 6 人到访大邑县安仁古镇。

**16 日** 全国政协常委、副秘书长、九三学社中央常务副主席邵鸿一行 16 人赴成都高新区调研天府软件园、菁蓉国际广场、移动互联创业大厦、腾讯西部创新创业中心、天象互动数字娱乐有限公司等 9 家科技型中小文化科技微企业。

**17 日～21 日** 第四届"熊猫杯"国际青年足球锦标赛在双流区体育中心举行，其间举办了国际青少年足球发展研讨会。

**31 日** 成都市构建音乐之都座谈会在成都天府新城会议中心召开。著名男中音歌唱家廖昌永、女高音歌唱家李丹阳、藏族女歌手降央卓玛、女歌手谭维维，四川大学、四川音乐学院、四川师范大学、西南民族大学等 7 所在蓉音乐院校代表，成都演艺集团、成都艺术剧院有限责任公司、东方茉莉女子国乐团等 4 家本土音乐企业代表和武侯区、青羊区政府代表等 21 人应邀参会。

**31 日** 第二届"菲尼克斯—成都友城暑期文化交流项目"在成都举行。

## 6月

**2 日** "一带一路"国家形象与城市品牌论坛暨新都"升庵文化城市品牌与文化产业发展"专题研讨会在新都区举办，来自人文历史、文化产业、城市品牌等多领域的专家学者齐聚一堂，就"一带一路"背景下的国家形象塑造与城市品牌打造展开热烈讨论。

**7 日～10 日** 第十八届成都国际家具工业展览会在中国西部国际博览城、世纪城新国际会展中心举办，总规模 27 万平方米，展位突破 10000 个，近 30 个国家及地区的 1800 多家国内外知名家具企业产品、协会及产业园区参展。

**9 日～10 日** 中国传统民歌节暨第三十四届望丛赛歌会在郫都区望丛祠举行，郫都区籍著名歌唱家廖昌永参会。

**10 日** 文化部部长雒树刚、副部长项兆伦，四川省政府副省长杨兴平等领导，深入武侯区玉林街道黉门街社区综合性文化服务中心，参加了中国传统文化进社区展演活动。

**10 日～18 日** 第六届中国成都国际非物质文化遗产节在成都举办，主会场展览面积超过 5 万平方米，另设高新区、武侯区、成华区、新都区、都江堰市、彭州市、邛崃市、金堂县、大邑县 9 个分会场，共计 300 多万人次参与。

**11 日** 文化部副部长项兆伦到四川大学考察非遗传承人群研培计划实施情况，参观"民风艺韵——巴蜀木版年画精品展"。

**11 日～8 月 27 日** 《帝国夏宫——俄罗斯彼得霍夫博物馆馆藏文物特展》在成都博物馆新馆举行，展出了包括俄罗斯国玺、叶卡捷琳娜二世宝座在内的 243 件（套）珍贵文物。

**17 日～18 日** 上海中国国际数码互动娱乐展览会 ChinaJoy 超级联赛西南晋级赛（五省汇聚成都参赛）在成都市龙湖时代天街举行，参赛队伍共计 60 组，参赛人数达 1200 人，现场人气 12 万人，网络直播在线观看比赛 100 万人，官微粉丝互动 355 万人次。

**18 日～19 日** 在上海举办的威尼斯国际电影节亚太艺术单元全球发布盛典上，成都市武侯区与中国少数民族文化艺术促进会、光际资本、上海电影艺术学院签约共建"成都未来国际电影产业城"，与成都星声力量科技有限责任公司和上海首太投资管理有限公司签约"成都首太文化旅游小镇"项目，与《熊猫之恋》等 6 部影片制作方签订合作协议。

**19 日～25 日** 以"携手世界·撞响中国"为主题的 2017 年 CBSA 美式 9 球国际公开赛在彭州市体育中心举行。

**20 日～25 日** 由国家体育总局乒羽中心、中国乒乓球协会、四川省体育局、成都市人民政府主办的菁英航运国际乒联世界巡回赛 2017 年中国乒乓球公开赛（成都）在四川省体育馆举行，中国乒乓球队收获了女单和女双两项冠军。

**21 日~8 月 20 日**　"毕加索＆达利真迹展"在锦江区太古里举行。本次展览是成都首次集中呈现两位西班牙艺术大师的 200 余件真迹，涵盖雕塑、陶艺、限量签名版画、生活摄影、绝版海报、影像动画等艺术珍品。

**23 日**　国际慢食协会主席卡洛·佩特里尼一行到访大邑县安仁古镇考察安仁慢食小镇建设。

**23 日~28 日**　以"开放包容　合作共赢"为主题的 2017 年中国成都·金砖国家电影节在成都举办，从中国、巴西、俄罗斯、印度、南非五个金砖国家遴选出 33 部优质影片共计展映 200 场。

**24 日~26 日**　成都市对外文化交流国际品牌活动"PANDA 成都"走进成都友城——澳大利亚珀斯，开展了精彩纷呈的天府文化特色教学！这是"PANDA 成都"首次走进友城校园。

**28 日~7 月 2 日**　2017 年国际篮联三对三青年（FIBA 3×3 U18 2017）世界杯赛在成都环球中心举行，这是首次在中国举办的篮球世界杯（国际 A 级赛事）。

**30 日**　市委宣传部召开西部文创中心建设座谈会，邀请省市专家建言献策。

## 7月

**2 日**　成都国家中心城市产业发展大会召开，发布《成都市产业发展白皮书》，明确提出成都将进一步升级文化创意产业发展，力争 2022 年文创产业增加值占全市 GDP 比重达到 12%。

**3 日**　"温布尔登成都网球之夜"在英国伦敦温布尔登举办，共推 ATP250 成都公开赛和 ITF 国际网联青年大师赛，签订了新一轮国际网联青年大师赛的承办协议，成都将继续举办赛事至 2020 年。

**3 日~7 日**　由市金融办、市文产办、市广播电视体主办的金融文化类电视访谈节目《金融大讲堂》在成都电视台公共频道播出。

**5 日**　全国知名文化品牌"北京繁星戏剧村"落户成都东郊文化创意集

聚区，并举行"成都繁星戏剧村"签约入驻仪式，这是繁星戏剧村首次走出北京。

**8日～9日** 以"十座城，十座文化地标"为主题的2017亚洲书店论坛在成都举行，包括"繁华闹市中的精神家园""城市与文化的遇见""文化品牌新力量""'后书店时代'下的坚守"等10场座谈及分享会，探讨实体书店与城市发展的关系以及互联网时代中实体书店的发展与坚守。

**12日** 首批四川历史名人名单正式公布，大禹、李冰、落下闳、扬雄、诸葛亮、武则天、李白、杜甫、苏轼、杨慎10位历史名人入选，其中李冰、扬雄、诸葛亮、杜甫、杨慎为成都市推荐。

**15日** 国家新闻出版广电总局副局长周慧琳一行到东郊记忆音乐公园调研成都音乐产业发展情况，对东郊记忆"音乐＋多元产业"的融合发展模式表示出高度的赏识。

**18日～21日** 市委常委、市委宣传部部长田蓉率队考察上海、杭州文创产业发展。

**20日** 第九届国际漂流节暨新闻杯漂流邀请赛在都江堰市举行。

**20日** 国内首家赛艇赛主题展馆——中国成都国际名校赛艇挑战赛展馆在新津揭幕，分为"船"说、"艇"进、"津"彩、"蓉"耀四个篇章，展示自2009年以来，成都和新津以赛艇赛为载体，同国内外地区和各界人士开展文化交流的成果。

**26日** 第三届中国（四川）国际旅游投资大会在成都召开，新华网发布了"中国西部十大最具投资潜力旅游目的地""中国西部十大山地旅游目的地""中国西部十大旅游康养目的地"评选结果，大成都天府之国旅游目的地入选；成都域上和美集团获"2016四川旅游投资领军企业"称号。

**26日～8月1日** 2017成都国际友城青年音乐周在成都举行，来自31个国家41座城市的青年音乐人，为成都市民带来一场酣畅淋漓的国际音乐盛宴。

**28日** "中以建交25周年"图片展在东郊记忆音乐公园举行。

**28日～8月6日** 2017年ATP125成都挑战赛在四川国际网球中心举行。

**27 日～8 月 1 日**　第八届（2017）中国成都国际名校赛艇挑战赛在新津县举行，来自美国哈佛大学、英国剑桥大学、澳大利亚悉尼大学、华北水利水电大学等 12 所国内外名校的 19 支男女赛艇队参赛。

## 8月

**4 日～8 日**　以"数字引领生活　武侯联动世界"为主题的第七届成都数字娱乐文化周在成都举办，举行了"'一带一路'倡议下的 16＋1 电子商务发展会议暨磨子桥数字化发展论坛"主论坛和'一带一路'文化点亮世界国际论坛、16＋1 电子商务发展圆桌会议、数字产业优化中心城市能级研讨会三个平行论坛。

**10 日～12 日**　第十五届中国国际软件合作洽谈会暨 2017iworld 数字世界博览会在世纪城新国际会展中心举办，包括展览展示、高峰论坛、沙龙交流、特色活动等内容，900 余家国内外软件企业、科研院校、应用客户、行业组织等代表参与本届软洽会相关活动。

**15 日～16 日**　2017 中国（成都）时尚产业互联网创新大会在成都举行，其间召开了 2017 秋冬服装设计交易会、2017 中国服装 S2B 创新流通格局论坛、中国纺织服装电子商务联盟主席团（扩大）会议、中国纺织工业联合会流通分会第四届理事会第三次会议等系列活动。

**18 日～20 日**　2017 年"巴蜀武道杯"全国青年跆拳道锦标赛在四川大学望江校区体育馆举行。作为国内跆拳道项目年度最高水平的比赛之一，此次大赛共有来自全国各地的 44 支代表队 650 余名选手参赛，总人数创下历史之最。

**18 日～22 日**　"2017 成都（国际）童声合唱音乐周"在成都举办，来自法国、俄罗斯、白俄罗斯、韩国的 4 支童声合唱团与来自四川的 8 支童声合唱团开展了丰富多彩的文化交流活动，联袂为成都市民奉献了"国际童声合唱专场演出""国际童声合唱训练交流论坛音乐会""国际童声合唱音乐盛典"等表演。

**19 日～20 日**　首届"一带一路"春天印象成都国际乒乓球公开赛在青

白江区体育中心体育馆举行，吸引了"一带一路"沿线国家和地区 200 余名中外运动员参赛。四川自贡代表队最终夺得冠军。

**24 日** "川港澳合作周"期间，"天府成都 文创未来"成都建设国家西部文创中心专场活动在亚洲协会香港中心举行，省委常委、市委书记范锐平同志，市委常委、常务副市长谢瑞武同志，市委常委、宣传部部长田蓉同志出席，市委宣传部副部长母涛同志发布《建设西部文创中心行动计划纲要》。成都集中签约 14 个项目，协议总金额达 196.46 亿美元。同时，世界文化名城论坛主席特别代表 Conor Roche 宣布成都正式成为"世界文化名城论坛成员城市"，并向成都市授牌。成都成为第 34 个加入世界文化名城论坛的城市，也是中国第 5 个、内地第 3 个加入该论坛的城市。

**27 日** 第七届全球最美空姐（空哥）中国赛区选拔推介大赛暨中国美丽城市公益旅游形象大使评选启动仪式在成都举行。

**29 日** "融聚力量·成就未来"2017 城市品牌传播论坛在世纪城国际会议中心召开。每日经济新闻与成都市成华区政府、清华大学中国企业研究中心等签订战略合作协议，与京东物流集团签订共建"中国智慧物流研究院"合作协议。

凤凰山露天音乐公园正式开工建设。

成都市电影集团有限责任公司打造的中国最美庭院式乡村同步影院——成都市郫都区三道堰水乡记忆电影院落成开映，创新了"一家同步影院、一个文化阵地、一个旅游景点"的影院功能模式。

## 9月

**1 日** 成都文化艺术新地标——云端·天府音乐厅建成投用，并举行首演。

**2 日** 2017 成都（双流）女子半程马拉松暨全国女子半程马拉松锦标赛在双流体育中心开赛，吸引 5000 名女子运动员报名参赛。

**8 日** 公布成都市第一批非物质文化遗产特色小镇，共有洛带古镇、新繁镇、安德镇、黄龙溪镇、柳街镇、平乐镇、道明镇、桂花镇、安仁镇、甘溪镇 10 个小镇入选。

**8 日~11 日**　以"书店与城市风格"为主题的 2017 成都国际书店论坛在锦江区方所书店举行，邀请到来自巴西、意大利、法国、德国、美国、英国、日本、澳大利亚等国以及中国台北、南京的 10 家代表性书店和 17 为业界杰出代表，深入探讨书店在地化议题，进一步推动市民阅读及文化生活的构建。

**9 日**　中国音乐产业评价体系建设研讨会在东郊记忆音乐公园召开，解析探讨中国音像产业发展历史与未来发展方向。

**9 日~10 日**　2017 年世界体育舞蹈节在都江堰市举行，来自中国、俄罗斯、美国、加拿大、德国、日本、意大利等 60 个国家的 1000 余名选手参赛。

**10 日**　由成都地铁传媒打造的"2017 成都大型地铁街区音乐季——天府文化·乐动地铁"在成都地铁天府广场站举行启动仪式，在成都地铁天府广场、孵化园、春熙路、宽窄巷子、省体育馆、蜀汉路东站内依次开启表演舞台。

**11 日~16 日**　联合国世界旅游组织第 22 届全体大会在成都举行，共有来自 137 个国家的 1274 名境外嘉宾参会，是世界旅游组织历史上参会人数最多、规模最大的一次盛会。

**12 日~15 日**　举办"2017 成都首届国际诗歌周"，来自全球 26 个国家共 38 位世界级诗人以及国内 50 余位著名诗人、诗歌评论家、翻译家云集成都，打造中国诗歌对话世界诗歌的交流平台。

**19 日**　成都市"小康社会的现代公共文化服务体系建设"高峰会议在龙泉驿区洛带古镇举办。

**20 日**　"未来城市"2017 成都城市文化发展高峰论坛在成都西村举行。

**21 日**　成都－波兰文创专场对接会在波兰华沙举行，省委常委、市委书记范锐平同志出席，市委宣传部副部长母涛同志推介《建设西部文创中心行动计划纲要》，双方就加强文化创意产业领域合作深入交流，成都市广播电视台与波兰国家电视台签署《合作拍摄蓉欧快铁纪录片框架协议》，与波兰肖邦文化基金会签署《演出和交流合作备忘录》。

**22 日** 市文产领导小组召开 2017 年第一次会议，审议通过了 2017 年文产资金资助项目方案。

**23 日** 举办 2017 成都国际马拉松赛，2 万名选手参赛。

**23 日～10 月 1 日** 2017 成都网球公开赛（ATP250 世界巡回赛）在四川国际网球中心举行。

**25 日** "景德镇陶瓷大学研究生院教学实践基地"在蒲江甘溪明月国际陶艺村"蜀山窑"工坊正式挂牌。

**25 日** "新锐与传承——中国油画名家邀请展"在新都区香迪红馆举行，活动邀请张祖英、马一平等全国知名油画家参展。

**25 日～12 月 8 日** 2017 "蓉城之秋"成都国际音乐季在成都举行，吸引来自英国、法国、美国、瑞典、意大利、丹麦、爱尔兰、荷兰、以色列、比利时、挪威、日本等国家的 31 支外国演出团队加盟，超过 500 万人次成都市民参与，拉动 7 亿元以上音乐产业消费。在闭幕音乐会上举办了"金芙蓉"音乐奖颁奖仪式。

**26 日～28 日** 首届成都国际音乐（演艺）设施设备博览会暨成都市音乐产业招商投资推介会在世纪城新国际会展中心举行，展会面积 3 万余平方米，来自国内外的互联网音乐、音乐教育、乐器、音响、灯光及周边产品关联企业等近 300 家展商参展，达成意向合作项目投资金额超 220 亿元。此项博览会计划每年举办一届，持续举办 5 年，逐步打造成为一个"成都品牌、国际知名"的专业化音乐产业展示交易平台。

**29 日～10 月 8 日** 第十四届成都美食旅游节暨第七届国际慢食全球大会在成都举行。

## 10 月

**10 日** 四川国际文化人才港一期项目——北京电影学院四川培训中心正式开班。

**11 日** 天府文化研究院在成都大学揭牌成立。天府文化研究院是专门从事天府文化研究的学术机构，聘请了 50 多名国内外长期关注成都历史文化研究的一流专家学者出任学术委员和客座教授，成都大学文新学院院长谭平兼任天府文化研究院院长。

**11 日** 全国政协常委、教科文卫体委员会主任张玉台率调组研赴成都市青羊区西村时尚文化产业园调研，成都市政协副主席李铀、科教委主任蔡亦如陪同。

**13 日** "共筑中国梦·喜迎十九大"成都市群众文艺汇演在东郊记忆演艺中心举办。

**13 日** 今日头条主办的"了不起的国家中心城市·成都"大数据发布会在成都举办，首次发布天府文化大数据。成都文创全国关注指数在北京、上海、广州、天津、重庆、成都六大国家中心城市中排名第三。

**16 日** 成都市武侯区大型都市休闲旅游项目——水韵天府街区一期开街，这是成都打造"天府文化"建成的首个大型文旅项目。

**17 日** 成都市首次版权服务工作站、版权示范单位授牌暨优秀版权服务工作站表扬会议在许燎源现代设计艺术博物馆举办，共新增成都许燎源现代设计艺术博物馆、麓山美术馆、成都图书馆等 14 家版权服务工作站。

**18 日** 15 国外交官到访邛崃市开展"重走南方丝绸之路"活动。

**20 日~22 日** 2017 年成都国际房车露营户外旅游展览会暨第八届中国国际房车露营大会在成都棕榈世界房车营地举行。

**24 日** 以 7322 军工厂旧址为主体，以"政府引导、企业运作、市场参与"方式打造的军民融合文创项目——1906 军民融合文化创意工厂正式开街。

**25 日** 龙泉驿区洛带古镇文化艺术、郫都区青杠树村香草湖入选第三批"中国乡村旅游创客示范基地"。

**27 日~11 月 2 日** 2017 成都家纺周·成都时装周在彭州市举行，围绕"时尚引领·创新驱动"主题，展示成都家纺服装产业最新成果。

**29 日** "巢"当代跨界艺术展在成都禾木美术馆开幕。

**31 日** 《天府文化》杂志创刊，该杂志由市委宣传部、市文广新局、市政协文史委指导，成都传媒集团主管主办。

## 11月

**1日～5日** "成都瑞士周"在锦江区红星路广场举办，重点推介瑞士卓越的自然资源、地道的人文风俗和领先的科技工艺。"瑞士周"活动是第一次"西行"来到成都，此前已在上海成功举办五届。

**1日～5日** 蓉城之秋·安仁国际艺术音乐节在大邑举行。

**1日～7日** 2017旧金山·成都美食文化节在旧金山举办，成都美食和文化再次走进美国湾区，在大洋彼岸掀起了一股"川菜风"。

**3日** 川影25周年校庆庆典在成都举行，其间举办《融媒发展与高教创新》论坛，四川电影电视学院与阿里巴巴、腾讯、华谊兄弟、索尼、二更、华侨城等十余家业界顶尖企业签订了校企战略合作协议。

**3日～5日** 2017年FISE世界极限运动巡回赛（中国·成都站）在天府新区举行，来自30多个国家和地区的120余名极限运动选手，展开小轮车、轮滑、土坡山地车、滑板等几大项目的激烈角逐。"FISE世界极限运动巡回赛"是欧洲第一、世界第二大极限运动赛事，到2017年连续四年落户成都，不仅体现了两国两市人民深厚的友谊，也进一步促进了双方文化和体育活动的交流。

**7日** 成都临邛文博创意产业示范区邛窑遗址公园被列入第三批国家考古遗址公园立项名单。

**7日** 香奈儿2018早春发布会在东郊记忆音乐公园举行。

**8日～9日** 以"开放·创想"为主题的2017腾讯全球合作伙伴大会在成都西部博览中心举行，共有来自腾讯业务线以及合作伙伴的130多个优质项目参展。

**8日～12日** 2017国际自行车联盟都市自行车赛在新华公园举行，来自28个国家的500余名运动员参赛。

**10日** 德国iF中国首家设计中心——iF（成都）设计中心正式揭牌。iF（成都）设计中心将于2018年4月在成都高新区菁蓉国际广场启用，建设面积约4000平方米，包含列岛式展览区、概念商店、展演厅、设计实验

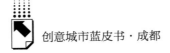

室、工作室以及合作办公空间等区域。

**10 日~12 日** 以"众创聚力、幻创未来"为主题的 2017 中国科幻大会在东郊记忆音乐公园举行，聚集国内外知名科幻作家、学者、产业界代表，为科普科幻全产业链提供相互交流、融合发展的平台。大会开幕式发布了《科幻产业发展报告》和《中国科幻成都宣言》，四川省科协与成都市空港新区管委会签署建设中国科幻城战略合作协议。

**10 日~12 日** 第七届中国马术节于在成都金马国际马术体育公园举行，其间举办了马术俱乐部新媒体训练营、马术节海报设计大赛、"城市斑马"训练营、"以梦为马共绘艺术长卷"大型现场绘画互动活动等多个项目。

**10 日~13 日** 第四届成都创意设计周在世纪城新国际会展中心举行，设置了金熊猫文创设计奖、成都创意设计产业展览会、iF 成都国际设计论坛三大主体活动和第三届全国版权示范城市联盟年会、第四届中国研究生智慧城市技术与创意设计大赛两项配套活动，22 个国家（地区）和 26 个国内城市参加，30.3 万人在线收看了网络现场直播，新媒体传播吸引 1.15 亿人次关注。

**11 日** 省委副书记、省长尹力，省委常委、市委书记范锐平，市委副书记、市长罗强等同志前往东郊记忆音乐公园考察原创音乐工作室，希望天府文化原创音乐工作室创作出更多优秀的音乐作品。

**11 日~12 日** 四川省扬雄研究会第一次会员大会在郫都区工业港大会堂召开，会议宣布正式成立四川省扬雄研究会，并选举产生了第一届组织机构。为切实推动扬雄文化研究，郫都区还在城区规划建设扬雄特色文化街区，在扬雄墓地周边规划 60 亩地建设扬雄文化园。

**11 日~12 日** 2017 亚洲羽毛球精英巡回赛在青白江文体中心体育馆举行。

**12 日** "2017 中国十大品质休闲城市"榜单发布，成都第五次入榜。同时，都江堰市获"2017 年度中国十大品质休闲区县"，双流区黄龙溪获"2017 年度中国十大品质休闲基地"。

**15 日~17 日** 以"创新·实体·融合"为主题的"太阳神鸟杯"天

府·宝岛工业设计大赛颁奖典礼暨创新作品展示交易会在成都举行，共征集作品4451件，其中包括四川作品2509件、台湾作品187件、省外作品1708件、国外作品47件，涵盖自动化与交通、商用与工业产品、数字设计等13个类别。

**18日** 国家发展改革委党组成员、副主任胡祖才一行专题调研郫都区三道堰水乡记忆电影院，对影院的设计、功能、服务做出高度评价，认为这是一家很有"互联网＋"属性特色的乡村电影院，具有全国性示范效应。

**19日** 成都大学中国—东盟艺术学院成立大会在成都大学举行，郁钧剑任首任院长。该学院涵盖音乐与舞蹈、美术、设计和影视等学科，覆盖本科和研究生教育层次。会上宣布设立成都东盟艺术奖学金。

**23日～25日** 第六届中国上市公司领袖峰会在成都富力丽思卡尔顿酒店召开。本届峰会以"新时代 新机遇 新担当"为主题，邀请到来自政界、学界、上市公司、投资界的数百名重磅嘉宾齐聚成都，围绕党的十九大报告指明的新时代中国特色社会主义的政治宣言和行动纲领，探寻新发展理念下的中国经济新发展契机。

**27日～28日** 第二届中国音乐产业发展峰会在东郊记忆音乐公园举行，会上发布了《2017年中国音乐产业发展指数报告（城市篇）》，并确定该峰会为该指数发布的唯一官方平台；成立了"国家音乐产业基地（园区）联盟"，成都国家音乐产业基地成为国家音乐产业基地（园区）联盟首任理事长单位；成都传媒集团与波兰肖邦文化交流基金会签订"肖邦艺术博物馆"战略合作协议，确定将在东郊记忆园区打造"肖邦艺术博物馆"，把肖邦文化品牌全面引入中国。

**28日～12月1日** 以"新使命·新视界·新动能"为主题的第五届中国网络视听大会在世纪城新国际会展中心举办，推出了提案大会、开幕式、视听盛典、专业论坛、高端峰会等36场业界活动，举办了2017网络视听新技术与节目展交会，国内数千位来自网络视听全产业链的领军人物及嘉宾出席了大会相关活动，受到社会各界广泛关注和高度评价。

**30日～12月2日** 以"定制化旅游"为主题的第五届成都国际旅游展

在成都世纪城新国际会展中心举行，以旅游业的发展和旅游交易为重心，通过举行众多主题活动和旅游推介，为全球旅游资源开发及目的地营销、旅游产品衍生品交易、新兴技术在旅游领域的应用和推广提供交流合作的平台，让展商和观众可以通过展会针对"定制化旅游"这个红火的新兴旅游模式进行互动，促进业内交流并促成交易。

东郊记忆音乐公园获批成为 10 个"国家工业遗产旅游基地"之一。

许燎源博物馆与四川大学、四川省对外文化交流中心、复旦大学等 16 家机构共同发起并成立中国创意管理成都联盟，旨在促进文化创意产业的"产学研"合作、构建推动地方经济增长的"文化创意"与"技术创新"双核发展。

## 12 月

**2 日** 省委常委、市委书记范锐平同志，市委副书记、市长罗强同志在天府新城会议中心会见了来访的深圳市腾讯计算机系统有限公司董事局主席兼首席执行官马化腾一行，并共同出席腾讯公司与成都高新区智能产业、文创及电竞项目投资合作协议，与四川省通信产业服务有限公司信息化建设项目战略合作协议的签约仪式。

**8 日** 在都江堰市 2017 年旅游项目集中签约仪式暨休闲旅游高端沙龙活动上，都江堰市与 22 家企业签约旅游产业项目，累计投资金额达 361.2 亿元，项目涉及旅游开发、高端康体养生、文化博物馆、休闲度假区建设、大熊猫保护研究合作。

**9 日** 文化部音乐人才扶持计划落地成都，由音乐人才扶持发展研讨座谈会、第三届音乐创意人才扶持项目展演两大板块组成。

**10 日** 第十一届中国成都国际软件设计与应用大赛决赛在成都举行。此项赛事自 2007 年创办以来已连续举办 11 届，聚集了国内外 200 余所高校及 600 多家企业约 13 万名选手参赛，获奖选手 75% 以上在成都创业就业，已成为成都市实施软件人才工程、积极打造世界软件名城的重要工作平台。

**12 日** 北京爱奇艺科技有限公司正式将西部总部——成都爱奇艺科技

有限公司落户成都市武侯区，注册资金 10 亿元，并将投资 50 亿元建设爱奇艺西部总部基地。

**13 日** 举行"创业天府 菁蓉汇·武侯"文创专场活动暨 2017 四川（成都）音乐产业发展交流峰会。

**15 日** "2017 天府文化周"摩洛哥之行在中国驻摩洛哥大使馆拉开帷幕。来自成都的古筝演奏、茶艺、青城太极、明月村陶艺展示仿佛将俄罗斯驻摩洛哥大使馆与中国驻摩洛哥大使馆的 60 余位嘉宾带到距离阿巴特几千公里外的天府成都。

**15 日** 尼泊尔国家博物馆馆藏珍品中国首展在大邑县安仁古镇举行，三十件来自尼泊尔国家博物馆的珍贵文物首次与中国民众见面。

**15 日～16 日** 以"发展中的特色小镇"为主题的第二届安仁论坛在大邑县安仁古镇举行，汇聚了大批海内外专家学者和商界领袖，为中国新型城镇化和特色小镇建设提供理论支撑、案例分享及资源互通平台。

**15 日～17 日** 2017 年 NESO 全国电子竞技公开赛在成都举办，近 500 位顶尖电竞好手齐聚蓉城，参加《王者荣耀》《英雄联盟》《炉石传说》和《星际争霸 2》4 大项目的角逐。全国电子竞技公开赛（NESO）是国内最高规格的电竞赛事之一，为各地电竞事业的发展提供了公平、公正、公开的良性竞争平台。

**18 日** 由成都传媒集团、峨眉电影集团联合出品的电影《家园》在全国院线上映。《家园》作为党的十九大献礼片，是重点推荐的八部优秀影片之一。

**21 日** 举行成都音乐坊项目推介暨合作签约仪式，中国流行音乐基地等 12 家音乐产业机构落户成都音乐坊。

**25 日** 四川省第十四届精神文明建设"五个一工程"表彰暨全省振兴影视工作会议在成都召开，成都作品电影《永远的绿盖头》、电视剧《双刺》、电视纪录片《活力南丝路》、川剧《尘埃落定》、广播剧《金孔雀》、图书《蛟龙筑梦》《田野上的旗手》获四川省第十四届精神文明建设"五个一工程"表彰。

**26 日～27 日**　以"深度融合·跨界融合"为主题的第五届中国新兴媒体产业融合发展大会在世纪城国际会议中心召开，探索传统媒体和新兴媒体在内容、渠道、平台、经营、管理等方面的深度融合，交流分享新形势下媒体深度融合发展之路，并发布了《中国新兴媒体融合发展报告（2016～2017）》及国内首个媒体人工智能平台"媒体大脑"，成都传媒集团荣获"新华社现场云 2017 年度创新策划特等奖"。

**28 日**　成都演艺中心（大魔方）建成投用，并举行首场大型音乐演艺活动——首控集团之夜 2018 成都乡音乡情新年音乐会。成都演艺中心位于天府大道沿线，占地 44.28 亩，总建筑面积 10.4 万平方米，拥有近 12000 个席座，是一座以演艺为主兼具体育赛事的国内一流大型室内综合场馆，是成都天府文化新地标、中国西部音乐产业新平台。

**29 日**　2018 成都新年音乐会在成都欧洲中心云端·天府音乐厅举行。

成都市洛带古镇文化艺术创客基地、成都市大邑县成都农业创客中心、成都市邛崃市平乐古镇、成都市温江区寿安植物编艺公园入选"2016 年四川省乡村旅游创客示范基地"。

# Abstract

In accordance with *Chengdu-Chongqing Urban Agglomeration Development Plan* issued by the state in 2016, Chengdu has been defined as a national central city. In 2017, the *Chengdu's Action Plan Outline for the Construction of the Cultural and Creative Center in West Chin*a was issued in Hong Kong and Poland, where the city's aims at making its cultural and creative industries occupying the leading place in China was set forth. In 2018, for the goal of "three cities and three capitals", a 10-billion-yuan investment fund for the development of cultural and creative industries in Chengdu was founded, further enhancing the functions as a national important cultural and creative center and accelerating the construction of a world's famous cultural city. This book analyses the main characteristics and development situation of Chengdu's cultural and creative industries. It holds that Chengdu's goal of building itself into a city fully representing new development concepts meets the new expectations of the public for a better life in the new era; and the cultural and creative industries are expected to meet new strategic opportunities as well as the challenge of upgrade of both "quantity" and "quality". To realize the high-quality development of cultural and creative industries, Chengdu should promote the creative transformation and innovative development of Tianfu culture, lay a solid foundation of regional culture, build an industrial ecosphere, enhance the ability of industrial chain integration, expand the supply of high-quality products, improve the level of cultural consumption, as well as constantly open up new ideas, explore new paths, stimulate new motivation and expand new space.

The book is divided into five parts; summary of each part is shown as follows.

PART I GENERAL REPORT: This part fully analyzes the basic situation and main characteristics of cultural and creative industries in Chengdu from 2016 to 2017, studies the development situation and challenges of these industries, and discusses the options for Chengdu's construction of an important cultural and creative center in China. PART II SPECIAL RESEARCH: This part focuses on representing the theoretical frontier and international experience of cultural and creative industries, as well as the related research results of Chengdu's regional cultural characteristics, characteristic cultural and creative industries, and urban cultural consumption.

PART III INDUSTRY DEVELOPMENT: This part introduces the development of cultural and creative industries in Chengdu under the aspects of music, cultural tourism, advertising, productive protection of intangible cultural heritages, originality and industrialization of internet literature, and other key areas. PART IV REGIONAL DYNAMICS: This part shows the development trends of cultural and creative industries in central districts and representative districts (county-level cities) and counties of Chengdu. PART V TYPICAL CASE: This part analyses the typical cases of Chengdu in heritage protection and utilization, transformation and upgrading of cultural and creative parks, and cultural and creative museum product development, representing the lively practices of cultural and creative industry development in Chengdu.

**Keywords:** Chengdu; Cultural and Creative Industries; Cultural and Creative Center

# Contents

## I  General Report

**Abstract:** In 2016, the *Chengdu-Chongqing Urban Agglomeration Development Plan* clearly defined the functional positioning of Chengdu as the cultural and creative center in west China, and put forward higher requirements for its cultural and creative development. This report mainly analyzes the current situation of cultural and creative industries in Chengdu from 2016 to 2017, discusses their main characteristics and development trends in Chengdu from the aspects of development scale, market main body, agglomeration level, development mode and consumption market, etc. Finally, aiming at the shortcomings and issues on industrial scale, market competitiveness, industrial chain integration, talent structure, etc., this report puts forward some countermeasures and suggestions for developing cultural and creative industries with high quality in Chengdu, from the aspects of inheriting and developing Tianfu culture, innovating industrial development mode, forming modern cultural and creative industry system, creating a thriving modern cultural market, cultivating and strengthening cultural and creative enterprises, expanding foreign cultural trade and optimizing the structure of creative talents.

**Keywords:** Cultural and Creative Industries; Cultural and Creative Center Function; Path Choice

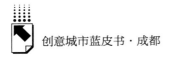
创意城市蓝皮书·成都

B. 2    Analysis Report on the Development of Chengdu's Cultural and
         Creative Industries in 2017

*Propaganda Department, CPC Chengdu Municipal*

*Committee and Chengdu Bureau of Statistics* / 018

**Abstract**: Cultural and creative industries centering on culture and creativity, have become the focus of attention around the world for their high added value, high integration and intensive knowledge. At present, Chengdu is vigorously developing these industries and enhancing its influence, cohesion and creativity as a national important cultural and creative center. This report summarizes the achievements of cultural and creative industries in Chengdu in 2017, concisely analyses the existing problems, and puts forward corresponding countermeasures and suggestions from the aspect of future development direction.

**Keywords**: Chengdu; Cultural and Creative Industries; Statistics and Analysis

# II    Special Research

B. 3    Development Frontiers and Mode Innovation Trends of
         Cultural and Creative Industries          *Chen Shaofeng, Li Yuan* / 028

**Abstract**: The main keynote of China's cultural and creative industry Development is industrial integration, including the integration of traditions and Internet, content and technology, industrial parks and capital, etc. As a result, some new development trends emerge together with a lot of new problems which need us to grasp clearly. For cultural enterprises, it is imperative to reorganize their business modes around industrial changes. The following ten innovations in business mode reflect the new situation of the integrated development of cultural and creative industries in China: extended industry chain, cultural and technological integration, online celebrities with dignity, online and offline linkage, "Internet platform +", channel combination, future mode and cross-border content experience, new industrial cluster and platform-type development.

**Keywords:** Cultural and Creative Industries; Industrial Integration; Business Mode

B. 4   Historical Investigation and Realistic Value of the Land of
       Abundance and the Silk Road                    *Li Mingquan* / 041

**Abstract:** The Silk Road is a long-term commercial and trade channel in human history, and also a hard and grand "expedition" for commodities, skills, emotion, cognition, etc. This paper makes a historical investigation on the ancient Silk Road, analyzes its formation and development, explains the historical relationship between the Land of Abundant and the Silk Road from four aspects, and finally puts forward seven practical values of the Land of Abundant and the Silk Road: inheriting the Ba-Shu civilization, with promotion and transformation; highlighting the advanced culture and enhancing citizens' spiritual benchmarks; stimulating cultural creation and enriching the life of social aesthetics; integrating into community development and writing the unique charm of the city; building a world famous city and leaving a splendid chapter around the world; carrying forward the spirit of the Silk Road and promoting the unity of humankind; and forming a silk road network and jointly building and sharing the "Belt and Road".

**Keywords:** the Silk Road; Tianfu Culture; Historical Investigation; Realistic Value

B. 5   Discussion on One of the Wonderful Presentations of Tianfu
       Culture, "Chengdu Immersed in a Happy Melody" -R&D
       in Terms of Happiness Index and Music              *Tan Ping* / 051

**Abstract:** This report, from two dimensions, happiness index and music, discusses the shaping and cultivation of Chengdu's city personality by Tianfu culture from four aspects: happy city and "leisure politics"; music capital and its expression; elegance and calmness embodied by "Chengdu immersed in a happy melody"; why Chengdu becomes a happy city and a music capital. It is pointed out that as China's rare happy capital and music capital, Chengdu owns deepest soil and foundation, which is that compared with the regional cultures owned by other cities at the same level, Tianfu culture, boasts a source of living water-the unique Dujiangyan irrigation system as a stable guarantee for both production and living, abundant and complete resources, gentle and warm climate, three-dimensional and colorful environment determined by its geographical conditions, a brand new Silk Road, immigrants from all over the world, as well as the unchanged name of the city, laying the foundation for its confidence and vitality. Furthermore, the harmony coexistence among Confucianism, Buddhism and Taoism has been rooting in Chengdu, which means this city may absorb more positive energies from this harmony compared with the other cities at the same level.

**Keywords**: Tianfu Culture; Happiness Index; Chengdu Immersed in a Happy Melody

B. 6   Micro-foundation of Cultural Industry Ecosphere:
      Discussion on Theory and Experience          *Ju Qingjiang* / 064

**Abstract**: Cultural industry is an important support for transforming economic growth mode and enhancing the country's soft power under the new economic normality. In view of the continuously deepening integration of cultural industry in depth and breadth, this report discusses the development law of cultural industry from the perspective of cultural industry ecosphere. Based on the theory of business ecosystem, this paper firstly constructs the micro-structure model of cultural industry ecosphere from four subsystems: industrial core, external support, macro-environment and industrial competition. It holds that cultural industry ecosphere is a nested network system with regional and industrial levels, as well as self-organization characteristic. Based on the different characteristics of the cultural industry ecosphere at different stages of life cycle, the leading roles of the government and the market are also characterized by stages. Finally, based on the above theoretical analysis, this report uses the successful experience of cultural industry development in South Korea and the United States to verify the micro-structure model of cultural industry ecosphere.

**Keywords:** Cultural Industry Ecosphere; Micro-foundation, Industry Life Cycle

## B. 7   Research on the Current Situation and Development Path of Residents' Cultural Consumption in Chengdu

*Research Team, Chengdu Academy of Social Sciences* / 076

**Abstract:** Further urbanization and prosperous economy and society will inevitably bring about the growth of residents' cultural consumption demand and changes in their cultural life style. Taking Chengdu as a sample and based on empirical research, this paper comprehensively analyzes and summarizes the characteristics of existing cultural consumption of urban and rural residents and the factors affecting their supply and demand, analyzes the existing advantages and problems of this city in promoting cultural consumption, and on this basis, puts forward the demand-oriented development and suggestions on the direction of promoting the development of urban residents' culture consumption.

**Keywords:** Cultural Consumption Behavior Characteristics; Influencing Factors; Development Path

## B. 8   Research on the "Tianfu Giant Panda" Brand Strategy in Chengdu

*Zeng Dengdi, Mei Chunyan* / 099

**Abstract:** A goal of building Chengdu into a national central city fully representing the new development concept was proposed at the 13th CPC Chengdu Congress. Missions of Chengdu's cultural construction include inheriting the Ba-Shu civilization, developing the Tianfu culture, and striving to build a world famous cultural city. Chengdu is the only megacity owning both captive and wild giant panda resources all over the world. As one of the important habitats of giant pandas in China, Chengdu is rich in giant panda resources. As we know, giant panda is the "diplomatic ambassador" of our country, loved by the people all over the world. Therefore, protection and breeding of giant pandas, brand marketing, and innovative development of giant panda culture are important ways to inherit and develop Ba-Shu civilization and promote Tianfu culture globally, as well as one of the symbols of Chengdu as a world famous cultural city in future. This paper studies and analyzes the existing resources and problems of Chengdu's giant panda branding, and puts forward relevant countermeasures and suggestions.

**Keywords:** Tianfu Culture; Giant Panda; Branding

## B. 9 Research on the Development Strategy of Three-kingdom Cultural and Creative Industries in Chengdu from the Perspective of "Internet +"                    *Li Danjing* / 107

**Abstract:** This report, under the perspective of "Internet +", expounds the current situation of the development of Three-kingdom cultural and creative industries in Chengdu, analyzes their achievements and problems, opportunities and challenges, and finally puts forward the corresponding countermeasures and suggestions: strengthening the developmental guidance of the Three-kingdom cultural and creative industries in Chengdu, expanding their online publicity channels, further exploring the Three-kingdom history and culture of Chengdu, and fully learning from the experience of "Internet +" cultural industry development at home and abroad, to realize the deep integration of the Internet and the Three-kingdom culture and make Chengdu into a famous Three-kingdom historical and cultural city and creative capital worthy of the names.

**Keywords**: Urban Culture; Three-kingdom Culture; Cultural and Creative Industries

B. 10　International Experience on the Development of Cultural and
　　　　Creative Industries　　　　　*Qiu Guo, Wang Lingjiang* / 116

**Abstract**: Cultural and creative industries originate from the increase in cultural consumption demands brought by economic and social development, and their rapid development is closely related to the policy systems of promoting industrial development and development modes in various countries. Creative core, copyright protection, advantage-driven, creative communities and other strategies and measures for the development of cultural and creative industries taken by the UK, the US, Japan, Australia and other countries, have effectively promoted these industries' rapid development. All of these effective development strategies, plans, and specific implementation measures offer Chengdu the following useful experience: 1) clearly defining cultural and creative industries; 2) forming detailed statistical classification and clear development positioning; 3) focusing on content industry and the integration of culture and technology; and 4) strengthening its element system and environment construction.

**Keywords**: Cultural and Creative Industries; International Experience; Integrated Development

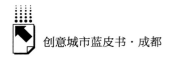

# III   Industrial Development

## B. 11   Interpretation of the "13th Five-year Plan" for the Development of Cultural Industry in Chengdu

*Chengdu Cultural System Reform and Cultural Industry*

*Development Leadership Group Office* / 129

**Abstract**: On May 16, 2017, the 13*th Five-year Plan for the Cultural Industry Development in Chengdu* was officially promulgated, completing a top-level design for the development of Chengdu's cultural industry during the 13th Five-year Plan in terms of its main objectives, spatial layout, key tasks and safeguards. This paper refines and interprets the key contents of the above plan.

**Keywords**: Chengdu; Cultural Industry; the 13th Five-year Plan

## B. 12   Report on the Development of Music Industry in Chengdu

*Chengdu Culture, Radio and TV, Press and Publication Bureau* / 138

**Abstract**: Since putting forward the idea of vigorously developing the music industry in 2016, the whole city has, seizing opportunities and making full use of its advantages, rapidly upgraded the industrial energy level, and continuously optimized the industrial ecology and enhanced the industrial vitality, especially in market cultivation, branding, platform building and other fields, with the aim of becoming an international music capital. At the same time, Chengdu has a clear understanding of its developmental short boards, clearly define its development thought, and constantly improve the quality of this industry, enhance its soft power in music culture and reputation. This paper mainly analyzes Chengdu's efforts to promote the development of music industry, its advantages and shortcomings of music industry development, and finally puts forward corresponding countermeasures and suggestions.

**Keywords:** Music Industry; Music Capital; Industrial Ecosystem; Music Brand

B. 13   Report on the Development of Cultural Tourism Industry in

Chengdu                               *Chengdu Bureau of Tourism* / 147

**Abstract:** 2016 is the beginning year of the 13th Five-year Plan, the key year for the country to promote supply-side structural reform and the deepening year for the tourism industry to promote whole-region tourism construction. Under the background of the new economic normality, the tourism development in Chengdu ushered in a new round of policy bonus, and this industry has become an important force for steady growth, structural adjustment and livelihood Improvement. This report comprehensively reviews the general situation of the tourism development in Chengdu from 2016 to 2017, summarizes the key works concerning the city's tourism development promotion, and finally puts forward the basic thought and development strategy for the further development, as well as the countermeasures and suggestions for speeding up the construction of the world's famous tourism city and comprehensively raise the tourism development level, combining with earnestly implementing the spirit of the 13th Party Congress of the city.

**Keywords:** Tourism Industry; Structure Optimization; Development Direction

B. 14   Report on the Development of Advertising Industry in

Chengdu    *Chengdu Administration for Industry and Commerce* / 159

**Abstract:** Following the overall goal of building a national central city fully representing the new development concept, deeply integrating into the omnidirectional opening-up strategy, adhering to government guidance, market operation and park leadership, industrial expansion and development quality improvement, and focusing on innovation-driven and integrated development, the advertising industry in Chengdu is progressing stably and sustainably by promoting the implementation of advertising strategy deeply and intensifying the supervision of false and illegal advertisements, which has made positive contributions to Chengdu's construction of the national important cultural and creative center. This paper reviews the current situation of the advertising industry in Chengdu from 2016 to 2017, analyzes the characteristics of its development environment and market in Chengdu, and puts forward countermeasures and suggestions for the future development.

**Keywords:** Advertising Industry; Market Feature; Structural Optimization

B. 15   Report on the Productive Protection and Development of Intangible Cultural Heritages in Chengdu

*Chengdu Culture, Radio and TV, Press and Publication Bureau / 173*

**Abstract:** Productive protection of intangible cultural heritage is an important way to inheriting and development of intangible cultural heritage. The object of productive protection is traditional craft projects. This paper summarizes the productive protection system of and the current policies and measures for traditional crafts in Chengdu, points out the shortcomings of the agglomeration, brand awareness and policy support in Chengdu's traditional craft industry agglomeration areas, and finally puts forward a series of measures to promote the industry's development in Chengdu in the aspects of policy and financial support, protection methods, platform establishment, branding, cross-border integrated development, Inheritors' inheriting and practical capacity intensification, and consumer group cultivation.

**Keywords:** Intangible Cultural Heritage; Productive Protection; Traditional Crafts

**Abstract**: Although owning several original advantages, such as a large number of writers, especially famous ones, and enriched themes, Chengdu's internet literature, facing the new mission of building the international famous cultural city, needs a variety of measures for further development. Firstly, the industry should conform to the current talent absorption strategy to create a sound environment for them by building an "online writer village" or studio, and trying to incorporate internet literature creation into the "innovation and entrepreneurship" funds for College students. Secondly, it should promote the extension of internet literature to books, movies and television, games, animation, performing arts and other cultural fields, connecting with reading platforms, offline publishing, derivatives development and other links to encourage the home identity and return of Sichuan online writers and the attraction of online writers outside the city. Thirdly, it should establish a database of online writers and their works, build an internet literature alliance with highlight in value and creation guidance, and create clean and healthy development ecology.

**Keywords**: Internet Literature; Industrialized Development; Literature Creation; Talent Team

# Ⅳ   Regional Dynamics

**Abstract**: A goal of inheriting Ba-Shu civilization, developing Tianfu culture, and striving to build a world famous cultural city was proposed at the 13th CPC Congress of Chengdu. In this report, from five aspects: shaping the form of urban-rural cultural and creative industries, promoting cross-border integrated development, spreading the life aesthetics of Tianfu culture, creating a dream factory for cultural and creative talents, and promoting the specified implementation of cultural and creative works, expounds that Qionglai, in accordance with the actual situation and the thought of creative transformation and innovative development of Tianfu culture, strives to build itself into the strategic growth pole and significant support for Chengdu's construction of an important cultural and creative center in China, by promoting the integration of Tianfu culture into urban construction, service industry development, spiritual positioning promotion and so on.

**Keywords:** Tianfu Culture; Integrated Development; Aesthetics of Life

## B. 18    Research on the Practice and Strategy of Cultural and Creative Industry Development in Jinjiang District

*Propaganda Department of CPC Committee of*

*Jinjiang District, Chengdu* / 208

**Abstract:** Jinjiang District deeply implements the concept of "middle optimization" development, closely centers on accelerating the construction of "a new economic highland and an international urban area", organizes the work concerning cultural and creative industries with the concept of ecosphere, and solidly promotes its expansion and upgrade. Jinjiang District has gathered a large number of well-known cultural and creative enterprises and projects at home and abroad, and the value of output and added value of cultural and creative industries achieved by this district are in the leading position in the city. A sound cluster development situation which is distinctive characteristic and in-depth development trend of this industry has been formed. This report reviews the efforts of Jinjiang District to promote the cultural and creative industry cluster development, analyzes the existing problems and shortcomings, and puts forward the main strategies to build the core functional area of Chengdu's cultural and creative center.

**Keywords**: Jinjiang District; Cultural and Creative Industry Ecosphere; the Core Function Area of Cultural and Creative Industries

B. 19　Report on the Development of Cultural and Creative Industries in Wuhou District

*Propaganda Department of CPC Committee of Wuhou District*, *Chengdu* / 217

**Abstract**: In recent years, Wuhou District has been actively accelerating the transformation and upgrading of cultural and creative industries, with increasingly rich business modes, renowned brands, prominent driving force, and optimized policies. However, there are still some shortcomings, such as insufficient space carriers and industrial scale requiring upgrade urgently. In order to inherit Ba-Shu civilization, develop Tianfu culture, comprehensively enhance the cultural soft power and industrial competitiveness of this district, consolidate the urban positioning of "Cultural and Creative Wuhou, a Smart Urban District", Wuhou District, aiming at "a famous historic and cultural district, a competitive cultural and creative district in west China", strives to build a livable ecosphere owning appropriate business and cultural environments and full of competitive advantage, focuses on creating a cultural brand of "Hometown of Three Kingdoms, Tianfu Cultural Core", provides cultural guide and industrial support for Wuhou District to "strive to enter the first-batch urban districts fully representing the new development concept".

**Keywords**: Cultural and Creative Industries; Industrial Ecosphere; Development Strategies

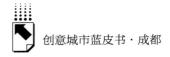
B. 20   Report on the Development of Cultural and Creative

Industries in Longquanyi District

*Propaganda Department of CPC Committee of*

*Longquanyi District*, *Chengdu* / 228

**Abstract**: Cultural and creative industries are a complex industrial system with permeability and inclusiveness, and their production and consumption form a spatially correlated and even highly overlapped industrial ecosphere and urban life circle. Promoting the coordination and integrated development between the industrial ecosphere of cultural and creative industries and the urban life circle with the aim of meeting people's needs, is not only the latest trend in the development of global cultural and creative industries, but also the key to the high-quality development of China's cultural and creative industries. As the deputy center in the east of this city, Longquanyi District promotes the flexible innovation development, sustainable development, cross-border integrated development and industry-city integration development of cultural and creative industries by seizing opportunities, adjusting structure, exploring resources, consolidating foundations, constructing the ecosystem around creativity, establishing industrial clusters, and optimizing layout. This report discusses the main methods, existing shortcomings and future paths of the development of this industry in Longquanyi District.

**Keywords**: Cultural and Creative Industries; Industrial Ecosphere; Urban Life Circle

# V   Typical Case

B. 21   Innovative Utilization of Industrial Sites to Develop Cultural and

Creative Industries          *Propaganda Department of CPC*

*Committee of Chenghua District*, *Chengdu* / 243

**Abstract**: Chenghua District owns rich industrial heritage background, industrial agglomeration, and resource endowment. In recent years, the district government has intensified the protection and utilization of industrial heritage resources, carried out the global collection of project planning schemes for industrial heritage sites, steadily promoted the investment attraction for key projects, and led the accelerated accumulation of high-quality resources in the upstream and downstream of cultural and creative industrial chain. As a result, rows of old factory buildings are revitalizing. Based on the high-quality development of " cultural tourism in Chenghua ", and in order to further promote the innovative utilization and creative transformation of industrial heritage resources in Chenghua District, this report puts forward some policy suggestions on "improving cultural heritage industry ecosystem and building industrial heritage tourism demonstration" and so on, with the aim of facilitating Chengdu to build a world famous cultural city and an important cultural and creative center in China.

**Keywords**: Industrial Heritage; Innovative Utilization; Development Path

B. 22　Activated Utilization of Old Buildings to Develop Cultural and
　　　　Creative Industries

*Propaganda Department of CPC Committee of Qingyang*

*District, Chengdu / 256*

**Abstract**: Qingyang District, as a central urban district of Chengdu, insists on the organic combination of industrial transformation and upgrading with community development and governance, relies on the construction of cultural and creative industry agglomeration area, starts from the innovation and utilization of old buildings, promotes the improvement of urban community quality by the agglomeration development of cultural and creative industries, and forms a urban renewal way which can be replicated and popularized. This report carefully analyzes the experiences and practices of promoting urban organic renewal through industrialized transformation and

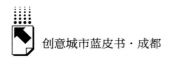
utilization of old buildings in Qingyang District, providing a useful reference for promoting urban renewal in the central district of a mega city.

**Keywords**: Urban Renewal; Cultural and Creative Industry Vitality; Case Analysis

B. 23    Analysis of the Development of Fanmate Creative Art Area

*Propaganda Department of CPC Committee of Longquanyi*

*District, Chengdu / 266*

**Abstract**: Industrial park is the basic spatial form and important carrier of the development of cultural and creative industries. As a construction area for the national cultural and creative industry demonstration park, Longquanyi Fanmate Creative Art Area has achieved a number of economic and social benefits in reshaping regional urban space, optimizing regional industrial structure, promoting regional innovation and entrepreneurship, meeting the multi-level cultural needs of the masses, and realizing industrial integrated development. The basic characteristics of the "Fanmate model" lie in the multi-cooperative dynamic mode, the development mode of the whole industrial chain networking, the new management mode based on industrial integration and multi-service, and the profit making mode of the added value of the whole creative system. During the "13th Five-year" period, Fanmate Creative Art Area is in urgent need to carefully implementation of the cooperation pattern between the innovation park and financial sector, the organization of cultural and creative industry alliance, and the utilization of "Internet +" to create a three-dimensional communication system.

**Keywords**: Cultural and Creative Industries; Industrial Park; Benefit Mode

B. 24 "Chengdu Museum Mode" of Museum Cultural and
Creative Product Development       *Chengdu Museum / 280*

**Abstract**: As a national pilot area of museum cultural and creative product development and an important demonstration window of cultural and creative product development in cultural and museum industries in Chengdu, Chengdu Museum has stepped out of a new path of cultural and creative product development with distinctive features and exemplary role, and achieved considerable social and economic benefits. After more than a year's practice and exploration, Chengdu Museum has initially achieved an important breakthrough in the development of creative industry, established a museum-centered creative product development industry cluster for cultural and cultural heritages, and encouraged the benign development of the surrounding industries. This report reviews the development course of cultural and creative products of Chengdu Museum, analyzes the concept, mode and problems of its cultural and creative products, and puts forward development paths for the cultural and creative products of Chengdu Museum.

**Keywords**: Museum; Cultural and Creative Product; Development Mode

# 权威报告·一手数据·特色资源

# 皮书数据库
## ANNUAL REPORT(YEARBOOK)
## DATABASE

## 当代中国经济与社会发展高端智库平台

### 所获荣誉

- 2016年，入选"'十三五'国家重点电子出版物出版规划骨干工程"
- 2015年，荣获"搜索中国正能量 点赞2015""创新中国科技创新奖"
- 2013年，荣获"中国出版政府奖·网络出版物奖"提名奖
- 连续多年荣获中国数字出版博览会"数字出版·优秀品牌"奖

### 成为会员

通过网址www.pishu.com.cn访问皮书数据库网站或下载皮书数据库APP，进行手机号码验证或邮箱验证即可成为皮书数据库会员。

### 会员福利

- 使用手机号码首次注册的会员，账号自动充值100元体验金，可直接购买和查看数据库内容（仅限PC端）。
- 已注册用户购书后可免费获赠100元皮书数据库充值卡。刮开充值卡涂层获取充值密码，登录并进入"会员中心"—"在线充值"—"充值卡充值"，充值成功后即可购买和查看数据库内容（仅限PC端）。
- 会员福利最终解释权归社会科学文献出版社所有。

社会科学文献出版社 皮书系列
SOCIAL SCIENCES ACADEMIC PRESS (CHINA)
卡号：253948455384
密码：

数据库服务热线：400-008-6695
数据库服务QQ：2475522410
数据库服务邮箱：database@ssap.cn
图书销售热线：010-59367070/7028
图书服务QQ：1265056568
图书服务邮箱：duzhe@ssap.cn

# S 基本子库
# SUB DATABASE

## 中国社会发展数据库（下设 12 个子库）

全面整合国内外中国社会发展研究成果，汇聚独家统计数据、深度分析报告，涉及社会、人口、政治、教育、法律等 12 个领域，为了解中国社会发展动态、跟踪社会核心热点、分析社会发展趋势提供一站式资源搜索和数据分析与挖掘服务。

## 中国经济发展数据库（下设 12 个子库）

基于"皮书系列"中涉及中国经济发展的研究资料构建，内容涵盖宏观经济、农业经济、工业经济、产业经济等 12 个重点经济领域，为实时掌控经济运行态势、把握经济发展规律、洞察经济形势、进行经济决策提供参考和依据。

## 中国行业发展数据库（下设 17 个子库）

以中国国民经济行业分类为依据，覆盖金融业、旅游、医疗卫生、交通运输、能源矿产等 100 多个行业，跟踪分析国民经济相关行业市场运行状况和政策导向，汇集行业发展前沿资讯，为投资、从业及各种经济决策提供理论基础和实践指导。

## 中国区域发展数据库（下设 6 个子库）

对中国特定区域内的经济、社会、文化等领域现状与发展情况进行深度分析和预测，研究层级至县及县以下行政区，涉及地区、区域经济体、城市、农村等不同维度。为地方经济社会宏观态势研究、发展经验研究、案例分析提供数据服务。

## 中国文化传媒数据库（下设 18 个子库）

汇聚文化传媒领域专家观点、热点资讯，梳理国内外中国文化发展相关学术研究成果、一手统计数据，涵盖文化产业、新闻传播、电影娱乐、文学艺术、群众文化等 18 个重点研究领域。为文化传媒研究提供相关数据、研究报告和综合分析服务。

## 世界经济与国际关系数据库（下设 6 个子库）

立足"皮书系列"世界经济、国际关系相关学术资源，整合世界经济、国际政治、世界文化与科技、全球性问题、国际组织与国际法、区域研究 6 大领域研究成果，为世界经济与国际关系研究提供全方位数据分析，为决策和形势研判提供参考。

# 法律声明

　　"皮书系列"（含蓝皮书、绿皮书、黄皮书）之品牌由社会科学文献出版社最早使用并持续至今，现已被中国图书市场所熟知。"皮书系列"的相关商标已在中华人民共和国国家工商行政管理总局商标局注册，如LOGO（ ）、皮书、Pishu、经济蓝皮书、社会蓝皮书等。"皮书系列"图书的注册商标专用权及封面设计、版式设计的著作权均为社会科学文献出版社所有。未经社会科学文献出版社书面授权许可，任何使用与"皮书系列"图书注册商标、封面设计、版式设计相同或者近似的文字、图形或其组合的行为均系侵权行为。

　　经作者授权，本书的专有出版权及信息网络传播权等为社会科学文献出版社享有。未经社会科学文献出版社书面授权许可，任何就本书内容的复制、发行或以数字形式进行网络传播的行为均系侵权行为。

　　社会科学文献出版社将通过法律途径追究上述侵权行为的法律责任，维护自身合法权益。

　　欢迎社会各界人士对侵犯社会科学文献出版社上述权利的侵权行为进行举报。电话：010-59367121，电子邮箱：fawubu@ssap.cn。

社会科学文献出版社